辉煌三十年

山东考古成就巡礼

谢治秀　主编

科学出版社

内容提要

本书以文图并茂的形式，系统介绍了改革开放三十年来山东地区考古发现与研究的主要成就。本书按照考古学文化及历史编年顺序，分章节介绍了各时期的重要发现和基本研究状况，并根据山东地区考古工作实际情况，对一些重大课题和项目进行了专题介绍。全书集科学与大众普及于一体，是山东地区考古学走向大众的重要图书。

本书可供从事历史、考古、文博和美术史方面的研究人员及文物考古爱好者阅读、参考。

图书在版编目（CIP）数据

辉煌三十年:山东考古成就巡礼／谢治秀主编. —北京：科学出版社，2008

ISBN 978-7-03-022197-1

Ⅰ.辉… Ⅱ.谢… Ⅲ.文物—考古—成就—山东省 Ⅳ.K872.52

中国版本图书馆CIP数据核字（2008）第079023号

责任编辑：孙　莉　刘　能
责任印制：赵德静
封面题字：王宝心
书籍设计：容　宽　林　琳

科学出版社 出版
北京东黄城根北街16号
邮政编码：100717
http://www.sciencep.com

北京市京津彩印有限公司 印刷
科学出版社发行　各地新华书店经销

2008年6月第 一 版　开本：889×1194 1/16
2008年6月第一次印刷　印张：20
印数：1—2 500　字数：350 000

定价：328.00元

《辉煌三十年——山东考古成就巡礼》
编辑委员会

序　言

1978年以来，随着改革开放的深入，中国社会发生了翻天覆地的变化，文物考古事业得到蓬勃发展。为回顾改革开放三十年来文物事业的发展历程，展示考古工作的成就，山东省委宣传部与省文化厅联合举办了“改革开放三十年山东考古成果展”，并根据山东地区三十年来考古工作的重要发现，编写了《辉煌三十年——山东考古成就巡礼》，从不同侧面向社会展现了三十年来考古发掘与科学研究工作取得成果。

山东是中华文明重要的发祥地之一，有着悠久的历史和灿烂的文化。早在四五十万年前的远古时代，这片土地上就生活着与“北京人”同时代的“沂源人”。到新石器时期，后李文化——北辛文化——大汶口文化——龙山文化一脉相承，对中国古代文明的起源具有重要的影响。商周时期以当地文化与中原文化相结合形成的齐鲁文化及由此产生的孔孟思想影响了中国两千多年，并在山东社会的各方面打上齐鲁文化的烙印。两汉时期，山东地区的政治、经济、文化在全国依然占有举足轻重的地位，考古发现的大量郡国都城及诸侯王陵是当时物质文化的生动写照；魏晋以来，伴随着政治的影响，生产力的提高，各种文化的相互交流，山东地区的物质文化面貌更加丰富多彩，光辉灿烂。现今遍布于齐鲁大地的古遗址、古墓葬、古建筑、石窟寺、石刻、壁画、近现代历史建筑等不可移动文物，各历史时期的重要实物、艺术品、文献、手稿、图书资料等可移动文物，以及富有齐鲁文化特色和突出价值的历史文化名城（街区、村镇），都是我省最珍贵的历史文化资源，也是中国传统文化库存中的瑰宝。

山东地区的考古工作起步早，起点高。早在20世纪三十年代，老一代考古工作者在章丘城子崖的发掘，发现不同于中原其他文化的龙山文化，为探索商文化起源提供了丰富资料，并完成中国第一本考古发掘报告——《城子崖》。此后随着考古学的发展，考古工作在山东不断取得一些重要成果。但是由于受到历史条件制约，山东的考古事业一致没有得到充分发展。

新中国成立以后，特别是改革开放以来，在历届山东省委、省政府的关心支持下，我省文物保护工作有了长足的进展。随着国家经济体制的改革、综合国力的提升及大型基本建设的开展，山东地区的文物保护事业随着整个社会的发展经历了从小到大、从弱到强、从点到面、从部门行为到社会行为的根本转变，考古队伍也在事业发展过程中不断壮大，工作能力与研究水平有了长足的进步。到目前为止，山东文物部门与北京大学、山东大学、中国社会科学院考古研究所等单位先后在课题研究、工程建设中进行了数百个项目的勘探发掘工作，发掘墓葬一万余座，发掘古遗址约十万平方米，取得大量的重要考古发现。自1990年以来，国家文物局先后评选了180项每年度的全国十大考古发现，山东省先后有13项考古发掘入选，是全国获得重要发现荣誉称号最多的几个省份之一。

在全体考古学者的努力之下，考古学研究工作也取得了长足的发展，大量资料的整理与研究，为山东地方史志的编写提供了扎实的基础资料。从1978年以来，围绕山东地区考古发掘与研究，先后完成二百三十余篇发掘报告，完成论著、专题报告七十五本，学术论文近六百篇，是改革开放前五十年总和的几十倍。

党的十七大吹响了推进文化大发展大繁荣的号角。省九次党代会提出了我省由文化资源大省向文化强省跨越的新目标，全省文化建设工作会议对繁荣山东文化事业、建设有山东特色的先进文化进行了全面的部署，为文物事业加快发展创造了前所未有的机遇和环境，也对文物工作提出了新的、更高的要求。我们将抓住机遇，迎接挑战，再创辉煌。

谢治秀

2008年5月

目　录

序言

第一章　辉煌的历程

1 一、山东地区考古学的发展——历史的回顾

5 二、改革开放30年——辉煌的成就

11 三、文物保护与经济建设——考古工作的社会作用

13 四、考古工作者——历史的追梦人

第二章　追寻文明的足迹——史前考古成就

20 一、从凿辟鸿蒙到人文初开——旧石器时代的探索

21 山东最早的居民——沂源猿人

22 细石器时代的典型遗址——黑龙潭遗址

23 二、新石器时代的曙光——扁扁洞遗址

25 三、山前地带大家族——后李文化

26 后李文化的命名地——后李遗址

27 展现后李文化的村落生活——西河遗址

30 山东地区最早的环壕聚落——小荆山遗址

33 后李文化向北辛文化的过渡——月庄遗址

35 四、三足鼎立从今始——北辛文化

36 北辛文化的命名地——北辛遗址

37 黄海岸边的村落——白石村遗址

39 五、父系母系两纷争——大汶口文化

40 最早的中心聚落——大汶口遗址

44　　保存最为完好的村落——建新遗址
46　　图像文字的发源地——陵阳河墓地
49　　中国古代最早的开颅术——傅家遗址
51　　以玉为礼——丹土遗址
53　　东方半坡——北庄遗址
56　六、古国林立的时代——龙山文化
57　　龙山文化发先声——城子崖遗址
59　　龙山时代的文字——丁公遗址
61　　鲁西重镇——景阳岗遗址
64　　超大规模的中心聚落——两城镇遗址
66　　复杂的城乡合体聚落——桐林遗址
70　　王者之气——西朱封大型墓葬

第三章　夷人与夏商王朝——夏商时期考古成就

75　一、东夷人的文化——岳石文化
78　　唯一的岳石文化城址——城子崖城址
78　　岳石文化分期的典型——尹家城遗址
81　　祭祀、水井两分说——桓台史家遗址
82　二、商代东方重镇——商王朝对东方的经营
83　　殷墟之外另一处甲骨文发现地——大辛庄遗址
87　　“亚丑”贵族的归宿——苏埠屯墓地
91　　商代薛国贵族的墓葬所在——滕州前掌大

96 山东商代考古的新课题——渤海南岸盐业考古

第四章 齐鲁文化的兴起——两周考古成就

100 一、“泱泱齐风”，兼收并蓄
101 姜齐及田齐的国都——齐国故城
108 齐国田氏国君的陵墓——田齐王陵
111 高速路下的车马队伍——临淄后李车马坑
113 古代独辕车大巡礼——淄河店二号战国墓
116 田氏的东方墓地——海阳嘴子前
119 女郎山上将军墓——章丘女郎山墓地
121 齐吴交争的见证——新泰周家庄墓地
124 二、因循礼制，“周礼尽在鲁矣”
125 礼制的物质体现——鲁故城与鲁国文化
130 三、百花齐放，众多古国文化异彩纷呈
132 典型的东夷古国文化——莒国城址与墓葬
136 邿国贵族墓地——长清仙人台遗址
140 小国也有“礼”——小邾国贵族墓地及都城
144 逢国贵族墓地——济阳刘台子

第五章 统一帝国——秦汉考古成就

147 一、星光闪烁——山东的秦代文化

149 二、五彩缤纷——山东的汉代文化
151 保存最好的汉代城址——章丘东平陵城
153 依山傍水统一方——费县故城
155 钟鸣鼎食王者风——章丘洛庄济南国王陵与殉葬坑
158 车马威仪显声赫——章丘危山王陵与俑坑
161 金光银色玉安魂——长清双乳山济北国王陵
163 欲享千年富与贵——临淄大武西汉齐王墓
166 台阁楼榭永相伴——临淄金岭一号东汉齐王墓
167 筑椁造棺享太平——青州西辛大型长墓道石椁墓
171 色彩艳丽显辉煌——日照海曲汉代墓地
178 多彩描就美画卷——东平县物资局东汉壁画墓
182 保存完好的大型汉代墓地——费县西毕城
185 曲阜柴峪汉代墓地与彩绘陶器
189 济宁长直集汉代墓地与釉陶器

第六章 千年风云——魏晋南北朝至隋唐时期考古成就

195 一、魏晋南北朝至隋唐时期考古概述
198 二、佛教造像与石刻
201 佛光再现——青州龙兴寺佛教造像
208 佛教艺术的繁华——博兴龙华寺
213 灵岩寻踪——长清灵岩寺考古发现

217　三、瓷器与瓷器制造
223　瓷器在这里延续——枣庄中陈郝瓷窑遗址
227　四、考古发现的墓葬
229　备受宠爱的夭折者——临沂洗砚池晋墓
233　地下的达官士族——临淄北朝崔氏墓地
237　壁画艺术的完美体现——临朐北齐崔芬壁画墓
240　群俑荟萃——济南东八里洼北朝墓

第七章　文化传承——宋元明清考古成就

245　一、宋元明清考古概述
251　二、宋元明清考古的重要发现
251　白银铸就有缘人——长清真相院释迦舍利塔地宫
253　深藏地下的寺院——济南市县西巷佛教遗址
256　博山窑系之代表——博山大街窑址
259　不为欣赏的彩卷——高唐虞寅金墓
261　欲再乘风济沧海——蓬莱古船

第八章　不可分割的历史与现实——齐长城、运河与南水北调工程

266　一、横跨东西的文化遗产——齐长城
268　二、纵贯南北的历史长河——京杭大运河
269　循河问源——山东运河资源调查

270　　古代庙址今如何——龙王庙建筑遗迹清理和发掘
272　　运河河道寻踪——南旺段运河古河道调查与试掘
273　　引水补源的证据——南旺水柜的调查
274　三、现代工程与历史运河的结合——南水北调东线工程
276　　砖瓦制作有新证——长清大街遗址
278　　与齐长城共存的墓葬——长清四街墓地
280　　深藏水下的历史画卷——长清大街南墓地
283　　水中“捞”墓——梁山薛垓墓地的发掘
286　　宋元时期的乡镇——汶上县梁庄遗址
288　　不同寻常的胶东人家——招远老店遗址
289　　大山深处的家族墓地——威海崮头集墓地

292　改革开放以来山东考古工作大事记

308　后记

第一章　辉煌的历程

一、山东地区考古学的发展——历史的回顾

山东地区的考古工作从1928年吴金鼎先生对城子崖遗址的调查开始，到今天整整经过了80年的历程，在这80年中，按照社会发展对考古学的影响大致可分为三个阶段：新中国成立前20年，新中国成立后至改革开放30年，改革开放以来30年。

第一阶段：新中国成立前20年

山东地区最早进行现代考古的是济南东部城子崖遗址的调查和发掘。城子崖遗址的发掘得益于吴金鼎先生对该遗址的调查工作。1928年，时任教于齐鲁大学的吴金鼎先生在平陵城汉代城址进行调查时，发现城子崖有时代更为久远的遗存。凭其对古代文化认识的直觉，他马上认识到这次发现意义重大。于是他考察东平陵城的兴趣不知不觉转移到对城子崖遗址的调查上了，并在此后又先后五次去城子崖进行实地考察。

1930～1931年，李济、梁思永、吴金鼎等先生先后两次对城子崖遗址进行发掘，找到了与仰韶文化面貌不同而与殷墟文化相近的新石器文化，不但为中国文化原始问题的讨论找了一个新的端绪，而且田野考古工作也因此走上了一个可循的轨道，并于1934年出版了中国第一部田野考古报告——《城子崖》。城子崖遗址的发掘，在中国考古学史上具有开创性的意义，它是由中国考古学者发现和发掘的第一处新石器时代遗址；由此揭示出来的龙山文化，及以后在河南后岗的发现，打破了西方学者关于中国原始文化西来说的假想，对于认识和研究中国新石器时代文化起了重大推动作用。

城子崖遗址发掘后，另一位山东著名的学者王献唐先生于1934年在东海边的日照发现了两城镇龙山文化遗址。1936年，梁思永先生与尹达先生对该遗址进行了发掘，清理出龙山文化时期的墓葬50余座，出土大批精美的陶器、玉器、石器等。可惜这批资料尚未发表就惨遭日本侵华战火的毁坏。此后由于战争频仍，考古工作基本处于停滞状态。

1949年以前，山东地区的田野考古工作主要是由当时的中央研究院历史语言研究所组织完成的，1930年成立的“山东古迹研究会”做了大量的调查、征集和保护工作。

田齐王陵——四王冢

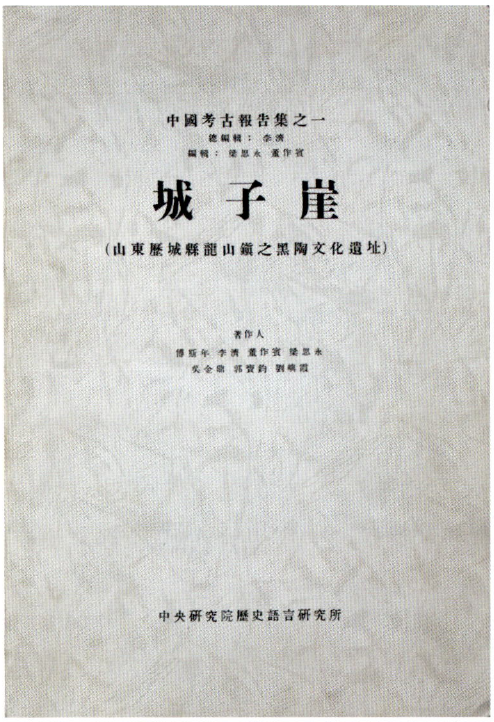

中国第一本田野考古报告

第二阶段：新中国成立后30年

第二阶段中间虽然经历了“文革”的严重干扰和破坏，但从整个时期来看，还是全面打基础和快速发展的时期，取得了许多重要考古发现。

50年代初，山东省文物管理委员会和山东省博物馆相继成立，随即对全省考古遗址进行调查，选择重点遗址进行了发掘。1958年中国科学院考古研究所成立山东队，独立参与或与省方合作进行考古发掘工作。1972年山东大学设立考古专业，成为在山东境内开展考古工作的又一支生力军。北京大学考古专业的师生也不止一次地在临淄等地进行田野考古实习。这个时期山东省的考古工作，从地域来讲几乎遍及全省，从时代来讲涉及旧石器时代、新石器时代、商周、汉唐乃至元明的各个时期。

1959年5月，在津浦铁路复线工程建设中，在泰安大汶口地区发现了133座史前墓葬，揭示出一种崭新的文化，此后通过多处重要发现的印证被命名为大汶口文化。从地层关系和文化内涵的比较来看，可以确定大汶口文化早于龙山文化，并且是龙

大汶口墓葬

陶兽形器（泰安大汶口）

山文化的直接前身，从而解决了龙山文化的渊源问题。

1960年，中国科学院考古研究所对平度东岳石遗址进行了发掘，获得一批典型的岳石文化时期的遗物，发掘者认识到其与城子崖遗址文化面貌存在一定的差异，但还是认为其为龙山文化，直到80年代初期，考古学者才提出了“岳石文化”，将其与龙山文化分离出来，对其社会性质也重新做了界定。

商代考古最重要的收获是青州苏埠屯2座大墓的发掘。其中1号大墓有4个通道，殉葬48人，出土一批精美铜器，这种规格的商代墓葬至今还是殷墟商代王陵之外所仅见的。

两周考古的重点则是临淄齐国故城和曲阜鲁国故城的勘探与发掘，通过多年的工作，对两座故城的形制、布局和年代都有了比较明确的认识，基本上弄清了齐鲁文化不同时期的特点，为故城的保护和进一步研究打下了坚实的基础。

秦汉考古收获颇多，其最重要的成果有曲阜九龙山发现的4座可能是鲁王的墓葬、临沂银雀山一号汉墓出土的近5000枚竹简以及沂南汉画像石墓所发现的大量精美的画像石。

铜钺

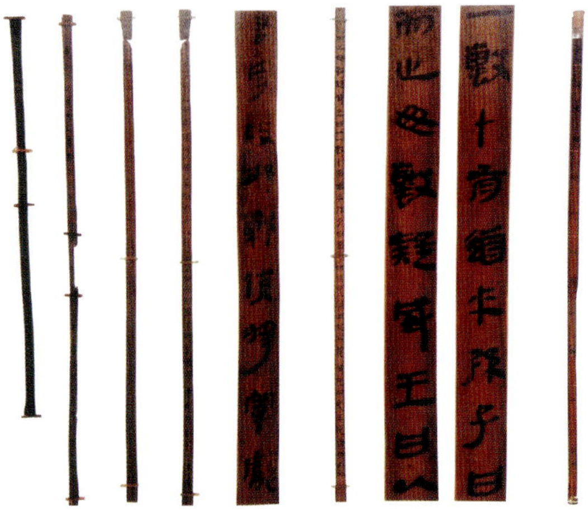

竹简(临沂银雀山)

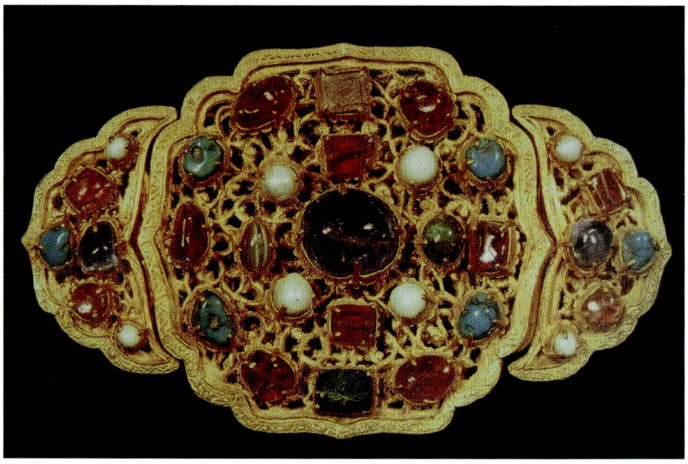

明镶宝玉石金带钩(邹城鲁王墓)

九旒冕(曲阜朱檀墓)

汉代以后的考古发现主要有济南东八里洼出土的北朝墓葬及在曲阜发掘的明代鲁荒王墓。

这一阶段的考古工作从整体上看，各个时期都有重要发现，但缺乏系统研究。

第三阶段：改革开放后30年

1978年以来，随着国家改革开放的深入，文物考古得到全面纵深发展，其势头至今方兴未艾。1980年，成立山东省文物事业管理局，1981年成立山东省文物考古研究所、山东省石刻艺术博物馆，文物考古的管理与科研机构进一步健全。与此同时，中国社会科学院考古研究所山东队、山东大学考古专业和北京大学考古系等单位也加强了在山东地区的考古工作，特别是加强了各单位之间的协作，从而取得了一系列的重要成果。

二、改革开放30年——辉煌的成就

30年来考古工作的主要成就表现在两个方面：首先，大量的考古勘探发掘工作不断取得重要发现并填补了各个时期的空白；其次，不断深入的科学研究为山东地区初步建立了比较完整的文化谱系。

在史前考古工作中，随着资料的不断增加，逐步建立了从旧石器时代到后李文化—北辛文化—大汶口文化—龙山文化的发展序列和谱系。

第三次文物普查的开展，发现了一批旧石器、细石器文物点，特别是80年代初在沂源发现的沂源猿人化石，将山东地区人类生活的历史提早到三四十万年以前。接着在沂沭流域和汶泗流域发现了近百处细石器地点，出土了大批的细石器。尽管正式发掘的材料不多，地层关系大多不明，确切年代难以确定。但从文化发展的大趋势来看，这些细石器遗存当是从旧石器时代向新石器时代转变的中间环节，意义重大。

2006年在沂源扁扁洞发掘的新石器早期遗存年代超过距今一万年，为解决山东地区旧石器晚期向新石器过渡提供了线索。

后李文化是1989年济青高速公路建设工程中，在淄博市临淄后李遗址发现的一种文化面貌独特的文化遗存。后李文化发现后，在鲁北地区发现多处该文化时期的遗址，并进行了发掘，获得许多重要发现，其中以临淄后李、章丘小荆山、西河等遗址的发掘最为重要。

北辛文化以1979年滕州北辛遗址的发掘而命名，该时期发掘的重要遗址有滕州北辛遗址、兖州王因遗址、泰安大汶口遗址、汶上东贾柏遗址、邹平西南庄遗址，烟台白石村遗址等。这些遗址发掘取得的重要成果，使北辛文化研究取得阶段性成果。

大汶口文化是以1959年泰安大汶口遗址发掘而命名的文化，在进行研究的同时，30年考古工作者对大量大汶口文化的遗址进行了发掘，其中有泰安大汶口、兖州王因、莒县陵阳河、五莲丹土、潍坊前埠下、枣庄建新、广饶傅家、长岛北庄等遗址。大汶口、陵阳河遗址所反映的大汶口文化时期先进的生产技术和文化水平，引起人们对其社会性质和中国文明起源问题的探讨，伴随着这些讨论的展开，对大汶口文化时期社会的各个方面的研究不断走向深入。

陶鬶（潍坊姚官庄）

陶高足盘（潍坊姚官庄）

龙山文化从发现就与中国古代文明起源研究紧密联系，80年代以前主要是对文化面貌的认识和分期分区的初步研究。改革开放30年来，随着大量龙山文化城址的发现、大型墓葬的发掘，关于龙山文化分期、分区、社会性质等问题的研究和讨论取得了很多结论性成果。该时期的重要发现有：章丘城子崖，邹平丁公，临淄桐林，寿光边线王，潍坊姚官庄，临朐西朱封，日照两城镇、东海峪、尧王城，五莲丹土，泗水尹家城，兖州西吴寺，阳谷景阳岗等。

巧夺天工的齐故城排水道口

岳石文化的遗址虽然发现较早，但其被认识却是80年代以后的事，通过文物普查发现的岳石文化遗址有340余处，其分布以泰沂山系为中心并向四周扩展，东至黄海，向西可达郑州地区，向南则超越长江，进入太湖流域，北抵燕山。后期随着商文化的不断东进，岳石文化开始走向衰落，分布区域也逐渐向胶东半岛退缩。经过发掘的重要遗址有平度东岳石、牟平照格庄、青州郝家庄、章丘王推官庄、泗水尹家城、菏泽安邱堌堆、长岛大口等。

随着商代考古的开展，山东地区有许多重要发现。目前在山东地区共发现商代文物点400余处，经过科学发掘的遗址达30多处，发现众多商代文化遗迹，出土大量遗物。其中最为重要的发现有青州苏埠屯、滕州前掌大、桓台史家、济南大辛庄等。

值得注意的是，目前发现的商代墓葬中，仅在河南殷墟、青州的苏埠屯发现有带4条墓道的大型墓葬，一般认为，这是商代墓葬的最高规格。占卜在商代的政治生活中一直占有非常重要的地位，所谓“国之大事，在祀与戎”，尽管从龙山文化时期，各地都发现占卜用的胛骨，但带甲骨文的卜骨，目前仅在殷墟及山东济南大辛庄出土，桓台史家也有少量发现。这些迹象表明，虽然在商代存在商对夷人的征伐活动，但山东地区是商代名副其实的东方重镇。

30年来，山东地区两周时期的考古工作做得比较多。东周时期的一些诸侯国国都的城墙在地面上还有迹可寻，许多诸侯

东周墓殉马坑全景

国的位置在历史文献中都有记载，这些都为两周考古提供了便利的条件。山东的两周考古许多是围绕城址进行的，所以，东周城市考古占有非常重要的地位。随着生产力的发展，财富的集中，王侯贵族的墓葬规模不断增大，随葬品的数量和质量越来越惊人，因此两周墓葬的发掘中也不断有重要发现。大量城邑、聚落的考古，中、小型墓葬的发掘，为两周考古不断增添新的资料。这一时期重要的考古工作有：齐故城、鲁故城、薛故城、滕故城、齐国墓地、鲁国墓地、邿国墓地、临淄商王墓地、小邾国墓地、滕国墓地、海阳嘴子前东周墓地、新泰周家庄东周墓地等。

东周时期，山东有许多诸侯国和城邑，这些诸侯国的都城及城邑到汉代仍被使用，如临淄齐故城、济南平陵城、滕州薛故城、郯城郯故城、莒县莒故城、平度即墨故城、台儿庄区汉傅阳县城等等；有的在原来的基础上进一步扩大了城市的规模，如费县故城等；也有的到了汉代城市规模缩小，如曲阜鲁国故城等。许多城址保存较好，地面上还保存有原来的城墙。山东地区汉代城址大多是在对东周城址进行勘探发掘时发现的。由于大家普遍重视东周以前的城址，对汉代城址及相关的

铜牺尊(临淄商王墓)

铜豆(长清岗辛战国墓)

铜鸭形尊(临淄区办公中心)

临淄区稷山汉洞石墓

遗迹没有给予足够的重视。真正以汉代城址为中心进行的考古工作主要有平陵城及费县故城的勘探、试掘。

与城址的考古工作相反，汉代大型墓葬的发掘与保护一直受到人们的重视。30年中发掘的诸侯王一级的墓葬主要有临淄齐王墓、巨野红土山汉墓、长清双乳山济北王墓、临淄金岭东汉齐王墓、济宁任城王墓、临淄稷山汉墓、济南洛庄吕王墓、章丘危山济南王墓等。

汉代中小型墓葬是考古工作中发现数量最多的墓葬。据不完全统计，30年来山东境内已经发现两汉时期的墓葬7000余座。这些中小型墓葬的墓主人有的是高级官吏，有的是平民百姓；根据墓葬形制及埋葬习俗的不同，山东地区的汉代墓葬可以分为鲁南、鲁东南、鲁北、胶东四个类型。在鲁南、鲁东南地区，存在大量的汉画像石墓。在早期，画像一般雕刻在石椁内壁上；到东汉时期，人们在墓葬的地上建筑（如祠堂、石阙）上也雕刻大量精美的画像。从年代上看，山东地区是中国最早出现画像石的地区，目前最早的画像石可追溯到西汉的早期。关于汉代墓葬的发掘不断见于新闻报道，其中比较重要的发现有：临沂金雀山和银雀山汉墓、嘉祥武氏祠、长清孝堂山、费县西毕城、滕州东小宫、日照海曲、临淄齐国汉代墓

战国编钟一组(临淄商王村出土)

载人载鼎陶鸠(济南无影山)

葬、济南无影山汉墓、安丘董家画像石墓、莱州朱汉墓地等。大量汉代墓葬的发现，为研究汉代政治、经济、文化、艺术、埋葬习俗等研究提供了宝贵的资料。

非常遗憾的是，由于种种原因，30年来山东地区汉代以后的考古工作做得非常少，除发现各种类型的墓葬外，其他主要是对瓷器窑址及佛教寺院遗址的发掘工作。这一时期，地上遗址特别是佛教造像保存比较多，如济南千佛崖造像、大佛寺石窟、东平白佛山石窟、理明窝摩崖造像、青州云门山石窟、济南县西巷等，在一定程度上反映了当时社会的发展和经济的繁荣。墓葬发掘仍然是汉代以后考古工作的重点，这一时期重要的发现有：济南灵岩寺、济南东八里洼北朝墓地、高唐虞寅壁画墓、邢村清代壁画墓等。

与第二阶段相比，这个阶段的课题意识明显地加强了，考古方法也有许多改进。在新石器时代和商周考古方面，区系类型理论的贯彻相当明显，聚落演进和文明起源的研究也卓有成效。与此同时还特别注意聚落群和聚落等级的研究，注意大遗址的勘探和保护。同时科技手段在考古中的运用也更加普遍，多学科的联合取得重要成果，公共考古学使考古学与社会联系进一步密切，一些跨省级的大型课题研究如齐长城研究、运河研究不断取得阶段性成果。

乐舞俑(济南无影山)

牛车俑(济南八里洼)

三、文物保护与经济建设——考古工作的社会作用

改革开放以来，随着国家大型基本建设的开展，建设中的文物保护工作成为考古部门的中心任务。从1978年以来，山东省文物部门先后进行了省内所有公路、铁路、厂矿、石油、水利、电力、城市建设的文物保护工作，30年来考古重要发现，绝大部分是在工程建设与抢救性发掘工作中取得的。

工程建设中的文物保护工作成果在保护文物、获取大量物质文化遗产的同时，还直接增加了工程建设的知名度，带动了山东地区文化的繁荣、经济的发展。

文物部门在临淄齐故城周围进行的大量考古工作，使该地区建设了齐故城博物馆、殉马坑博物馆、中国宰相馆、中国古车博物馆、田齐王陵风景区等遗址博物馆、文物展示点。文化与旅游及当地经济发展逐步一体化。

在济南周围，围绕重要发现，建设成了城子崖遗址博物馆，正在进行章丘危山博物馆、洛庄汉墓博物馆、长清双乳山汉墓博物馆等建设。

在运河沿岸，随着运河文化的研究，出土文物的增加，聊城、济宁都建设了独具特色的运河博物馆。

任城王墓发掘后建成的任城王墓博物馆吸引了大量国内外游客。

景阳岗遗址的发掘和龙山文化城址发现后，景阳岗龙山文化遗址博物馆也正在设计和建设之中。

2008年4月，在对济宁汶上分水龙王庙和分水枢纽工程进行的考古发掘中，采用了多学科合作的方式，取得重要的发掘成

因临淄车马坑发现而建设的中国古车馆

果，引起专家及当地社会各阶层的普遍关注，整体保护规划正在进行中。

就整体而言，各项重要考古发现增加了遗址（墓葬）所在区域的文化底蕴，促进了当地经济旅游业的发展，对以文化为中心的经济产业起到了重要的作用，并且随着社会的发展，这种作用越来越明显。

齐国历史博物馆

田纪云参观中国古车博物馆

四、考古工作者——历史的追梦人

有位哲人大致说过这样的话：一个民族如果失去了自己的历史，就好像一个人失忆。失忆是痛苦的，追寻国家、民族的历史是艰辛而又漫长的。从某种意义上说，考古工作是一项追寻民族历史的工作，考古工作者则是探索历史的追梦人。

考古工作是一项艰苦的工作，考古学者无疑是经历人生艰辛最多的一类学者，他们苦苦求索，锲而不舍，跋涉山山水水，走岩棚，入洞穴，风餐露宿，走上了一条艰辛而又漫漫的探索之路。更难能可贵的是，他们顶着来自各方面的刺激与诱惑的考验，忍受着寂寞与清贫的磨难，在默默无闻地奉献着。每一项重大发现，都包含了许多人艰苦细致的工作。因此，在欣赏那些出土的精美文物、回顾山东地区每项重大考古发现时，我们不能忘记每一位考古工作者的艰辛共作。

每一项事业的发展，都蕴涵着一代乃至数代人的无私奉献。从中国考古学的产生到今天事业的蓬勃发展，经历了两、三代人努力。在回顾山东地区改革开放30年来考古工作取得的重要成就时，我们更加怀念吴金鼎、梁思永、傅斯年、郭沫若、唐兰、苏秉琦、杨子范、刘敦愿、俞伟超等对山东文物事业有直接贡献的老一辈考古学家；也十分感激那些在文物战线上奋战过的许多默默无名的耕耘者，也许，他们一辈子也没有一项重要发现，但是他们的辛勤工作，同样促进了整个事业的发展。

然而，令人遗憾的是，这些本来是最质朴的学者，却越来越不容易被人理解。本来是一门大众化的学问，却被高置于象牙塔内而愈来愈神秘。在文物与考古逐步走向大众的今天，人们往往关注的是文物的精美和价值，在大众为每一项重大考古发现而欢呼雀跃时，往往并不了解这些重大考古发现的曲折过程，更不了解那些从事寻根求源的文物工作者的艰苦劳动。因此，了解和研究山东地区的重要考古发现，不仅需要掌握基础的考古知识和这些重要考古发现的成果，还应该知道重要发现的工作过程和这些发现背后考古学者们的艰辛工作。

济宁程子崖遗址发掘现场

经过考古学家大量的田野工作和室内研究，一个接一个的文化被发现和命名，一项又一项的空白被填补，从时间和空间上梳理着中国古代史的脉络。20世纪90年代以来，国家文物局、中国文物报等单位，为宣传考古发现的重大成就，每年举行“中国考古十大发现”的评选活动，至今已经进行了15次，共有150个项目获选，其中山东就有13个项目，它们分别是：章丘城子崖遗址、临淄后李春秋车马坑及淄河店二号战国墓葬、邹平丁公遗址、滕州前掌大商代贵族墓地、长清仙人台邿国墓、长清双乳山济北国王墓、章丘西河遗址、青州龙兴寺佛像窖藏、济南洛庄汉代墓葬、日照海曲汉代墓地、章丘危山兵马俑坑、临沂洗砚池晋代墓葬等。这些项目是国家级重要发现，但它们也只是众多考古发现的一部分，还不能涵盖山东地区所有的重要发现。

这30年来，随着国家大型基本建设的加速发展，考古发掘项目越来越多，重要考古发现也层出不穷。限于篇幅，我们不能对这些重要发现一一进行全面介绍，只能以时代为线索，对具有填补历史空白的典型考古发现予以介绍。然而，任何事物的发展都是不平衡的，在山东地区，史前时期考古学工作做得较多，在全国也一直处于领先地位；商周考古、汉代考古也有许多突破性进展，取得许多世人瞩目的重要发现。魏晋南北朝以来的考古工作则做得较少，这一时期的考古工作还存在许多空白。相信随着基本建设中大量考古工作的开展，一定会有大量更新、更重要的考古发现面世。考古工作者也一定会以自己的辛勤汗水，唤醒沉睡于地下的山东不同时期的历史，用实实在在的考古资料来编写一部较全面的山东地方史志。

考古专家检查、指导工地发掘

2007年沂源猿人学术研讨会

考古工作者在发掘现场

第二章　追寻文明的足迹——史前考古成就

在考古学年代划分上，史前时期分为旧石器时代和新石器时代。在漫长的人类社会史中，旧石器时代占据了其中的绝大部分。旧石器时代虽然漫长，但那时人类本身以及人类文化尚处于童年，生产并不丰富，同时由于距今时间太久，所以保留下来的遗产很少，而其中能够被我们发现而重见天日的，就更是凤毛麟角了。因此，同后面的考古发现相比，旧石器时代的考古发现非常少，特别是旧石器考古尚属"欠发达"地区的山东省而言，就更少了。但是经过几十年特别改革开放以来30年的努力，山东考古工作者还是找到了一些旧石器时代遗存，其中有的发现也是相当重要的。

山东地区最早开展考古工作的是新石器时代考古。

山东地区新石器时代考古学文化十分丰富，考古发掘工作相对也较多。考古工作者经过艰辛努力在山东地区发现了近1900处新石器时代遗址，建立了后李文化—北辛文化—大汶口文化—龙山文化的考古学发展序列，成为中国史前文化区系最清楚完善的地区，同时也表明山东地区在史前时期有着自己独立发展的传统。

山东地区已知最早的新石器时代文化遗存是距今9000多年前的沂源北桃花坪扁扁洞遗址，当属新石器时代早期。这时看来还没有明显的农业活动迹象，但是陶器、磨制石器等标志性器物的出现，表明已经进入了新石器时代。后李文化距今8500~7500年，目前仅见于鲁北地区，陶器以叠唇圜底釜为主，无三足器和泥质陶；发达的石、骨器制作及面积较大的房屋建筑表明其生产力发展达到一定的水平。继后李文化之后是北辛文化，陶器制作有了进一步的发展，出现了泥质陶及三足器，从北辛文化中期开始，陶鼎逐步代替陶釜而成为主要炊具。大汶口文化是山东地区古代文化逐步走向繁荣的时期。从地域分布看，大汶口文化除山东外，在苏北、皖北、豫东等地区也有分布。在物质文化上，除日常用品外，出现大量酒器及代表死者生前身份的玉器、骨器、角器、牙器等，墓葬规模有大小之分，随葬品明显可看出贫富的分化。大汶口文化时期的图象（文字）及城址，闪耀着古代文明的火花。龙山文化时代晚期已进入中原地区夏代纪年，是山东地区史前文化鼎盛时期。礼器的出现、文字的发明、大量龙山文化城址的发现，标志着这一时期山东地区古代社会发展已经到了传说中五帝时代晚期古国林立的初期文明阶段。

改革开放之后，山东地区新石器时代考古随着国家建设的加快，也进入了快速发展时期。伴随着重大考古发现的不断涌现，考古学工作方法的改进和科技含量的增加，与国内外同行的合作研究和学术交流日益增多，"聚落考古"、"环境考古"、"科技考古"、"动植物考古"、"计算机技术在考古

陶器座（邹县野店遗址）

陶尊（莒县大朱家村遗址）

中的应用”等一大批新的理论和技术方法不断涌现，大大加深了考古学研究的深度、拓宽了考古学研究的广度，古代遗址中丰富信息的提取手段更加科学，对古代社会的研究达到了空前水平，并且这种状况仍将持续下去，发展越来越快。

玉斧（章丘董东遗址）

玉人面（滕州岗上遗址）

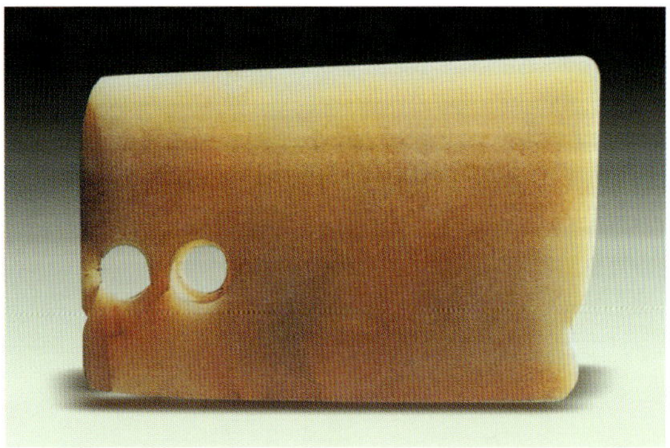

玉铲（临沂湖台遗址）

陶高柄杯（日照东海峪遗址）

玉串饰（郯城野店遗址）

陶高足盘（潍坊姚官庄遗址）

陶四耳壶（诸城呈子遗址）

卜骨（茌平尚庄遗址）

陶鬶（潍坊姚官庄遗址）

一、从凿辟鸿蒙到人文初开——旧石器时代的探索

山东地区的旧石器时代考古从20世纪80年代进入了一个较快的发展时期。80年代初，山东省开展了全省文物普查。在这次普查中，沂蒙山区和鲁东南海滨发现了一大批旧石器时代遗址和地点，其中最重要的就属沂源猿人的发现。

除沂源猿人外，山东地区还发现了近30处旧石器地点。比较重要的有沂水西水旺、南洼洞、上崖洞，日照丝山、竹溪村，郯城小麦城、黑龙潭、望海楼、凤凰岭、青峰岭等。近些年来，在其他地区如枣庄、济宁、烟台等地也陆续有了一些新的发现。这些遗存的地质时代上迄更新世中期，最晚可到更新世之末甚至已经进入全新世初期，几乎囊括了整个旧石器文化发展的各个阶段。

沂源猿人出土地点

山东最早的居民——沂源猿人

1981年9月，沂源县图书馆在文物普查时，于土门镇骑子鞍山的一个石隙裂缝中发现1件残破的人类头骨化石，后来有关部门对该地点进行过两次正式发掘，又发现了7枚猿人牙齿化石。这些化石经北京大学吕遵谔教授等研究，归类为直立人，地质时代处于更新世中期，大约与北京猿人和安徽和县猿人同时，距今约三四十万年，被命名为沂源猿人。

从发掘资料看，人类和哺乳动物化石出土于红褐色粉砂质黏土和棕褐色黏土中，基本材料为1件猿人头盖骨残片，7枚牙齿化石和一批哺乳动物化石。

哺乳动物化石包括硕猕猴、大河狸、棕熊、黑熊、鬣狗、变异狼、虎、梅氏犀、三门马、李氏野猪、肿骨鹿、斑鹿和牛。对人类化石出产层位的岩性特征和伴出动物群的研究显示，当时为中更新世温暖湿润的森林草原环境。

人类头盖骨残片包括大部分左右侧顶骨、小部分额骨和枕骨。颅盖内面骨面平滑，骨缝全部愈合，颅盖外面冠状缝简单，有愈合趋势，由于骨骼不全，矢状嵴不明显。骨壁较厚，接近北京猿人的上限值。眶上圆枕十分发育，近眉间部有上下相连的趋势。牙齿均为恒齿，包括臼齿2颗，前臼齿4颗和1颗犬齿，其解剖特征与北京猿人相近。

沂源猿人头盖骨和牙齿的形态具有直立人的典型特征，在分类上可归属直立人，与北京猿人的关系较为密切。

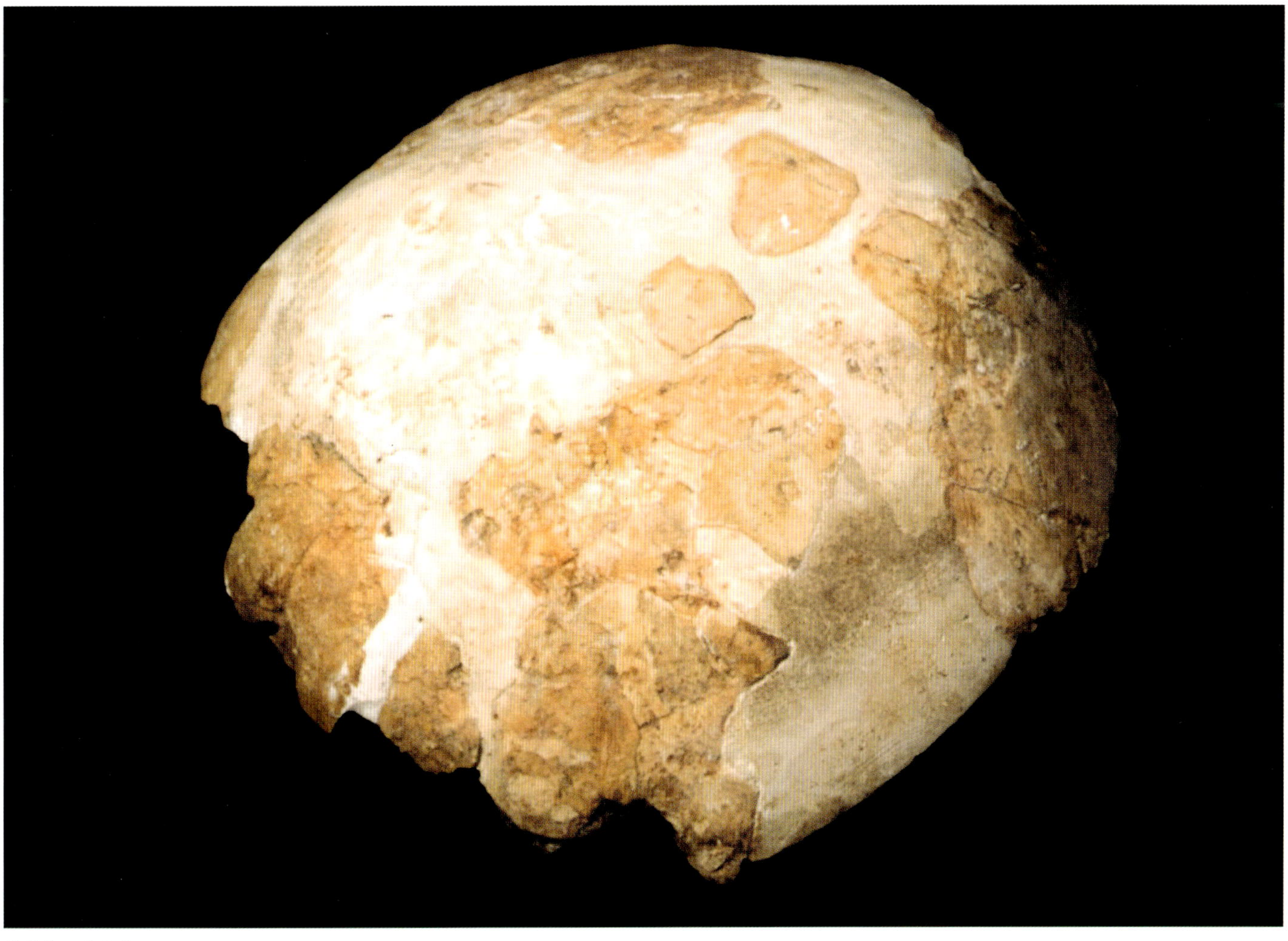

沂源猿人头骨化石

细石器时代的典型遗址——黑龙潭遗址

1982年调查时发现，临沂市文管会于当年11月进行了试掘。中国社会科学院考古研究所山东队于1984年10~11月进行正式发掘，揭露面积224平方米。2000年，中国社会科学院考古研究所、山东大学与加拿大安大略博物馆合作进行了第三次发掘。

遗址位于临沂市郯城县东部与江苏省东海县之间的马陵山西坡，西距沭河约4公里，海拔70~75米。马陵山为南北向条状低山丘陵，山体为白垩纪紫红色砂岩，基岩之上有一层粉砂状风化壳。其上土层堆积可分3层：下层是红色黏土，所出化石因破碎而难辨种属；中层为灰色亚黏土或黏质砂土，出动物化石和打制石器；上层是富含腐殖质和砂的黑灰色或深灰色土，出细石器，但属于次生堆积。

黑龙潭遗址的石制品除部分出自地层中外，大多数均为地面调查采集所得，分细石器和打制石器两类。原料主要为石英、玛瑙、燧石、水晶、石髓、板岩等。细石器包括石核、石叶和石器：石核中既有典型的细石核如船底形、楔形、柱状、锥状石核，也有砸击石核；石叶一般不做修理，个别标本刃口可见使用痕迹；石器包括刮削器、尖状器和雕刻器，以各式各样的刮削器占绝对优势，其中又以拇指盖状刮削器、尖状器最为典型，二次加工有的通体压剥，十分精致。打制石器包括石片石器和石核石器，石片石器包括用直接打击法产生的石片和用其制作的石器，石核石器分砍砸器、刮削器、石球等，亦采用直接打击法加工而成，器形较大，制作较粗。

黑龙潭出打制石器的第2层碳素标本所做测年数据有两个：半衰期以5730年计，为距今22450年±520年；半衰期以5568年记，为距今21820年±520年。同层动物化石有象、犀、牛、鹿等，结合地层的岩性特征判断，该层地质时代当为晚更新世晚期，其上含细石器的层位可能已处于更新世之末接近或进入全新世之初了。

黑龙潭遗址细石器

二、新石器时代的曙光——扁扁洞遗址

扁扁洞遗址位于沂源县张家坡乡北桃花坪村后北围子山一处俗称扁扁洞的山洞内。2004年农民在取土时于洞内发现了人类头骨碎片，山东省考古所和中国科学院古脊椎动物与古人类研究所分别于2005年上半年和2006年下半年进行了两次发掘，发现了新石器时代早期文化遗存。

扁扁洞地处鲁中山区，周围群山起伏。洞口向北，其东北方向近处恰好有一截山梁，一定程度上减弱了北方袭来的寒风，洞口附近有多处泉水，是古人相当理想的栖息地。

洞内堆积可分两大部分，1~1.3米以上为文化堆积，下面属于自然堆积，其中自然堆积的顶部有一层厚约0.3米的黄土层，人类文化堆积就坐落在这层黄土之上，基本上布满整个洞厅，但靠近洞口的部分已被取土破坏。文化堆积可分4层，各层厚度均匀，起伏不大。表层土较薄，属于近现代堆积。表层土以下2~4层均属新石器时代早期文化堆积，其中第2层为黄褐色，颗粒较粗，夹杂较多的兽骨和石块；第3层又可分两小层，3A层为灰褐色，颗粒稍粗，结构略显疏松，包含较多兽骨，也有少

扁扁洞遗址外景

量陶片；3B层为灰色土，土质细腻，富含灰烬和兽骨；第4层为黄色黏土，洞内部分由于富含草木灰而呈现灰黄色，向洞外颜色逐渐变浅，土质较细，包含物较少，夹杂一些烧土粒、陶片和兽骨。

上述4层新石器时代早期文化堆积中，在4、3A和2层表面，都发现了明确的活动面，其中4层层面上发现多处烧土面，附近堆积着灰烬，其中夹杂着很多兽骨，有的兽骨显然经过火烧，绝大部分兽骨都十分破碎，可能是人工敲砸所致。在一处烧土面旁边，还发现了一个石磨盘和两个石磨棒。3A层表面有厚约3厘米的砂土层，十分平整，显然经过整治。

发现的遗迹中除了烧土面之外还有4个灰坑，均为近圆形锅底状。其中一个已经被扰，据说是人类头骨出土处，还有一个在坑壁斜坡上发现烧土面，坑底堆积着灰烬，可能当初属于灶坑，后来废弃，填充垃圾。

出土陶片十分破碎，均为夹砂红陶，火候较低，磨损较甚，无复原器，可辨釜、钵两类器形，釜沿略卷，长直腹，有的沿下加一周泥条，与后李文化同类器具有一定相似性。石器主要是磨盘和磨棒，还发现几片石英岩类石片，但其人工性质还有待进一步考察。石磨盘长方形，一端有捉手，器形简洁规整，加工得十分细致。石磨棒较短，中间粗两端稍细，截面近圆形，一面较平，一面略鼓。洞内采集的人头骨碎片和兽骨经北京大学年代学实验室检测，碳-14数据校正后为距今11000~9500年之间，已经进入新石器时代早期。

扁扁洞遗址的发现，为探索山东新石器时代文化的起源提供了重要线索。同时，沂源地处鲁中山区腹地，是山东旧石器时代文化遗存最重要的分布地区。特别是沂河上游重要的支流——螳螂河，在其河谷地带两侧发现了众多的旧石器时代遗存，螳螂河还是沂源向北走出鲁中山地的重要通道。现在这里又发现了新石器时代早期文化遗存，也为我们追寻旧、新石器文化的过渡以及早期人类如何由山区走向平原、发展农业，提供了重要线索。

扁扁洞地层堆积

扁扁洞骨器

扁扁洞石磨盘、棒

扁扁洞出土陶片

三、山前地带大家族——后李文化

后李文化是20世纪90年代，在淄博市临淄后李遗址发掘时，首次发现识别出来的一种新文化遗存。后李文化发现后，考古工作者在鲁北地区又发现多处该文化时期的遗址，并进行了发掘，获得许多重要成果。目前已经发现后李文化的遗址近20处，其中临淄后李，章丘小荆山、西河，长清月庄等遗址的发掘最为重要。

后李遗址

后李文化的命名地——后李遗址

后李遗址位于淄博市临淄区齐陵镇后李官庄村西北约500米处淄河东岸的二级台地上。20世纪80年代后期，山东省第一条高速公路——济青高速公路经过这里，为配合公路建设，山东省文物考古研究所对该遗址进行了发掘。发掘工作历时两年，发掘面积近7000平方米，是到目前为止山东地区发掘面积最大、收获最为丰富的遗址之一。

后李遗址发掘的收获可以概括为以下几个方面：

（1）后李文化的发现，为山东地区新石器文化研究提出了新的课题。山东以往发现最早的新石器时代文化是北辛文化，后李文化的发现将山东新石器时代文化在此基础上又向前推进了1000多年，这为研究新石器时代中期偏早阶段山东地区的古代文化打开了一个崭新的领域。此后，鲁北地区相继发现了十多处后李文化遗址，大大促进了该领域的研究。而这一切都始于后李遗址的发掘。

（2）在后李遗址，发现大量后李文化时期的房屋、窑址、灰坑、墓葬等遗迹，出土的陶器、石器、骨器等遗物，第一次将后李文化富于特征的面貌展现在世人面前，是研究当时社会生活难得的材料。

（3）后李遗址还发现了北辛文化时期的遗存。不仅从地层上明确了后李文化早于北辛文化，也为鲁北地区北辛文化的研究增添了新的资料。

后李遗址延续时间长，发掘面积大。该遗址的发掘，对研究鲁北地区史前及历史时期的物质文化面貌和文化分期，提供了重要资料。

陶釜

陶大口缸

陶釜

展现后李文化的村落生活——西河遗址

西河遗址位于章丘市龙山镇龙山三村西北200米，东与城子崖龙山遗址相距2公里，当地人称“鳖盖子”。1991年城子崖发掘时，发现有后李文化的遗存，同年进行了正式发掘。发现2座后李文化时期的房基遗址，其中F1保存最为完整。

F1平面为圆角方形，半地穴式，周壁规整，地面平坦整齐。南北长7.4、东西宽6.8米，地穴部分保存深度为0.5米，室内面积达50余平方米，大致分为3个区：居住区、炊饮区和活动区。居住区位于西部，面积约20余平方米。居住区和与居住区相连的西壁、北壁西半部、南壁西半部均涂抹一层厚0.4~1厘米的黄泥膏，经火烧烤表面呈青灰色，龟裂严重。炊饮区位于中部，烧灶由三组支脚组成。南组为主灶，支脚形体较大，表面经琢磨。三支脚内火塘下凹，南面有一灶门石。西北组和东北组石支脚组成两个副灶，支脚形体略小，制作粗糙。有趣的是西北组支脚上还残放一件叠唇圜底釜，再现了一幅炊烟袅袅的生活画面。活动区位于东部，地面经火烧，呈暗红色，北侧放置十余件陶器。

西河遗址的第二次发掘是在1997年为配合106省道拓宽工程进行的。在发掘过程中，还对西河遗址进行了全面的勘探，发现其总面积约10万平方米。在遗址上共发现房屋30余座，这些房屋大致可以分为3个区。这次发掘的是其中的一个，主要收获是清理出19座后李文化时期的房址。这批房址，按室内面积可分成两类，面积大的、生活设施齐全的分布于两侧，面积小的、一般没有什么生活设施的处在中间。从房址面积和类型我们也可看出当时社会组织形态的某些侧面，两侧大房子各成一组，中间小房子一组。从类别来看，大房子生活设施齐全，居主导地位，小房子只能住人或储物，为附属设施。可以看出来，这里展现给大家的是以生活单位为基础来组织规划的社区图景。每座大房子都是一个生活单位的主体，小房子居于从属

房址

房内灶址

地位，而大房子又被小房子隔开，说明存在两个对等的生活单位组。中间小房子看不出明显的归属倾向，应属于两侧大房子组共有的附属设施，是它们之间联系的纽带，又说明这两个生活单位组是平行的，与中间小房子共同组成一个社区。如果小房子只是储物或作为手工操作间，则说明两侧的生活单位组的经济是共有的；如果只是住人，很可能是由两侧生活单位组的成年单身子女居住，说明两侧生活单位组之间亦有血缘亲缘的关系，只是较生活单位组内部疏远一些。实际上上述两种情况可能共存，在相同血缘背景外壳下，共同的经济生活亦是维系社群的主要黏合剂。

西河遗址的发掘，受到考古学界的高度重视。1997年的发掘工作被评为“1997年全国十大考古新发现”，并获得国家文物局颁发的田野考古三等奖。由此，2001年6月，经国务院批准，西河遗址被公布为第五批全国重点文物保护单位。

陶釜

陶匜

石斧

陶双系罐

陶兽首

山东地区最早的环壕聚落——小荆山遗址

小荆山环壕聚落的发现，说明早在8000年以前，人们就开始挖壕沟以保护自己的村落了。

小荆山遗址位于章丘市刁镇茄庄村西南300米。地处鲁北平原与鲁中山区的交接地带。因遗址南邻海拔218米的小荆山，故名为“小荆山遗址”。1991年，章丘市博物馆在田野调查时发现了该遗址。1992年，济南市文化局文物处、章丘市博物馆对该遗址进行了抢救性发掘，发现2座后李文化时期的房屋，20余座墓葬，其中这批墓葬为研究后李文化的埋葬习俗提供了珍贵资料。

1993年秋，山东省文物考古研究所、章丘市博物馆对小荆山遗址进行了第二次发掘，发现后李文化时期的房屋8座及大量的灰坑窖穴，出土一批后李文化时期的遗物。发掘过程中对遗址东南部的壕沟进行了仔细的调查，初步确认属于后李文化时期。

1999年，为配合后李文化课题研究及小荆山遗址的“四有”工作，对遗址及其东南部的壕沟进行了详细勘探，结合试掘认定小荆山为后李文化时期的环壕遗址。还在遗址的北部发现一处墓地，为研究小荆山遗址的平面布局提供了宝贵的资料。

钻探资料表明，小荆山遗址基本呈圆角长方形，西北有一片墓地向外突出，遗址南北长约500米，东西宽约350米，总面积约14万平方米。

发现的环壕占据遗址西部，并且其修建是在人们居住一段时间之后进行的。环壕平面呈圆角三角形。北段长280米，东南段长430米，西段长420米，周边长约1130米，环壕内东西300米，南北约400米，总面积约5万余平方米。

90年代以来，随着聚落考古的不断深入，环壕聚落受到越来越多的注意。小荆山遗址后李文化的环壕是海岱文化区目前发现最早、结构最清楚的环壕，对于我们深入认识后李文化时期的聚落形态将发挥重要作用。

小荆山遗址全景

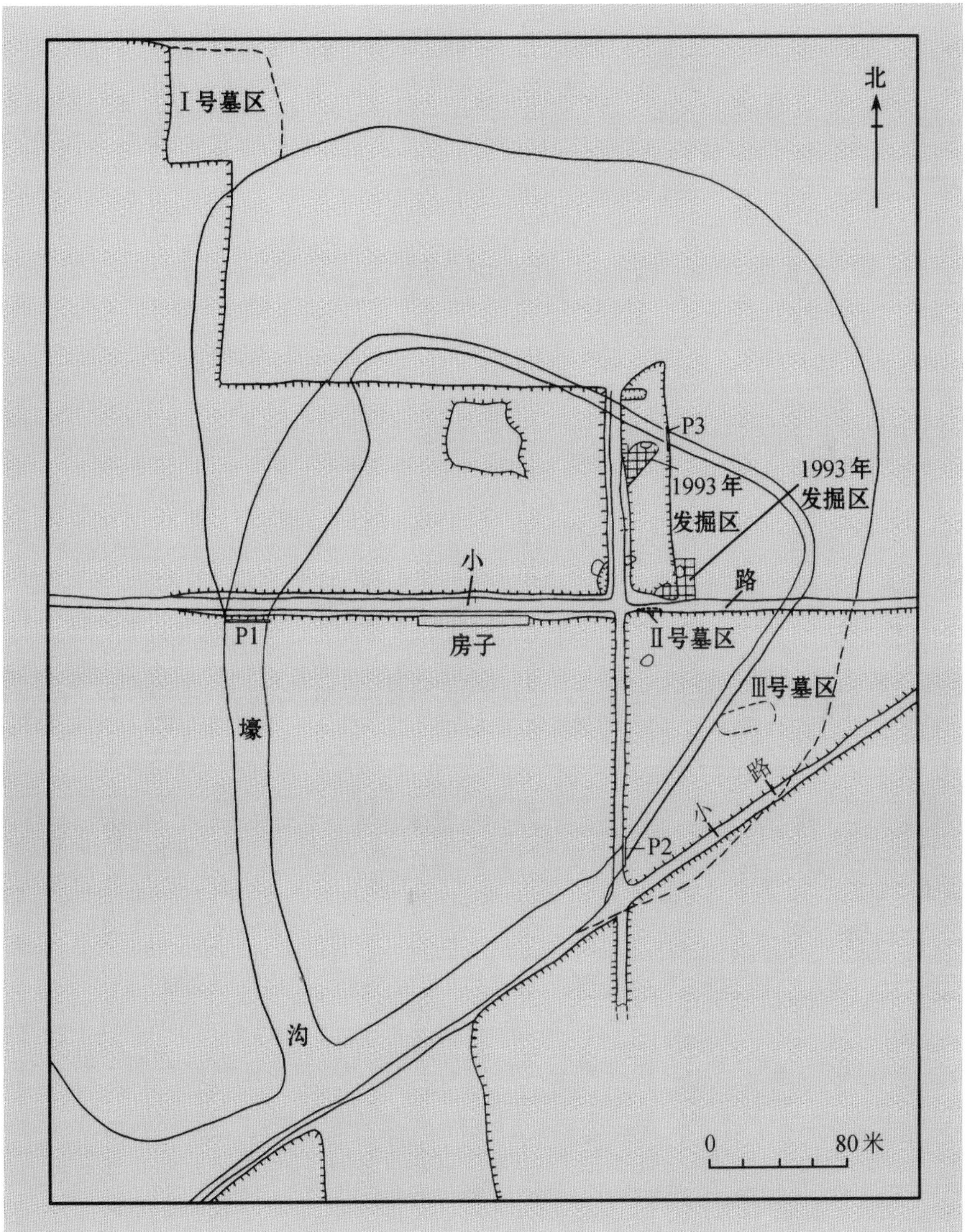

小荆山遗址环壕平面图

房基

陶盆

陶壶

陶釜

后李文化向北辛文化的过渡——月庄遗址

月庄遗址位于济南市长清区归德镇月庄东南，东侧紧邻南大沙河。遗址范围很大，从月庄北侧顺着北大沙河河道，迤逦向上约千余米。遗址南北长度约1400米，东西宽约330米，总面积在40万平方米以上。

月庄遗址是济南市文物处1980年代末文物普查时发现的。遗址的南部原为张官遗址，北京大学1999年曾对其进行发掘，发现了北辛文化早期遗存。2000年，济南市考古所抢救性清理了一座房子。2003年，山东大学和山东省文物考古研究所合作发掘月庄遗址，经过调查勘探和试掘，发现月庄遗址与张官遗址原来是一体的。遗址文化堆积北部时代早些，月庄附近属于后李文化时期阶段遗存，南部时代更晚些，由北而南，顺着南大沙河逆流而上，堆积的时代越来越晚，到了张官村附近，已经进入北辛文化早期。

发掘揭示，后李文化堆积处于遗址下层，其上隔着一层自然堆积，再上属于东周时期文化堆积。后李文化遗迹发现有灰坑、灰沟、墓葬、房子等，其中填充大量烧土块的灰坑颇引人注目。遗物主要是陶、石、骨器，陶器虽然像其他后李文化遗址一样均为夹砂陶，也以釜为主，但烧制火候较高，卷沿超过叠唇成为陶器口部的主流结构，并且出现了鼎这一新的器形；石器以磨盘和磨棒为主；网坠发现数量较多，暗示其经济形态存在偏重捕鱼的一面。月庄遗址的发掘首次提供了后李文化向北辛文化过渡的直接证据，证明至少在鲁北地区，北辛文化是由后李文化直接发展而来的。

月庄遗址发掘的另一个重要收获就是，在一个灰坑中发现了20余粒碳化稻粒，这是同类遗存目前发现时代最早位置最北的一处，虽然还只是孤证，却也为研究文化交流、稻作的传播拓展了眼界。

月庄遗址

陶釜

四、三足鼎立从今始——北辛文化

北辛文化以滕州北辛遗址的发掘而命名，其绝对年代距今7500～6100年。从北辛文化开始，人们的炊具开始用鼎代替了釜，陶器中出现不含砂的泥质陶，制作更为精美，后期开始出现彩陶。目前山东地区发现和发掘的北辛文化遗址不多，比较重要的发现有滕州北辛遗址、济宁玉皇顶遗址、兖州王因遗址、泰安大汶口遗址、汶上东贾柏遗址、邹平西南庄遗址、烟台白石村遗址等。根据文化面貌的异同，山东地区的北辛文化可分为鲁南、鲁北、胶东三个类型。

陶钵

石磨盘、棒

北辛文化的命名地——北辛遗址

1978年的秋天，中国社会科学院考古研究所山东队与滕县博物馆联合进行了发掘，次年春天又进行了第二次发掘。两次发掘共揭露遗址面积2500余平方米，发现早于大汶口文化的文化遗存，由于这类遗存最早是在北辛村发现的，考古学家将与它相类似的文化遗存命名为“北辛文化”。

发掘清理窑窖穴2个，灰坑60个，瓮棺葬2座。其中窖穴为平面略呈椭圆形的袋状坑；灰坑主要是口大底小的椭圜形，少量圜形和不规则形，坑底多呈圜底；瓮棺葬墓坑东西向，平面略呈椭圜形，以深腹圜底缸或残陶鼎为葬具，葬者均为婴儿。发掘还获得陶器200余件，骨角、蚌、石器等1000余件。

陶器均为手制，采用泥条盘筑法。分夹砂和泥质陶两种。陶器的颜色以黄褐色为主，多不纯正，一器多色现象较普遍。泥质陶以红陶为主，陶色纯正。纹饰多饰于夹砂陶器表，有堆纹、划纹、篦纹、乳钉纹、指甲纹、锥刺纹、剔刺纹、压划纹、席纹、彩陶等，其中以数条窄堆纹组成的各种纹饰最具特色。器形有鼎、釜、缸、钵、碗、盆、壶、盘、支座等，其中鼎均为圜底或略尖，锥形足，腹上部多饰窄堆纹，也饰以压划纹。

石器较多，主要利用当地砂质灰岩制成，分打制和磨制两种。石器的种类有铲、刀、镰、磨盘、磨棒、斧、锛、凿、匕首、棒形器等。尤以铲最多，仅残片多达千余块，有的斧、敲砸器、盘状器和小铲等是利用石铲的残片加工而成。北辛遗址发现较多的打制石器，也许和石器制作有关，大量的半成品和碎屑都是石器加工过程中不同阶段的产物。

骨、角、牙器数量较大，器类复杂，主要有镞、凿、匕、刮削器、梭形器、鱼镖、鹿角锄、鹿角器、针、锥、笄等。

北辛遗址的发掘在山东地区找到了早于大汶口文化的新石器文化遗存，基本弄清了北辛文化的物质文化面貌，为这一地区新石器文化研究提出了新的课题。

陶鼎

三足陶釜

黄海岸边的村落——白石村遗址

1962年，当地文物部门发现了该遗址，1973年、1975年，烟台市的文物部门对该遗址进行了勘探、试掘，并于1979年将之定为市级重点文物保护单位。随着城市建设的发展，白石村遗址被规划为城市居民区。1980年和1981年，烟台市文物管理委员会为配合居民楼建设，对该遗址进行了两次抢救性发掘，发掘面积共计227平方米。

发掘者根据地层关系及出土遗物，将遗址分为白石村一期文化和白石村二期文化。

白石村一期文化的遗迹只有2座墓葬，位于一条自然灰沟中，无墓坑和随葬品。2号墓为老幼合葬，均侧身屈肢，其中老者为50岁左右的女性，幼者为3～5岁的幼儿，老者双手紧抱幼儿的头部。5号墓墓主为一13～15岁的少年，侧身屈肢。

一期出土的遗物有陶、石、骨角器等。陶器以夹砂陶为主，次为泥质，另有极少量夹云母和滑石陶。陶色不纯正，多呈红褐色和灰褐色。素面者为主，纹饰主要是附加堆纹、乳钉纹和刻划纹，常见于器物口沿部位，附加堆纹多用细泥条排成各种纹样。直口圜底器为主，流行柱状把手。器类有钵形鼎、筒形罐、小口罐、深腹盆、钵、支座等。

石器主要有斧、锛、铲、锤、磨棒、砺石、石球、网坠等。骨器100余件，有锥、针、镞、笄、管、棒、匕首等，其中以锥居多，占了近半数，针有大、中、小之分，镞分锥形、柳叶形、长菱形、三角形等。

属于白石村二期的遗迹有柱洞、墓葬和灰坑。柱洞是人们建筑房屋为竖柱子挖的柱坑，柱子腐朽后留下了柱洞。白石村没有发现完整的房屋，但在200多平方米中发现了216个柱洞，说明人们很长时间在这里修建房屋。发现的2座墓葬均为单人葬，没有墓坑和随葬品。

白石村二期的遗物有陶、石、骨角器等。陶器比一期的陶器在器类、制作工艺上都有明显的进步，出现了彩陶。

白石村一期文化是目前胶东地区发现的最早的新石器时代的遗址，年代大致在距今6000年左右，相当于北辛文化晚期，但文化面貌与其他地区的北辛文化有明显的区别，或许说明胶东地区原始文化有独立的来源，所以有学者将白石村一期文化直接命名为白石村文化。白石村二期文化相当于大汶口文化的早、中期，与一期文化有明显的渊源关系，也与其他地区的大汶口文化有密切的联系，因此，白石村二期文化对研究胶东地区大汶口文化具有独特的作用。白石村遗址前后延续了1000多年的时间，是胶东地区延续时间最长的遗址之一，在遗址上发现大量陆地和海洋动物遗骸，属于贝丘遗址，为研究胶东地区古代人类的食物结构及环境变迁均有特殊价值。

陶小口双耳罐

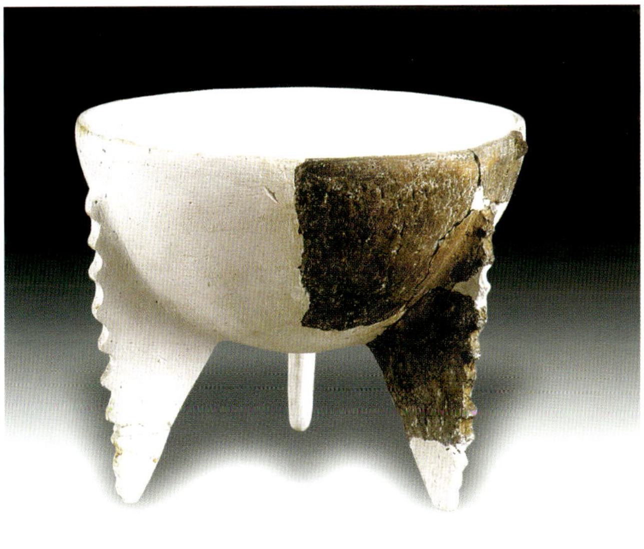

陶鼎

双耳陶钵

石磨盘、棒

锥形陶支脚

石网坠

五、父系母系两纷争——大汶口文化

大汶口文化继北辛文化发展而来，距今6100～4600年，前后延续了大约1500年的时间。

大汶口文化是以1959年泰安大汶口遗址发掘而命名的文化。当时墓葬内丰富的随葬器物以及墓地展示的悬殊的贫富差距曾经引起考古学界和古史学界关于其社会性质的热烈讨论，大汶口遗址也因此名扬天下。由于发现比较早，考古发掘的遗址和墓葬比较多，研究工作做得也比较深入。在大汶口文化时期，社会生产力有了较快的发展，产品开始丰富起来，社会财富得到较快积累，贫富分化加剧，社会上层与下层表现出明显的反差，一定区域内的中心聚落出现，暗示社会复杂程度迅速加剧。

大汶河畔的大汶口遗址

最早的中心聚落——大汶口遗址

大汶口自古就是泰山西侧的交通要津，有多条重要的公路、铁路从这里经过。为配合泰安—兖州的公路建设，山东省博物馆文物组于1974年、1978年进行了两次发掘。

大汶口遗址是因为1959年的发掘而闻名的，那次发掘的遗存属于大汶口文化中晚期，本次发掘揭露的则是大汶口文化早期和北辛文化晚期的遗存，为论证北辛文化与大汶口文化的源流关系、研究大汶口文化的分期提供了翔实的地层依据和丰富的遗物资料。发掘还发现大汶口文化早期墓葬中存在分组埋葬的现象，墓葬中有一批随葬品十分丰富的早期大型墓葬，这为研究大汶口文化早期的社会结构和形态变化提供了资料。遗址还中发现一批北辛晚期的房屋、墓葬、灰坑等遗迹和石器、骨器、陶器等遗物，不仅为解决大汶口文化与北辛文化的关系提

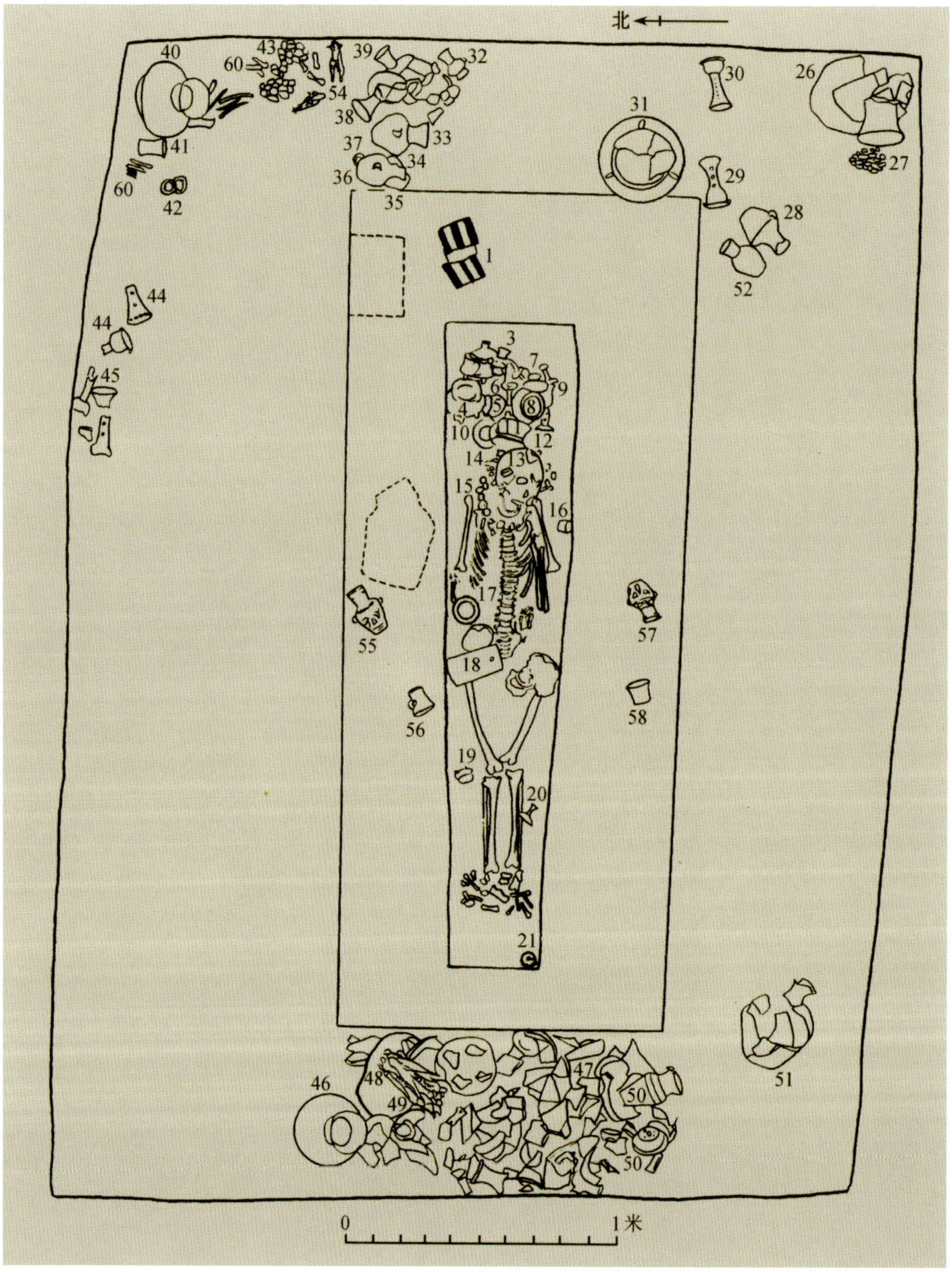

大汶口遗址大墓

彩陶釜

刻花陶罐

彩陶觚形杯

彩陶壶

供了考古依据，而且也推动了北辛文化的分期研究。

大汶口遗址发掘后，考古工作者先后出版了两本发掘报告。同时，关于大汶口文化遗存的发掘和研究工作也得到迅速发展。在对大汶口文化进行深入研究后，我们进一步了解了大汶口遗址的重要性及大汶口遗址发掘的历史意义。

大汶口遗址位于巍巍泰山之麓，大汶河畔，跨大汶河的两岸，面积82万平方米，是目前发现的面积最大的大汶口文化遗址。大汶口遗址原始文化延续时间长，从北辛文化晚期到大汶口文化晚期，大约延续了1700年。在大汶口文化时期，大汶口遗址始终是当时的一个重要的文化中心。

从大汶口文化早期开始，大汶口遗址墓地中就出现墓葬分区现象，很可能这是由多个家族的墓地组成的村落公共墓地。同一墓地墓葬的大小、随葬品的种类和数量有明显甚至悬殊的差异，随葬品少者1~2件，多者百余件，说明从大汶口文化早期开始，就出现了贫富分化。特别是第一墓区大墓比较集中，与其他墓地相比，说明贫富分化不仅存在于个体之间，也发生在更高一级的社会组织——家族之间。这暗示当时的经济生活至少在家族这一层面上应该是共同的。过去的随葬品大多是死者生前使用的生活用品和生产工具，有的还保留有生前使用的痕迹。到大汶口文化早期，一些大型的墓葬，如2005和2019号墓葬，随葬品的数量已明显超过死者日常生活所需要的数量。在2005号墓随葬觚形杯10件，高足杯7件，豆19件，各类陶器共计60余件，有的陶器内盛放了牛头、猪头等。此外还有象牙器柄、骨笄、牙束发器、獐牙、石斧、石锛。这些随葬品不仅表现死者生前的富有，而且说明其社会地位的特殊。

到大汶口文化中、晚期，墓葬随葬品的差异更加明显。1959年发掘的133座这一时期的墓葬中，各墓随葬品的数量和质量极不平衡，多寡悬殊，质料优劣之分相当突出。从总的数量来考察，少的只有一两件简陋的器物，如62号墓只有1枚獐牙，70号墓只有1件石铲；一般的墓为一二十件，随葬品多的五六十件，甚至多达180余件，而且品种复杂，制作精致，往往采用贵重质料。以10号大墓为例，死者不仅随葬80余件精致漂亮的陶器（陶器中有精美的黑陶和白陶，其中各类鼎5、壶14、罐3、杯13、簋2、瓶38件），而且佩有象牙梳、象牙雕筒、玉质的臂环、指环和铲子，以及成串大理石、松绿石制成的头饰和颈饰。

目前在山东地区已经发现大汶口文化时期的墓葬约2000座，很少有像大汶口墓地那样出土如此高规格的陶器、玉器、象牙器等具有礼器性质的随葬品，这种现象表明，在大汶口文化时期，大汶口是当时重要的政治、经济中心。随葬品所表现的社会分化及礼器意义，表明在大汶口文化时期，一些中心聚落已经开始出现文明的萌芽。

陶鼎

玉钺

彩陶豆

保存最为完好的村落——建新遗址

枣庄建新遗址的发掘，在一定程度上弥补了大汶口文化聚落遗址考古资料缺乏的遗憾。

1992年夏，枣庄至木石一级汽车专用公路开始建设，山东省文物考古研究所组成考古队于1992和1993年对建新遗址进行了考古发掘。2006年为配合店韩公路后伏立交的建设，又进行了一次发掘。

建新村，原名伏里，位于枣庄市西北约18公里的山亭区西集镇。遗址坐落在村北侧一片高出周围约1.5米左右的平坦台地上，面积约3万平方米。遗址地处丘陵区，周围错落着低山丘陵和山间盆地，遗址的北侧有一条小河，名叫龙河，是著名的薛河支流。

三次工作共发掘3000多平方米，发现大汶口文化、龙山文化时期的房址28座，灰坑280多个，陶窑2座，水井1口，墓葬105座，出土陶器、石器、骨器、角器等各类遗物1000余件。发掘完成后，迅速整理了1992年、1993年的发掘资料，出版了《枣庄建新——新石器时代遗址发掘报告》。

建新遗址发现的28座房屋均属大汶口文化时期，另外在发掘区内还有大量房屋被破坏后残留的柱洞，说明原来有更多的房屋存在。从层位看这28座房屋大致分三个阶段修建的，根据这些房屋的位置，可以在一定范围内研究村落的布局。按照房屋的平面形状，可以将这些房屋分为圆形、长方形和方形三类，以后两者为主。这些房屋均为地面建筑，除2座为双间外，其他均为单间。建筑面积一般在10～20米之间，最大的有29平方米，最小的在10平方米以下。当时的居住面大都遭到破坏，保存下来的地面一般比较平整、光滑。有的在房屋的一角还有烧烤的地面。比较幸运的是，不知什么原因，人们在废弃房屋时，并没有把里面的陶器等生活用品和工具完全搬走，因此在房屋内的地面上，还保留部分当时的遗物。其中有8座房屋居住面上发现有石器、陶器等，在4座大型房屋内仅保留了陶鼎、罐和石砧，另外4座较小型的房屋除摆放有鼎、罐外，还有豆、背壶、杯、器盖等，一般2～6件。多数陶器比较完整，且出土时直立摆放，基本无倒塌现象，说明人们废弃房屋时，这些生活

建新遗址发掘现场

用品还摆放在原来的位置，给我们留下了一幅古人生活的定格画图。

共发现墓葬105座，其中成人墓89座，未成人墓16座。按照墓葬的分布情况可以分为5个墓区，墓区一般与同时期居址是分开的。墓葬以长方形土坑竖穴墓为主，多数成人墓葬有熟土或生土二层台，未成人多为瓮棺葬，大多集中于居址内房屋附近。葬式多为仰身直肢葬，除两座墓为男女合葬外，其他均为单人葬。大多数墓葬有随葬品，多者上百件，少者仅数件。随葬品以陶器为主，大部分为小型明器，少数为日常生活用品，生产工具主要有石器、角器，装饰品有骨器、石器等。从这批墓葬的规模及随葬品情况看，建新遗址应是当时的一般村落，反而具有较为普遍的代表性。

建新遗址主要为大汶口文化中、晚期的遗存，从发掘资料看，发现的遗物距今4500～5000年，前后延续了500年的时间，其后整个村落就被废弃了。大约一二百年后，又有一批龙山文化时期的人们在此安居，因此，在遗址上发现有龙山文化的灰坑和遗物。

建新遗址发掘的重要性不仅是发现了一批大汶口文化时期的房屋，相当程度上弥补了山东地区大汶口文化时期居址材料的缺憾，还在于不同时期的居址和墓地错落有致的分布，为我们了解当时的聚落生活展开了不同层次的画面。

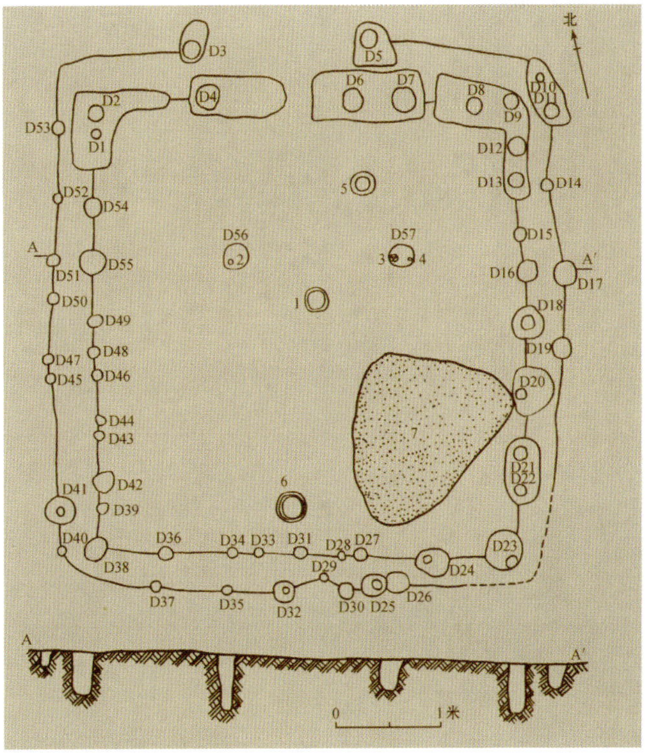

建新遗址房址

建新遗址房基

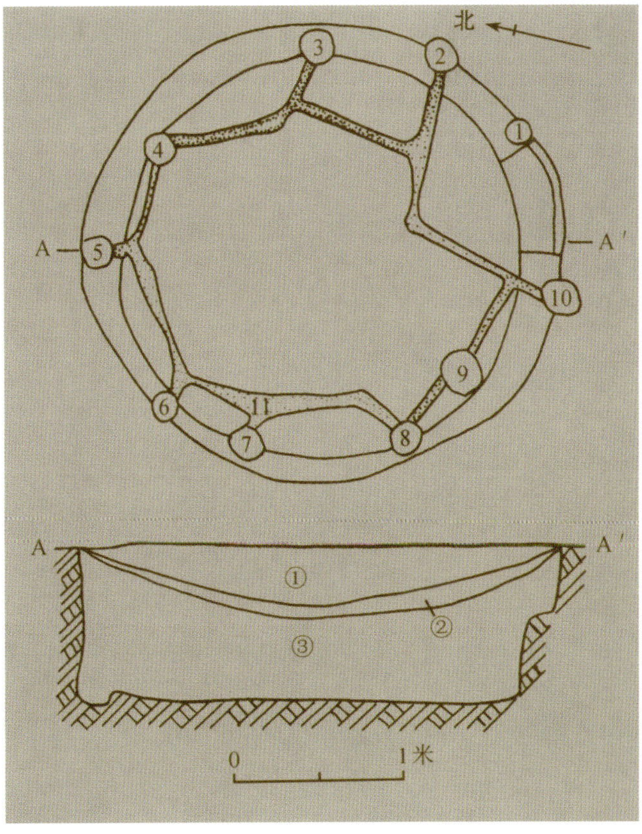

建新遗址窖穴

图像文字的发源地——陵阳河墓地

莒县陵阳河是出土图像文字最多的大汶口文化遗址。

陵阳河遗址位于鲁东南莒县城东10公里的陵阳镇驻地，东起大寺村庙西，西到集西头村东桥，南起厉家庄村后，北至陵阳河河床。东西长约1000米，南北宽约400米，总面积达40万平方米。遗址东5里许有寺崮山五峰，陵阳河自东向西穿遗址北部注入沭河。1992年公布为省级重点文物保护单位。

陶尊及刻划符号

陵阳河遗址发现于1957年，1960年前后采集到4个刻有“图像文字”的大口尊。1963年秋进行了首次试掘，1977年春进行了第二次发掘，清理墓葬6座，出土白陶双鋬鬶，白陶封口鬶、玉砭石等重要文物120余件。1979年，山东省博物馆和莒县文管所联合对陵阳河遗址进行了第三次发掘。1979年的发掘分春秋两季进行，前后历时近一年，清理大汶口文化墓葬35座。

三次发掘，共发现大汶口文化时期的墓葬51座。墓葬皆为长方形土坑墓，墓向东或东南。一般墓长3米左右，宽2米多，大墓长达4.6、宽3.8米，小墓长仅1.17、宽0.43米。盛行单人仰身直肢墓，无合葬墓，有1例二次迁葬墓。部分大中型墓葬发现有“井”字形木棺。随葬品差别较大，大型墓近200件，小型墓仅有几件。随葬品中各型高柄杯数量最多，约占总量的45%。少数大墓中的大口尊在颈、腹部刻有图像符号。随葬品主要为陶器，陶器造型流行平底器及半环形纽（耳），器形主要有圆折腹罐形鼎、盆形鼎、鼓腹罐形鼎、单耳罐、单耳杯、单耳壶、豆、背壶、壶、盆、瓶、高柄杯、壶型盉、袋足鬶、大口尊、号角等，其次还有石钺、石斧、骨矛、骨笄、骨雕筒、玉笄、玉坠等。

陵阳河遗址面积达40余万平方米，遗址的墓葬中可以明显地看出贫富分化，大型墓葬中，随葬大量的酒器及其他礼器。1979年发掘的19号墓葬，墓室长3.3、宽1.76米，人体骨架粗壮高大，为一中年男性。其头部放一扁薄石钺，磨制精细，刃部锋利，无使用痕迹，腰际置一陶牛角形号角，长32厘米，最大口径8.5厘米，号角周身饰瓦纹，出土后仍吹之有声。从随葬品来看，可断定M19墓主人生前身份显赫，很可能是部族内的领袖人物。

陵阳河最重要的发现是陶尊上的图像文字。陵阳河遗址到目前为止已出土了8种类型13个“图像文字”，为学界所瞩目。许多专家认为，陵阳河出土的“图像文字”为我国汉字的雏形。陵阳河墓葬随葬品的另一个特点是大量酿酒器的存在，墓葬中出土酒具数量之多，令人叹为观止，占整个陵阳河发掘墓葬出土器物总数的30%以上。特别是用于滤酒的漏缸，从中可窥见大汶口人尚酒风俗之一斑。也可见山东地区的尚酒传统自古就有。

玉璧

玉饰件

陶牛角号

陶鬶

中国古代最早的开颅术——傅家遗址

傅家遗址是鲁北地区大汶口文化重要遗址，文物部门先后五次对傅家遗址进行了发掘，为研究鲁北地区大汶口文化时期的文化面貌提供了丰富的资料，特别是最后一次发掘发现的古代开颅术的例证，比中国以前发现的开颅术实例提前了1000余年。

傅家遗址位于广饶县城南1.5公里处，傅家村就坐落于遗址的中部。该遗址平面为椭圆形，东西750米，南北500米，总面积37万平方米。1985～1986年，为配合工程和课题研究，山东省文物考古研究所与当地文物部门一起，先后进行了5次发掘工作，总发掘面积707平方米，发现大汶口文化时期的墓葬508座，灰坑214个，水井4眼，出土各类文物上千件，另外还发现了部分房址、窖穴等遗迹。

傅家遗址最大的特点是墓葬分布密集，在发掘的700余平方米中就出土了500余座墓葬。墓葬区位于遗址东部，区内墓葬纵横交错，层层叠压，打破关系复杂，可见墓葬区前后使用时间较长。这批墓葬中均为土坑竖穴的小型墓，根据地层关系大致可分为早晚两期，早期墓穴相对较大较深，深度一般为0.7~1、长约2、宽约1米。有的有二层台，也有的在一侧和一头留有二层台，有的有棺或盖板。这一时期的墓大多有1~5件随葬品，主要器物有鼎、豆、罐、钵、盂等，也有的佩戴耳坠或玉镯。晚

彩陶鼎

傅家遗址发掘现场

傅家遗址墓葬

期墓圹小而浅，大部分墓穴刚容得下尸体，除个别的有1~2件随葬品外，大多均无随葬品。在这一时期，我们还发现有迁葬墓，他们象征性地将多个个体死者的头、四肢或盆骨迁来，葬入同一墓穴内。也有的是单人迁葬。在葬式方面，多为单人仰身直肢葬，其次为双人合葬、迁葬，另外还发现一例罕见的双人叠葬。从早期墓葬中可看出，当时人们非常注重外表装饰，有的戴手镯，有的戴耳坠，也有的戴蚌饰或玉环等。他们的耳坠两耳一般不一致，一边是圆柱形，一边是环形；或者一边是骨坠，一边是蚌坠。颇具特色。

随葬品以陶器为主，主要器类有鼎、豆、罐、单耳杯、壶、钵、盉等，与其他大汶口文化相比，器形并不复杂，但彩陶盛行是其重要特征，出土的大多数陶器都施有彩绘。施彩，早期以黑（赭）色单彩为主，晚期复彩多见，一般以红彩为地，上以红、白、赭三色勾勒出简单粗犷的图案，比如网纹和漩涡纹。与其他大汶口文化彩陶不同的是，傅家遗址彩陶注重的是色彩的渲染，图案一般比较简单，这样也能与墓葬中简单的随葬品组合呼应起来，由于色彩的衬托，简单却不单调，也透漏出一种粗犷狞厉的美。这与其他同时期大汶口文化遗址随葬品注重造型的变化多端、奇巧百出的风格大相径庭。

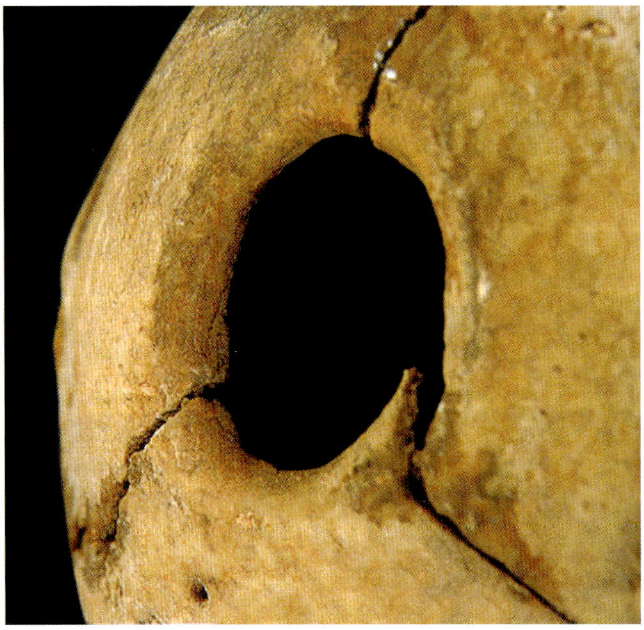

头骨开颅处

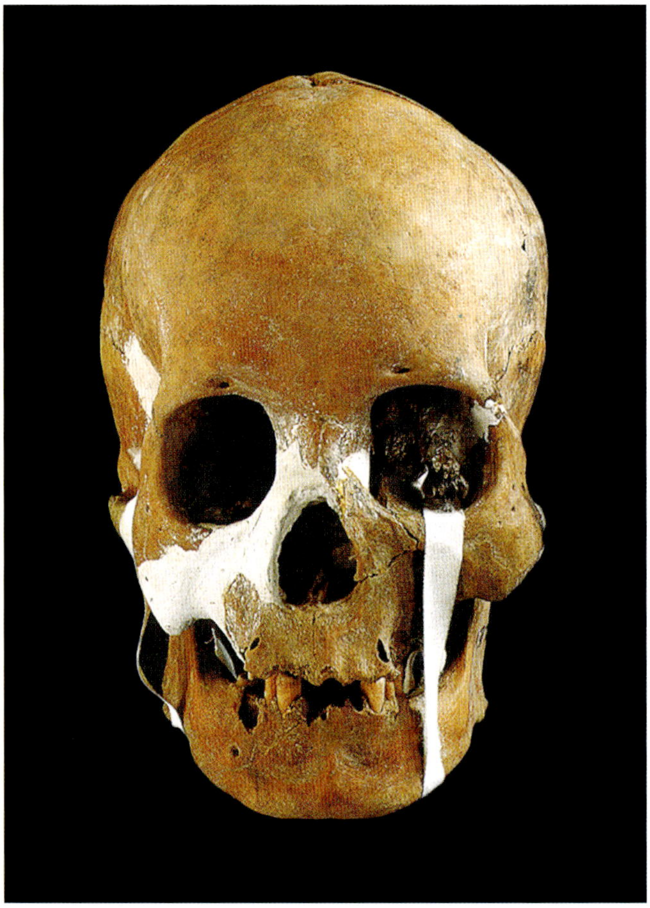

开颅手术头骨

以玉为礼——丹土遗址

丹土遗址位于五莲县潮河镇丹土村周围，中南部被村子所压，西北距县城约40公里，东南至著名的两城镇遗址约4.5公里。遗址所在地势由西南向东北倾斜，两城河自遗址西部绕北部向东流去。

丹土遗址发现于20世纪30年代，是该地区最早发现的龙山文化遗址之一。在遗址中出土过大量玉器，有些玉器已经流失到海外。目前为止，遗址发现的玉器种类有钺、璧、戚、刀等，这些玉器形体大方美观，制作精良。重要的发现，吸引了考古工作者的注意。20世纪50年代以来，已经过多次考古调查和复查，1977年和1996年该遗址分别被公布为山东省和全国重点文物保护单位。

1995年、1996年山东省文物考古研究所对遗址进行了普探和试掘，发现有龙山文化城壕和早期城墙的线索。2000年春、秋两季，对遗址进行了重点勘探，并在城的西、北、东三面发掘探沟，发现了由里及外的大汶口文化晚期、龙山文化早期和中期三个城圈，有城壕、城墙、城门通道、出水口等，同时发掘了外城西城门道及西南部出水口。还发现部分大汶口文化、龙山文化房基和墓葬。

大汶口文化城址，东西长400余米，南北宽近300米，城内面积约9.5万平方米；城外环壕。龙山文化早期城城墙建在大汶口文化城壕之上，东西长450米，南北宽300余米，城内面积约11万平方米；城壕宽约20米，口至底深近3米。在城的西、北、东三面各发现一个通道。龙山文化

玉璇玑

玉琮

玉钺

玉刀

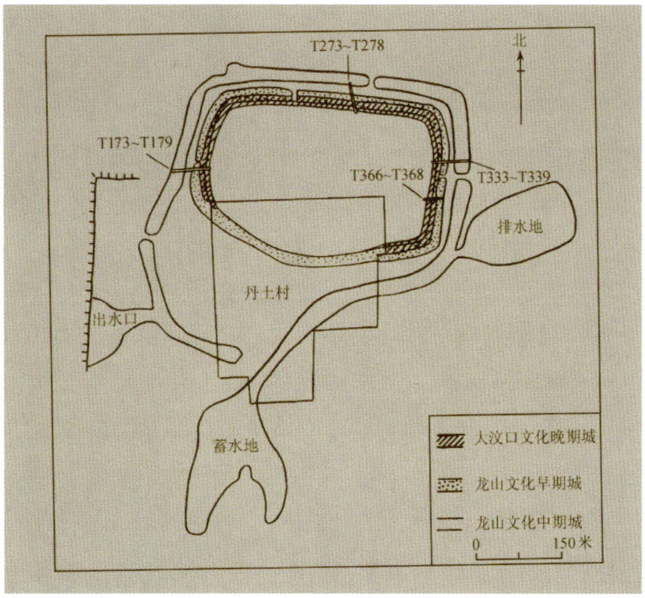

丹土遗址城址平面图

城壕缺口的发掘

中期城，东西长500余米，南北宽400余米，城内面积约18万平方米；城壕宽约28米，口至底深约3米；城墙建在龙山文化早期城壕之上。在龙山文化中期城的西南、西、北、东面共发现四个城门通道，在西南部、西北部和东南部各发现一个出水口，城的南部发现一蓄水洼地。

城内有丰富的大汶口文化和龙山文化遗存。常见大面积房基垫土，层层垫筑；其上再建房子，长时间连续居住，最后形成了台基式居址区。这些台基式居址区往往成片分布，其间夹杂着稀疏的墓葬。这样的布局，为观察当时的聚落结构，从而了解当时的社会，开辟了一扇窗口。

丹土遗址大汶口文化城址是目前山东地区发现的唯一的一座大汶口文化时期的城址，也是这一地区最早的城址，该城址及龙山文化城址的发现，对研究鲁东地区大汶口文化晚期到龙山文化时期的社会、人口、环境、经济、技术及宗教信仰具有重要意义。

陶豆

陶鬶

东方半坡——北庄遗址

从地理划分上，胶东一直是一个独立的地理单元，胶莱河作为胶东地区的西界，一定程度上也成为胶东地区与山东腹地联系的障碍。但是，从北辛文化以来，胶东地区的原始文化在保存自身特点的同时，与山东腹地也存在着密切的交往。大汶口文化时期，胶东地区有许多重要的发现，其中北庄遗址考古工作做的时间最长，古代文化遗存也最丰富。

北庄遗址位于长岛县黑山乡大黑山岛东部的北庄村，南部被村落占压，北部处于山坡下的两级梯田上，面积2.7～2.8万平方米。1981～1987年，北京大学先后五次发掘该遗址,揭露面积近4000平方米,清理了大汶口文化时期房基、灰坑、墓葬等遗迹，获取大量遗物。使我们对大汶口文化时期胶东地区的文化面貌有了清晰的认识。

北庄遗址主要为大汶口文化早期和中期的遗存。这一时期的房基皆半地穴式，呈圆角方形或长方形，门向东南或西南，斜坡式门道，居住面有一层或多层垫土，有的表面经火烤，灶呈半箕形，多位于门道附近。房基坑上部结构，一种在坑内壁四周挖柱洞，坑壁上部有土台，台面外侧为维护墙基，即承重墙和维护墙是分开的；另一种仅在坑壁四周发现柱洞，坑壁外未见维护墙及土台，这种即是承重与维护合二为一的结构。房顶均为四角攒尖式。房子附近灰坑形状有圆形、椭圆形及不规则形。遗物包括陶器、石器等。陶器器形有盆形鼎、罐形鼎、蘑菇状捉手小口罐、蘑菇状捉手敛口罐、钵、筒形罐、鬶、觚形杯等。流行三足器、平底器，少见圈足器，蘑菇状捉手为常见纽饰。石器中斧最多，锛、秤砣形网坠、磨盘、磨棒较常见，凿数量少，铲罕见。

墓葬多为长方形土坑竖穴墓，墓向东南，以小型墓为主，

北庄遗址发掘现场

红陶鬶

筒形罐

陶塑人面

鸟形陶鬶

随葬品多者30余件，少者几件，有的无随葬品，以单人葬为主，还有集体合葬墓，葬式仰身直肢或仰身屈肢，有拔除上侧门齿和枕骨人工变形习俗，亦见手握獐牙及另坑埋整猪现象。还发现房址葬，即利用废弃的房基坑埋葬死者。骨架紧贴居住面，仰卧或伸直或屈肢，多数骨架排列整齐，少数凌乱。

北庄遗址的发掘，不仅为胶东史前文化的区系研究提供了重要实物资料，而且对探讨同时期的聚落形态具有重要意义。遗址中发现了成排房子，生动地展现了当时的聚落形态，被冠以“东方半坡”的称号。为此，长岛县专门建设了遗址博物馆，向社会开放，展示海洋边上东方原始村落的风貌。

觚形杯

北庄合葬墓

六、古国林立的时代——龙山文化

龙山文化的发现与确立，源于1930年和1931年中国第一代考古学家对章丘龙山镇城子崖遗址的发掘。其后经过70余年的工作，龙山文化研究取得了丰硕的成果。目前在山东地区已经发现1500余处龙山文化遗址，经过发掘的也有60余处。

龙山文化的绝对年代距今4600～4000年，其下限已经进入夏代纪年，是中国古代文明形成的重要时期。龙山文化时期，社会分化进一步加大，山东地区已经出现了若干城址，这些城址大部分就是所在区域的中心聚落。此一时期，各地都发现了不少城址，不仅在山东地区，黄河流域的中上游、长江流域等地都发现了不少城址，许多专家认为龙山时代城址的普遍出现表明可能当时社会已经进入了古国时代，可与文献上的“万国时代”相印证，已经步入初期文明社会。

从时代上，龙山文化应当处于中国古史传说五帝时代。当时在黄河、长江流域活跃着众多部族集团，其中地处中原的华夏集团和山东地区的东夷集团是最突出的两个，它们之间的对抗折冲构成了中国早期历史上最具惊心动魄的华彩乐章。傅斯年先生曾撰《夷夏东西说》专门对此进行了讨论，成为一时名文。城子崖的发掘也是在傅先生此论的影响下成行的。70年过去了，随着考古学材料的增加，大家发现，苏秉琦先生区系理论下的史前文化区和在文献资料基础上总结出的我国古代部族集团存在相当程度上的暗合。山东地区历史上作为东夷部族的大本营，在中国文明进程中发挥了重要作用，这点，在考古学文化上也有深刻反映，并越来越受到学者们的重视。近些年来，围绕着海岱地区古代文明的形成，地方和国家各级专业机构都做了大量工作，比较重要的有山东省文物考古研究所发掘章丘城子崖遗址、阳谷景阳岗遗址、五莲丹土遗址以及与北京大学合作发掘临淄桐林遗址，山东大学发掘邹平丁公遗址、与美国合作进行日照地区区域系统调查和两城镇遗址的发掘，中国社会科学院考古所发掘茌平校场铺遗址。这些工作均已取得相当成果，必将推进山东地区古代文明进程和社会复杂化进程的研究，在全国相关领域的研究中也必将起到越来越重要的作用。

丁公陶文

龙山文化发先声——城子崖遗址

章丘市龙山镇城子崖遗址的发掘是中国学者自己发现和命名的第一个考古学文化，中国第一部田野考古报告也在这里产生。

城子崖遗址是吴金鼎先生1928年发现的，1930～1931年，当时的中央研究院历史语言研究所考古组进行了两次发掘，除发现大量的文物外，还发现了黑陶时期的城址。

根据当时认识，发掘者将城子崖的遗存分为两期：黑陶时代（即龙山文化）和灰陶时代（周代文化，公元前1200～前200年）。

20世纪30年代城子崖的发掘虽然取得了重大成果，但限于当时学科水平，特别是作为考古发掘基础的“考古地层学”尚未成熟，因而关于城子崖龙山文化城址问题，始终是留在学者们心头的一个疑问。为了揭开这个学术谜底，经国家文物局批准，山东省文物考古研究所于20世纪末再次对城子崖遗址进行了钻探和试掘。

1989年6~7月间，对城子崖遗址进行普探，得知城子崖遗址下层普遍存在龙山文化堆积，中部约有一万平方米的淤积土，龙山文化堆积的范围明确，和遗址周围的断崖基本一致，面积约20万平方米。1990年3月，时任山东省文物考古研究所所长的张学海先生带队对城子崖进行复探与试掘，发现了龙山文化和岳石文化的城墙及与城门相关的建筑。城子崖遗址的发掘，在田野工作取得很大收获同时，也锻炼了考古所的年轻业务骨干们，使他们的田野操作技术普遍得到较大提高。

20世纪90年代的发掘，主要有以下收获：

（1）发现了城子崖龙山文化城址。该城始建于距今4500余年前的龙山文化早期，面积约20万平方米，这是全国最大的龙山文化城址之一。

（2）确认了30年代初发现的“黑陶文化期城”是岳石文化城址，这是目前黄河流域最早发现的有夯筑城垣的夏代城址，而且可能是由龙山文化时期直接延续到夏代的城，其格局与龙山文化城一致，晚期阶段城内面积约17万平方米。

（3）查明城子崖上层的周城，上限为西周晚期，下限在春秋末年，战国时已废弃，代之而起的是东北两公里外的平陵城。

上述成果是城子崖考古也是龙山文化研究的新突破，对于中国古史研究具有十分重要的意义，在社会上引起强烈反响。1991年春，城子崖龙山文化、岳石文化城被《中国文化报》评为1990年和“七五”期间全国双十大考古发现之一。1991年10月，在济南隆重召开了“纪念城子崖遗址发所掘六十周年国际学术研讨会”，来自国内外的学者70余人参加会议，大家缅怀中国第一代考古学家的业绩，回顾、总结龙山文化研究的发展历程和成就，并对90年代再次发掘工作及取得的重大成果给予了充分肯定。

为了更好地保护城子崖遗址，展示成果，让考古学更好地面向社会、服务社会，1994年济南市投资500多万元，在城子崖遗址修建了建筑面积达4000多平方米的“龙山文化城子崖遗址博物馆”。该博物馆在向人们展示了龙山文化及章丘地区的古代文化的同时，还保存了两处九十年代发掘的龙山、岳石、东周三个时代城墙的剖面。在这里，人们可以亲眼看到历史的沧桑巨变和古代文明的发展历程。

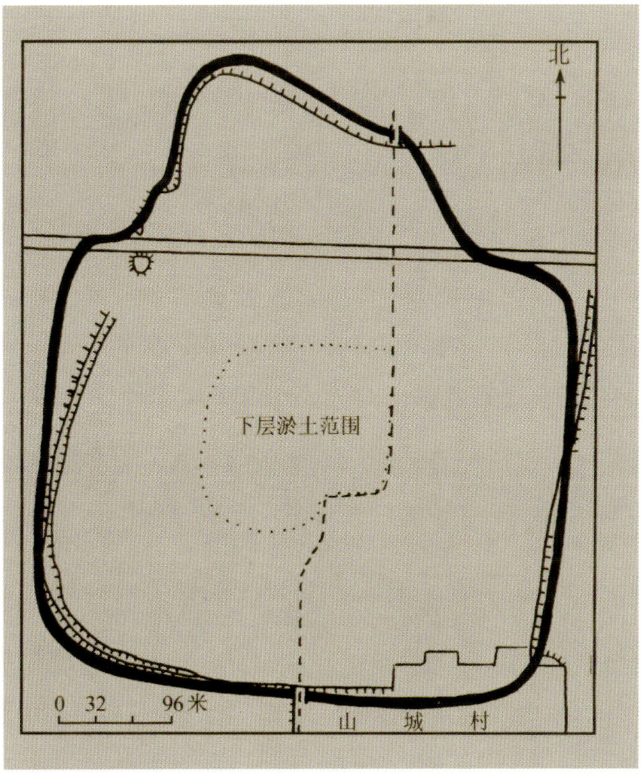

城子崖遗址城址平面图

陶盆

小陶罍

陶鼎

陶鬶

陶甗

龙山时代的文字——丁公遗址

丁公遗址是山东大学考古专业的教学实习基地，进行了6次较大规模的发掘工作，取得了重要发现。

丁公遗址位于邹平县苑城乡丁公村东，西南距邹平县城约13公里，孝妇河从西1公里处由南向北注入小清河。遗址范围东西约400米，南北近450米，面积约18万平方米。1991年公布为全国重点文物保护单位。

丁公遗址是1982年文物调查时发现的。1985年秋，山东大学考古教研室进行了小规模试掘，此后至1996年，先后进行了7次发掘，累计发掘面积2000余平方米。其中1991年秋进行的第四次发掘，发现龙山文化城址和龙山文化刻字陶片，前者被评为“1991年中国十大考古新发现”，后者经报道后在国内引起了广泛关注。

经过多年工作，丁公遗址的文化面貌已基本弄清：遗址上文化层堆积厚2.5米左右，最厚处超过4米，包含有大汶口文化、龙山文化、岳石文化、商代和汉代五个大时期的堆积，其中以龙山文化时期的堆积最为丰富。

龙山文化时期的遗迹主要有城垣、城壕、房址、水井、陶窑、灰坑、墓葬等。房址有半地穴式建筑和地面建筑两种。半地穴式建筑主要见于早期，面积较小；地面式建筑以晚期较多，面积一般较大。陶窑有横穴窑和竖穴窑两类。形制保存较好的是横穴窑，由窑室、火道、火膛、工作面等部分组成。水井为直筒形，口径较大，深度超过4米。墓葬共发现60余座，以小型墓居多。墓葬形制以单人葬为主，有个别二次葬，方向绝大多数为头东脚西。多数有少量随葬品，有手握獐牙的习俗。

共出土各类文物近5000件，其中大部分属于龙山文化。主要有石、骨、角、牙、蚌、陶器等。

龙山文化遗存延续时间基本贯穿了龙山文化的全过程。需要在这里特别指出来的是龙山文化城址及刻有5行11个文字的陶书文字。

龙山文化城址平面略呈圆角方形，东西约350米，南北约

陶罍

陶匜

310米，城内面积10余万平方米，城墙宽度20米左右，城外还有宽30余米的城壕。1993年进行的第六次发掘，在城内又发现一座小一点的龙山早期城址，亦为方形，面积6万平方米左右，周围也有一圈城壕。1996年秋的第七次发掘，在北城墙中部发现了一座城门和一座木结构的排水设施。丁公龙山城址的发现具有特别意义，大家对龙山城址有了新的认识，启发了考古工作者以更大的热情投入到龙山文化城址的寻找工作中，以后陆续有了桐林等城址的发现。

带有文字的陶片是在室内进行整理时发现的。属于1235号灰坑。该灰坑时代比较单一，属于龙山文化第五期，绝对年代在4200~4100年之间，无论从地层还是出土遗物分析，带文字的陶片属龙山时代无疑。山东大学邀请专家进行了鉴定后，召开了新闻发布会，向社会公布这一重要发现。

丁公龙山文化城址的发掘，对研究龙山文化时期的文化面貌、社会结构提供了丰富的资料；在1235号灰坑发现的有11个文字的龙山文化陶片，把中国有文字记载的历史由以往的商代晚期提前了约800年，丁公遗址也因此成为国内外学术界和新闻界关注的焦点。

陶豆

陶鬲

鲁西重镇——景阳岗遗址

景阳岗遗址位于阳谷县张秋镇景阳岗村，西北距阳谷县城17公里，南距黄河约4公里。古典名著《水浒》中武松打虎的故事广传天下，据当地县志及民间传说，该遗址即为武松打虎所在地。景阳岗村名始于宋代，在村内有“武松打虎处”石碑，村西侧的高台地上（遗址现存最高处）建有武松庙。龙山文化城址所在地下面原为一较高的沙岗，沙岗中部高出周围地面4～5米，据说当年草木茂盛，鸟兽出没。20世纪60年代以来由于当地村民挖沙取土，整个沙岗基本夷为平地，仅在武松庙周围，还残存着小片台地，断垣颓墙，已难复古时陵高草深的景象。

景阳岗遗址1978年被定为山东省重点文物保护单位。1994年，阳谷县政府在景阳岗村西部建设公园，在配合基建的文物调查中发现了龙山文化时期的城墙。1994～1996年，山东省文物考古研究所与聊城市文物研究室对景阳岗遗址进行了一系列的考古勘探、试掘工作。基本弄清了景阳岗龙山文化城址的布局与文化面貌。

勘探资料表明，景阳岗龙山文化城址位于古代一个西南——东北向沙丘之上。当时这座沙丘高于周围平地许多，龙山时代的人们利用这个地势，修建了城址。目前发现有城墙、道路、夯土台基、小型房址、灰坑、祭祀坑等遗迹。

城址的平面略呈长方形，中部较宽，两端较窄。长约1100米，宽280～370米，面积约38万平方米。这是当时黄河流域发

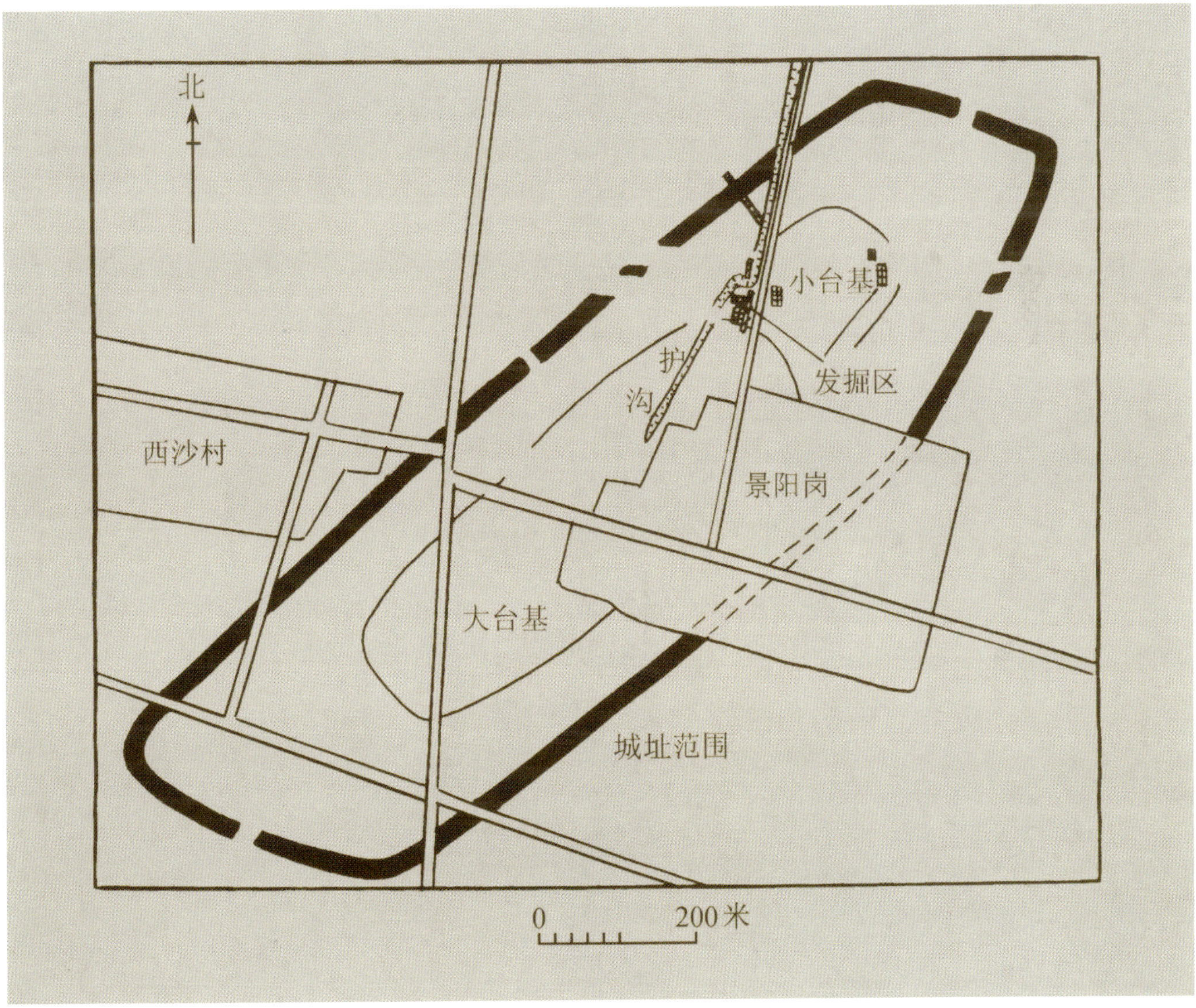

景阳岗遗址城址平面图

发掘现场

现的面积最大的龙山文化城址。

城墙现今地上部分基本被破坏，其中南部城墙是在20世纪五六十年代被破坏的。城墙残存部分宽10.5～20.5米，地下残存部分高度在3米以上。城墙为版筑与堆筑技术相结合建成，以分块夯筑为主，一般每次垫5～15厘米的土层，后用单棍打夯，夯棍直径一般5～8厘米，夯窝明显。修筑城墙时，一般在城外附近取土，因此，城墙修筑完后，在城外会形成很宽很深的壕沟，即成为护城河。因为地下水高的原因，景阳岗遗址城墙的外侧是否存在壕沟，目前还是个谜。

在南、西、北面城墙的中部各发现一个城门，东城墙被景阳岗村占压，因此没有找到。1994年，在西城门的位置布设探沟发掘，了解到城门的宽度大致为5米左右。另外在城的东南角发现一较深的缺口，与城内低洼地带相连，可能是沟通城内外水利系统的设施。

城内有大小不等的5个台基，从南向北依次编号为1～5号台基。从面积上看，3号台基面积最大，1、4号次之，2、5号台基的面积最小。

1号台基：位于城址的西南部，面积仅次于3号台基。台基原始高度较低，因此这一部分台基保存基本完好。在台基南部近城门处有1000余平方米的夯土台，台基的北部有3个面积约100平方米的夯土台，这些夯土台或许是为修建大型建筑而做的基础。一号台基上存在这么多的夯土台，说明这个台基处于当时城内的重要部位。

2号台基：位于城址的西南部，面积最小。

3号台基：位于城址的中部，面积约9万平方米，是最大、最高的台基。现保存较高的武松庙地面高于周围2～3米。大部分早年被破坏。武松庙及南部保存较好的高台地，为垫土或夯土，可能是在此反复修建大型建筑多次堆积而成的。其他部分仅存灰坑、窖穴的底部。在台基西侧边缘上，发现有夯土，应是加固台基的边缘形成的。三号台基的北部与四号台基之间有一条深沟，台基之间有通道。

4号台基：位于三号台基的北侧，面积约1万平方米。在台基的南侧，发现加固边缘的夯土。上部大多遭破坏。1979年在台基上的北部发现一个灰坑，出土大量陶器和完整的牛骨架，有学者指出，应为祭祀坑。在台基的北部，发现大量的灰坑、窖穴，有些坑有门道、活动面。发现的几座墓葬墓圹很窄，无葬具和随葬品，是当时生活在社会下层人的墓葬。

5号台基：四号台基的北侧，面积较小。与4号台基之间有一条宽6～8米的深沟。1996年在沟内发现一片带刻文的陶片。4号台基与北城墙相连。

景阳岗龙山文化城址是目前山东地区已明确的最大的城址之一。其总体格局比较清楚，五个台基分界明显。在一些台基上发现夯土（垫土）台基，可能与大型建筑有关。城址延续时间相对较短，从发掘陶器看，集中在龙山文化的中期和晚期早段，从人们开始在此居住，到城市的废弃，总共二三百年的时间。

陶圈足盘

陶圈足盆

陶鼎

超大规模的中心聚落——两城镇遗址

地处山东东南沿海的日照市是龙山文化非常发达的地区，集中了著名的两城镇、丹土、尧王城、东海峪等遗址。这些都是规格较高的遗址，时常有精美的文物出土。1934年，山东古迹调查委员会在日照、诸城等地进行文物调查，发现两城镇、丹土等九处龙山文化遗址。1936年5月，梁思永、尹达发掘两城镇遗址。发现50余座龙山文化墓葬，出土了一批当时数量最多、种类最全的陶器、玉器和石器。在遗址上还发现过玉器坑，出土大量玉器和半成品玉材，推测这里应当有加工玉器的作坊。两城镇遗址出土的玉器制作精良，器形有钺、璧、簪、刀等。最著名的是现存于山东省博物馆的两面刻有兽面纹的玉钺，长17.8、宽4.9厘米，厚度仅0.65～0.85厘米。在玉钺上部两面均线刻兽面纹样，与商周青铜器上兽面纹十分近似。

两城镇遗址位于日照市两城镇西北岭一带，遗址北面有两城河流过，东距黄海约6公里。遗址范围相当大，据调查面积近２００万平方米，为海岱地区所见最大的龙山文化遗址之一。两城镇遗址文化堆积厚度一般2米左右，最厚处可达5米。遗址主体堆积为龙山文化遗存。建国后，山东省文物管理处等单位

玉钺

玉圭

玉钺

陶盆

多次进行调查，获得了大量的实物资料。1995年以来，山东大学和美国方面专家组成联合考古队，在新的考古学理念之下，对日照地区进行了详细的区域系统调查，并对两城镇遗址进行了多次发掘，获得了重要成果，在国内考古界产生了重要影响。

通过考古调查和试掘，基本弄清了两城镇遗址的范围和文化内涵。在遗址上发现龙山文化时期的大型环壕，环壕分为内、中、外三圈，分属龙山时代不同时期，其中在中间环壕的内侧发现了龙山文化城垣，证明该遗址也是一处重要的龙山文化城址。对以两城镇遗址为中心的区域调查也有重要收获，发现的龙山文化遗址远远超出以前的调查和事前预期，这些遗址分别以两城镇和尧王城遗址为中心，形成两个大的龙山文化聚落群，群内聚落依照面积、规模大小可以划分出不同等级。

在两城镇遗址的发掘工程中，特别注意对文化堆积的细致清理，基本弄清了龙山文化时期文化堆积的形成过程，从而为讨论聚落变迁提供了准确可信的第一手资料。以此为基础，通盘关照整个地区的龙山文化聚落群，对聚落群的变迁信息也有了整体把握。这使得探讨以两城镇遗址为中心的龙山文化时期的社会状况及其变化成为可能，并有可能按照这里的经验，总结出一套行之有效的工作模式，推行到其他区域的考古实践中，结出更大的成果。

陶鼎

复杂的城乡合体聚落——桐林遗址

桐林遗址位于山东省淄博市临淄区凤凰镇与朱台镇之间，处于山地与平原交界处，具有得天独厚的地理环境。遗址于1965年北京大学考古系实习时发现，山东省文物考古研究所于1982年和1992年分别对遗址进行了试掘和专项勘探，均有重要收获。特别是龙山城址的发现和一座灰坑内出土的成组的具有礼器性质的陶器群，引起了广泛关注。北京大学考古文博院和山东省文物考古研究所于2001年对遗址进行了较为全面的调查，2002年在此基础上又进行了试掘，2003年、2005年国家文物局田野考古培训班将之作为实习基地进行了大规模的发掘。

2002年试掘证实遗址上存在龙山城址，外围环绕着城垣和城壕，并且可以确认有两道城圈，外面的城圈可与1992年调查勘探发现的龙山城址相印证，内圈则属于此次工作之新发现。两道城垣均经过多次修补，城壕也经过多次清淤，垣与壕存在多组叠压打破关系。发掘的同时还对城址外围进行了调查和局部钻探，发现在其外侧有大范围的龙山时代遗存，因此桐林遗址面积要远远超出以前的估计，在山东同类遗址中可称翘楚。

对北西区的发掘显示，遗址中心区域最底部为大汶口早期遗存，主要是废弃的窖穴和房基垫土，龙山文化遗存可见房子、墓葬、灰坑、垫土等，属于常见的遗迹，没有发现可与1982年发现的龙山文化大灰坑相对应的特殊现象，龙山遗存上面还存在很厚的岳石文化、周代和战国堆积层，并见到周代和战国时期规模巨大的堆筑遗迹。

此次发掘揭示桐林遗址不仅在史前是一处规格很高、埋藏丰富的中心聚落，在历史时期也具有重要的内涵。

2003年和2005年发掘之初对遗址进行了详细复查，结合钻探，对遗址的宏观结构有了整体性的认识：整个遗址分成 9 个

国家文物局田野培训班现场教学

区域，分别坐落在9个相邻的丘状台地上，其间文化堆积互不相连，相隔十余米以至数十米，其中中间那块台地最大，文化堆积最厚，发现龙山文化城址和岳石文化壕沟，其余8处有文化堆积的台地紧密地环绕在这处台地周围。所有台地上的文化堆积都以龙山文化为主，总面积可达300万平方米。

发掘共清理了龙山文化、岳石文化、商周等几个时期的文化遗存。

龙山文化，发掘揭示了城内一处居址区文化堆积的形成过程，从中我们也可了解其形态变迁情况。居址区最初有数座土坯房，各不相连，有浅浅的路沟相隔，后来北部的区域建起了围墙，走向与路沟基本一致，表明这个地带作为遗址内小的区划分界，自始便是存在的，围墙只是更加强调了这种界限，对围墙内的区域也起到了更好的保护作用。南侧发掘区揭露了另一处建筑区域，这处建筑区域中部存在一片空地，很少发现遗迹，周围发现了较多的房子、灰坑、水井等遗迹，可能中部属于院落或是公共场所。

清理的遗迹有房子、灰坑、窑穴、水井、墓葬、基槽、灰沟等，出土遗物以陶器和石制品为主，其中石制品多为毛坯、废料、石片等，当与石器加工有关。遗址西侧小山名为愚公山，山坡上发现制作石器的遗存，采集的器坯无论器类还是石质，都与遗址中发现的大量同类品一致。岳石文化和商周

陶甗

出土成套陶器的H5

大型院落

“琮”形坑

窖穴

时期遗存比较简单，主要遗迹是灰坑、窑穴，出土遗物以陶器为主，其中岳石文化灰坑中也发现了大量的石坯、石片、废料等，特别是存在很多粗大的石料，表明龙山文化以来的石器加工工业，一直延续到了岳石文化时期，一些细节显示，岳石文化时期石器加工的模式较龙山文化也可能有了变化。

桐林遗址的工作不仅向我们展示了一处超大规模的中心聚落及其复杂的结构，而且关键的是考古工作中关注的重点已经深入到聚落内部的细节，开始探索了解当时人们社会生活的途径，这种途径向我们展示了良好的发展前景。比如通过各种矢量标准的详细分析，讨论聚落内部陶器和石器的生产、流通、使用等环节，并使有关这两种产品的社会化生产的讨论成为可能。

浮选土样

墓葬

王者之气——西朱封大型墓葬

西朱封遗址位于临朐县临朐镇西朱封村的南部，坐落在弥河北岸一高出周围地面2～3米的台地上，北距临朐县城约5公里。现存面积约10万平方米，为省级重点文物保护单位。

遗址是20世纪50年代调查发现的，80年代中期，省、县文物考古部门又进行过多次复查。1987年5月，山东省文物考古研究所对暴露在断崖上的一座龙山文化的墓葬进行了抢救性发掘（编号1）。虽然墓葬的南部遭到一定程度的破坏，但墓葬基本完好，规模大、出土随葬品精美而又丰富，引起了考古学界的关注。1989年10～12月，中国社会科学院考古研究所山东队进行了第二次发掘，揭露面积360平方米，除了解遗址的文化内涵外，主要在1号墓的旁边，另外发现了 2 座龙山文化的大型墓葬（编号202、203）。

3座墓葬均为长方形土坑竖穴墓，墓室规模巨大，面积在27.6～30平方米，深度在1.5～2.1米之间。葬具为一椁一棺或重椁一棺。有的墓葬还使用绘有红、黑、白等各种颜色的彩绘边箱与脚箱，以及形制已不可辨认的木质器具。墓主仰身直肢，双手于骨盆之上，有的还手握獐牙。随葬品多放在棺椁之间，或边箱、脚箱和木盛器之内，数量较多，制作精美。

3 座墓葬中有 2 座是在断崖上暴露后发掘的，其间距离较近。由于骨架保存不好，没有进行性别、年龄鉴定。发掘者根据现场情况认为 3 座墓葬的墓主人均为成人。

203号墓的墓室呈长方形，东西向。东西长6.3～6.44米，南北宽4.1～4.55米，现存深度1.5米左右。该墓的葬具为两层木椁，一层木棺，是目前发现的龙山文化墓葬中棺椁最多的墓葬之一。该墓留有生土二层台，宽1.24～1.44米，外层椁的椁板就放在二层台上。外椁呈井字形，东西长4.65米，南北宽2.75米，现存高度为0.34～0.52米。由于放在二层台上，没有椁的底板。内椁亦呈井字形，东西长3.85米，南北宽1.6米，现存高度0.5～0.55米，椁底置于墓底，四壁均有嵌入生土之凹槽，也没有椁底板。棺为长方形，东西长2.6米，南北宽0.58～0.6米。棺底之下有东西向枕木两根。

随葬品十分丰富。在棺与内椁之间北侧中段放置了一部分随葬陶器，在这批陶器底部发现有两片残留的彩绘，偏东的一片近似长方形，面积约为0.3米×0.5米，有红、黑两种颜色，一件已成碎片的蛋壳陶杯散漫其间。偏西的一片略成梯形，有红、黑、灰、白等多种颜色，其上及附近有袋足鬶和带盖陶罍各一件，单耳杯两件。其东、西两侧还有一件器形几乎完全一样的实足鬶。依据上述现象推测，这两片残留的痕迹，可能是两个盛放陶器并涂有彩绘的木制器皿。此外，在西南角内、外椁之间，有一组互相套叠集中摆放的陶器，并向同一方向（西南）倾倒。这组陶器共有25件，其中17件有盖，均为泥质黑陶，器形小巧，烧制火候较低，显然是一批非实用的明器。其上亦发现有彩绘，唯其图案已不可辨认。估计这批陶器可能也是放置于涂有彩绘的木制器皿中的。一部分陶器放在棺与内椁之间的北侧和西侧；另一部分陶器放在内、外椁之间南侧的东西两端。石镞及骨镞最先发现于内椁顶部盖板之上，推测原来应是集中摆放、排列有序的。

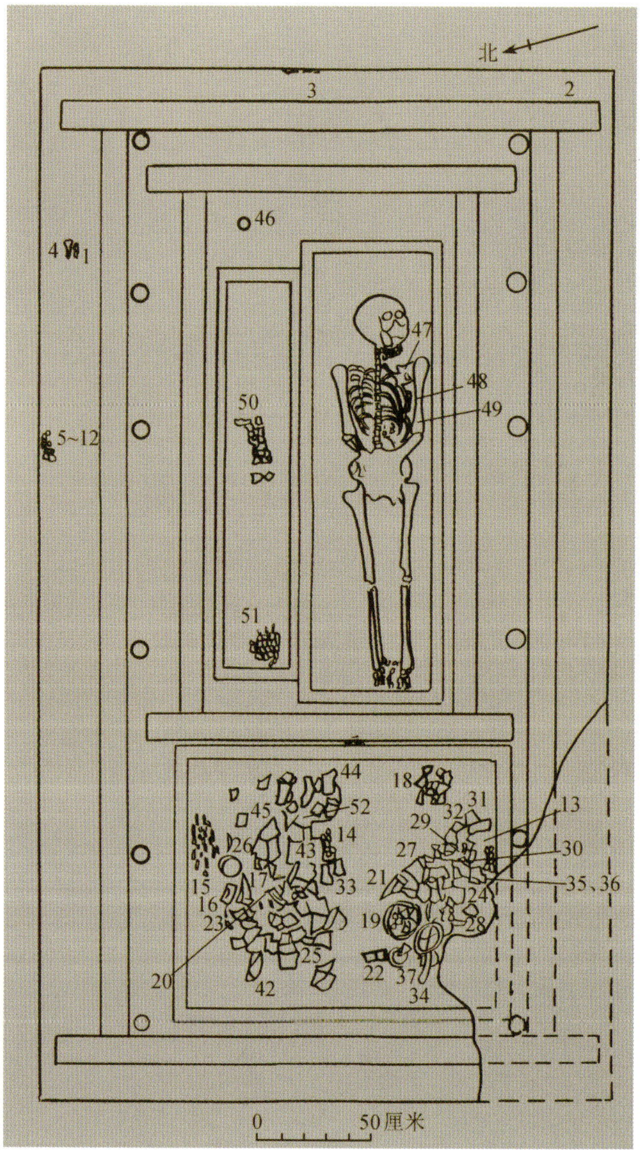

西朱封遗址龙山文化大墓

玉冠饰

玉钺

除上述3处可能与盛放陶器的木制容器有关的彩绘之外，在棺内亦发现有零星之红色彩绘。尤其是在内、外椁之间的南、西、北三面，均发现有较大面积的多种颜色的彩绘。

随葬器物中有玉钺3件，玉环1件，玉坠饰5件，此外还有95片绿松石片，均放在棺内墓主人周围。

根据墓葬随葬品分析。西朱封3座大型墓葬的年代应为龙山文化中期晚段到晚期早段之间。

西朱封发现墓葬的规模之大，墓室结构之复杂，随葬器物之丰富多彩，在全国同时期的墓葬中实属罕见。随葬的玉器等精品，无论是数量、造型及制作工艺，都可谓登峰造极。尤其是色彩斑斓、面积较大的成片彩绘之发现，更非其他已知的龙山文化墓葬所能比。全面分析这批墓葬，无论从墓坑规模，还是从棺椁配置、随葬品的安排，处处显示出规制的信息，隐隐地透出某种礼仪性的制度已经萌芽。这些墓葬主人身份绝非一般社会成员，而应当是地位显赫、高踞于当时社会组织上层的显贵人物。他们似乎也不应该是一般意义上的所谓“贵族”，或许就是当时统治这一地域的最高当权者，显然已经具备后世王者的气势。

陶鼎

陶罍

陶盂

陶盒

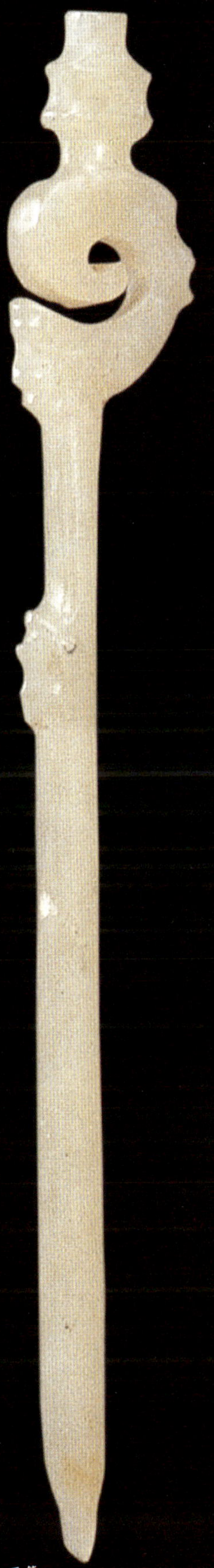

玉笄

第三章　夷人与夏商王朝——夏商时期考古成就

一、东夷人的文化——岳石文化

夏代，山东地区的考古学文化主要为岳石文化。其年代与中原地区的二里头文化大体同时。到了商代，伴随着商人的东进，大约在二里岗时期，岳石文化逐渐没落直至消亡。

岳石文化的族属比较复杂，除了原嬴（偃）姓、风姓等东夷旧族外，还有姜姓、妊姓、厹姓等许多族姓。但由于地处东夷之地，他们也可称为东夷族。从族系来看，山东存在三个大的族系，分别是以潍、淄河流域为中心的嵎夷；以胶东半岛为中心的莱夷和淮、泗交汇地带的淮夷。这是东夷族团中最大的三个族系。从支系看，则主要有畎夷、于夷、方夷、黄夷、白夷、赤夷、玄夷、风夷、阳夷等多种。

龙山文化晚期或至岳石文化初期，东夷族最著名的人物当数皋陶和伯益（柏翳），他们都曾辅佐大禹治水成功。这也说明，夏王朝建立前后，夷夏有着紧密的联系。可是到了帝太康时，夏王丧德，而东夷的后羿乘机而入。后羿立仲康继位，仲康死后，后羿即取而代之，这就是著名的后羿代夏。但是后羿喜好田猎而不修国政，东夷寒浞施计杀之，而代为帝。后来，

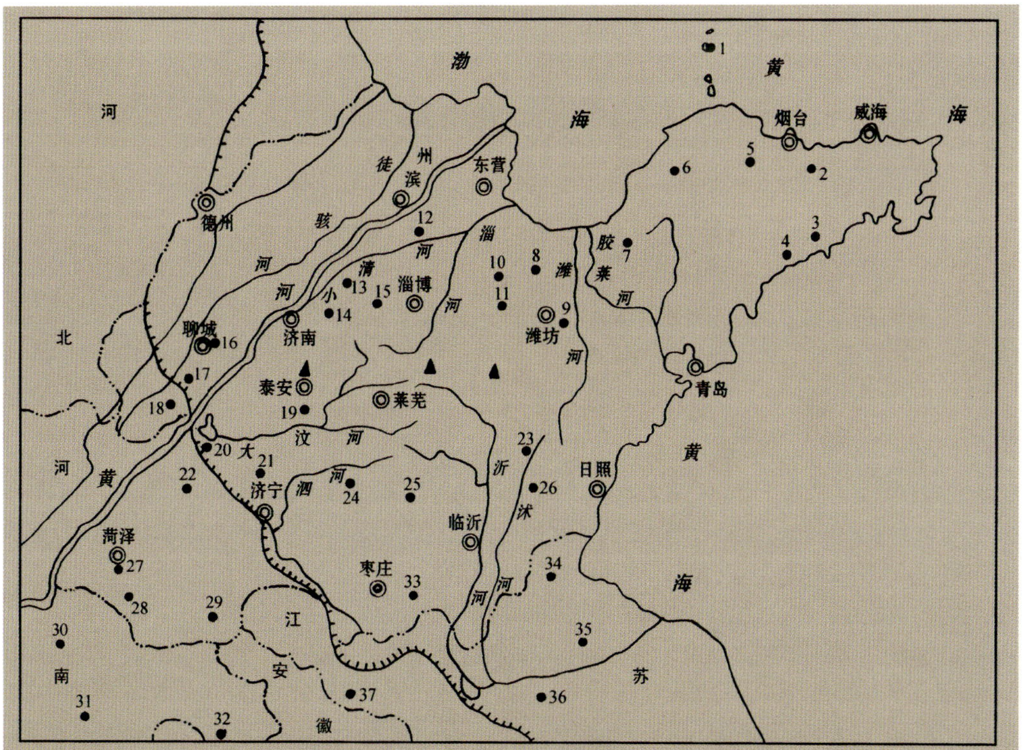

山东岳石文化重要遗址分布示意图

1. 长岛大口　2. 牟平照格庄　3. 乳山小管　4. 海阳司马台　5. 栖霞北城子　6. 招远百里庄　7. 平度东岳石　8. 潍坊鲁家口　9. 安丘墨埠子　10. 寿光火山埠　11. 昌乐邹家庄　12. 广饶营子　13. 章丘王推宫　14. 章丘城子崖　15. 章丘于家　16. 茌平南陈　17. 聊城权寺　18. 阳谷红堌堆　19. 泰安中淳于　20. 梁山青堌堆　21. 兖州西吴寺　22. 郓城矿庙苏　23. 莒县塘子　24. 泗水尹家城　25. 平邑北池　26. 莒南薛家窑　27. 菏泽安邱堌堆　28. 曹县莘冢集　29. 单县张堌堆　30. 杞县鹿台岗　31. 柘城山台寺　32. 夏邑清凉山　33. 峄城二疏城　34. 赣榆下庙墩　35. 灌云大伊山　36. 沭阳万北　37. 桐山丘湾

盖钵(桓台唐山)

寒浞封其子浇于过、豷于戈。并使浇灭斟灌、斟寻。但夏少康在有鬲和斟灌、斟寻余部的帮助下，终于消灭了浇、豷。恢复了夏政权。少康中兴之后，夷夏关系有时紧张，但总的趋势是相对和缓的。到了夏桀之世，商在汤的带领下兴起，夷人可能支持了汤。汤灭夏后，夷商关系相对较好。可是，大约在商仲丁时期，伴随着商人对东夷的征伐，岳石文化逐渐衰落。

岳石文化遗存最早发现于山东历城的城子崖。然而，学者当时没能将此类遗存单独识别出来加以考古学命名。平度东岳石遗址的发掘，获得了一批典型的岳石文化遗存，发掘者虽注意到其具有独特的风格，但还是将其归入了龙山文化。泗水尹家城遗址的第一次发掘，找到了介于龙山文化和二里岗上层文化之间的岳石文化地层，发掘者遂提出“尹家城第二期文化”的命名。尔后对尹家城遗址进行的两次发掘，更明确了“尹家城二期文化”的内容，并认为它是继龙山文化后山东的又一种文化类型，基本确认就是岳石文化。1981年，严文明在论及山东龙山文化的去向问题时，提出了岳石文化的命名，并推测这种文化的居民应是夏代前后的夷人。此后岳石文化的命名便得到了大家的认同。

到目前为止，已发现岳石文化遗址340余处，其分布以泰沂山系为中心向四周扩展，东至黄海，向西可达郑州地区，向南则超越长江，进入太湖流域，北抵燕山。后期随着商文化的不断东进，岳石文化开始走向衰落，分布区域也逐渐向胶东半岛退缩。经过发掘的重要遗址有平度东岳石、章丘城子崖、泗水尹家城、牟平照格庄、桓台史家和唐山、青州郝家庄、章丘王推官庄、菏泽安邱堌堆、泗水天齐庙、博兴北营、烟台芝水、长岛大口等。

陶鬲(桓台唐山)

陶尊(博兴北营)

陶缸(烟台芝水)

蚌刀(牟平照格庄)

陶豆(泗水天齐庙)

陶甗(桓台唐山)

唯一的岳石文化城址——城子崖城址

从全国来看，夏代的城址发现不多。目前确认为夏代的城址只有两座，一座是近年来在河南偃师县发现的大师姑夏代城址，另一座就是20世纪30年代被发现，到90年代才被确认的城子崖岳石文化城址。因此，城子崖岳石文化城址应该引起我们足够的重视，

在20世纪30年代，为研究城子崖城墙，开了六组二十余条探沟。通过发掘，认为“黑陶时期”的城基本为正南北向，南北长450米，东西宽390米，城的东北角不甚清楚。《城子崖》一书对城墙做了详细的描述：城墙的建筑是先在地面上挖基槽，然后将基槽用黄土填满，筑成坚固的基础，在所填的黄土中掺料姜石以增加凝结力。基槽内的土经过夯打，夯层厚度为0.12～0.14米，在夯层面上有夯窝。城墙本身就建筑在基槽上，也是用夯土建筑的，夯土层厚度基本一致，每向上一层，内缩0.03米，形成墙的倾斜。作者根据现存墙的高度推测，城墙原来的高度当在6米。

20世纪90年代，对城子崖遗址进行了再次发掘。发掘证明，30年代发现的“黑陶时期”城址即为岳石文化时期城址。城子崖岳石文化城址，反映出岳石文化居民构筑城墙的技术较龙山文化时期有了较大进步。表现在：一是出现了版筑技术，即在墙体的内外两侧架板挡土夯筑，形成比较陡直的城墙内外壁；二是出现了集束棍夯筑技术，即在夯筑过程中，把数根木棍捆成一束，增加夯具的重量和面积，以提高夯筑的质量和劳动效率；三是夯层规整，厚度均匀。城子崖城墙的修筑技术代表了当时修建城墙的最高水平。

在城子崖虽发现了城址，但是城址内外的岳石文化遗存发现并不多，资料也没有经过系统整理。至于岳石文化城址产生的原因，可能与山东和中原地区部族冲突有关。具体情形还需要更进一步的研究。

岳石文化分期的典型——尹家城遗址

尹家城遗址位于山东泗水县金庄镇尹家城村西南。遗址为一高出地表十几米的台地，东、西两侧各有小河自南向北流过。现存面积约4000平方米。

1963年，中国科学院考古研究所山东队在这一带进行考古调查时发现了该遗址。1973年到1986年，山东大学考古专业将其作为教学实习基地，进行过多次发掘，对整个遗址进行了全面揭露，发掘面积约2020余平方米。

尹家城遗址的文化堆积厚2.7～4米，主要包括龙山文化、岳石文化、商周至汉代的文化堆积。岳石文化的遗迹主要为房址和灰坑。房址共发现11座。平面形状分为方形和长方形两类，均为地面建筑。长方形房址又有单间和双间之分。大多数房址有数量不等的柱洞，有的成排分布，有的底部加垫石块、碎陶片和红烧土块等。少数房址四周挖有较深的基槽，基槽内填土层层分打，十分坚实。居住面常铺垫纯净的黄土或灰杂土，筑打坚硬，平整而光滑。灰坑形制多样，有圆形、椭圆形、方形、长方形、梯形和不规则形等，按周壁和底部形状的不同又可分为袋状、筒状和锅底状坑。其中圆形锅底状坑最多，长方形坑数量也比较多，这是其一特色。个别灰坑底部发现有人头骨和肢骨，附近放置完整或近似完整的器物及小件。

尹家城遗址出土遗物十分丰富，有石、骨、角、蚌、陶、铜器等。石器数量众多，制作工艺与龙山文化基本相同，但穿孔技术更显简单实用，绝大多数都采用对面琢钻的方法，孔

石镰(泗水尹家城)

石镬(泗水尹家城)

骨梭(泗水尹家城)

大而粗糙，管钻或铤钻而成的规整圆孔则很少见。器形以刀和铲的数量最多，石镬和穿孔石钺次之，锛和斧再次，还有凿、镞、纺轮、镰、研磨器等。其中长方形石镬和半月形石刀最具代表性。骨角器制作比较精细，大部分还经过磨制。器形有凿、刀、镞、鱼镖、梭、锥、针、笄、匕等，其中锥、镞、笄、针的数量最多。制作精细的骨梭和锯路纤细规整的角料，体现高超的制骨技术。蚌器数量也较多，主要有铲、镰、刀、镞、锥及饰品等，其中梯形蚌铲、半月形双孔蚌刀和各种蚌饰最具特色。蚌饰种类有条形、璜形、璧形等，均磨制精巧。此外，还出土了少量的卜骨。

陶器分夹砂陶和泥质陶两大类。夹砂陶以褐陶为主，制法多采用慢轮，小型器物直接用手捏塑而成。纹饰主要有附加堆纹、刻划纹等。泥质陶以灰黑陶为主，陶土多经淘洗。器表多素面，纹饰主要有弦纹、绳纹、之字纹等，亦有相当数量的彩绘陶罐。在器物造型上，以夹砂陶叠唇现象较多，子母口十分普遍。器形主要有鼎、甗、罐、瓮、尊、豆、盒、器盖、斝以及网坠、纺轮等。

尹家城遗址出土岳石文化铜器14件，这是目前为止出土岳石文化铜器最多的一个遗址。所出铜器经鉴定，多数为铜、锡等合金的锡青铜，少数为铅青铜、红铜。器形有镞、刀、锥、环等，多经过铸造和锻打，有的则为铸造后再锻打。尹家城遗址丰富的文化内涵，为岳石文化的分期提供了依据。发掘者根据地层学和类型学原理，对岳石文化进行了详细的分期，将发现的岳石文化分为三期。尹家城岳石文化的分期，为岳石文化的年代学研究提供了重要依据。

铜刀(泗水尹家城)

铜环（泗水尹家城）

彩绘陶罐（泗水尹家城）

祭祀、水井两分说——桓台史家遗址

史家遗址位于桓台县田庄镇史家村西南，西距西猪龙河1.75公里，西北距孝妇河1.25公里。遗址原为一高埠，南北长500米，东西宽400米，面积约20万平方米。由于历年建房、烧砖、取土等原因，史家遗址已遭到严重破坏。

自1964年以来，该遗址曾出土大量的商周青铜器及玉、石、陶等器物，个别铜器带有铭文。文物工作者也曾多次对其进行过调查。1996～1997年，淄博市文物局、博物馆及桓台县文管所联合对其进行了三次抢救性发掘，揭露面积约1300平方米。

史家遗址文化堆积厚1～1.5米，主要是龙山、岳石、商至汉代的文化遗存。其中发现的一个岳石文化木构架坑遗迹尤为重要。

该遗迹位于遗址中部偏北，外围坑口呈不规则椭圆形，东西长9.05米，南北宽7米。木构架坑口平面略呈方形，周围有活动面，坑口东西长1.62米，南北宽1.56米。整个木构架坑用27层长条木板交叉叠架而成，交叉处有简单的榫卯结构。木条略经加工，一般长2.9～3.3米，宽0.06～0.1米，厚0.06～0.15米。木构架坑内堆积分上、下两部分，上部为黄褐色填土，下部为7层器物层。四周填土分7层，除第1层有少量岳石文化陶片外，其他各层均无遗物，一般土质紧密，下部2层包含有料姜石。

在木构架坑遗迹内出土了大量岳石文化遗物，有陶、石、骨、蚌器和卜骨等。陶器主要包括泥质灰陶和灰褐陶两大类，另有少量夹砂褐陶。制法有手制和轮制两种。陶质较粗、火候较低的器物多慢轮制作。器形较小的器物多为手捏而成。陶质较细，火候较高的器物多为快轮制成。泥质陶的器表多有黑陶衣，有的经过磨光处理。纹饰主要为绳纹，少量篮纹、方格纹、划纹及弦纹，个别还饰有乳钉、附加堆纹等。器形以罐为主，另有少量壶、豆、平底尊、蘑菇形盖纽、鼎、簋、甗等。石器共11件，器表磨制光滑。穿孔有琢钻和管钻两种，以对面钻为主。器形有镢、铲、镰、钺和双孔石刀等。骨角、蚌器制作精细，多经过磨光处理，主要有骨笄、蚌刀等。卜骨2件，均系羊肩胛骨，不见任何修整痕迹，具有早期卜骨的特征。卜骨大部分兆文已失，只残留部分刻字或符号，一般刻划较深，笔画直拙。

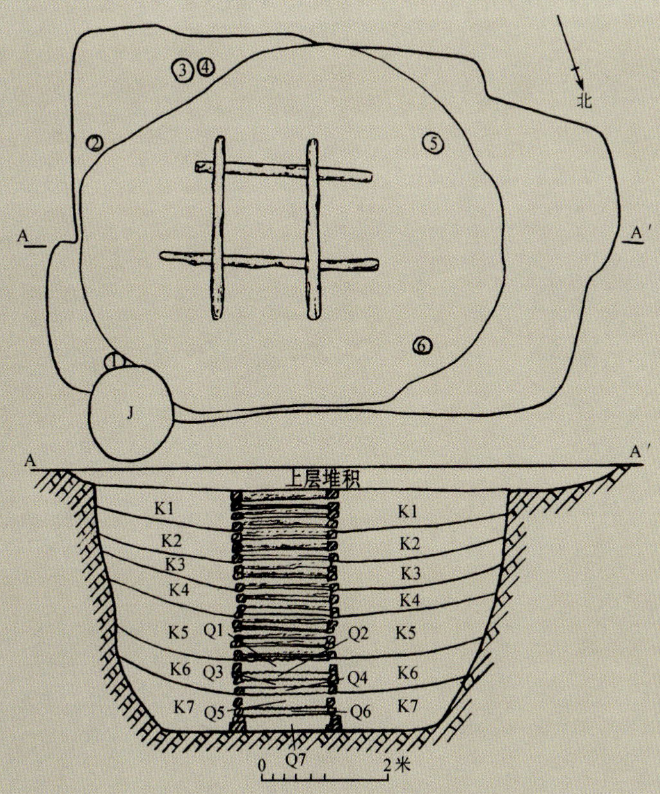

桓台史家遗址木构架坑平、剖面图

1～6. 硬土 J. 井 Q1. 第1层器物 Q2. 第2层器物 Q3. 第3层器物 Q4. 第4层器物 Q5. 第5层器物 Q6. 第6层器物 Q7. 第7层器物 K1. 灰褐色花土 K2. 黄褐色土 K3. 红褐色土 K4. 灰黑色土 K5. 灰褐色土 K6. 灰白色土 K7. 浅黄色土

发掘者认为，这个木构架坑遗迹应为岳石文化时期的祭祀遗址，坑内多层陶器等遗物应是在不同时间进行祭祀的用品。在遗址上发现有岳石文化时期的环壕，说明该遗址为岳石文化的中心聚落遗址。该遗迹内发现的卜骨上的文字，是我国目前发现的最早的甲骨文。也有学者不同意此观点，认为所谓的祭祀遗迹应为水井，其内部的木构件是修建水井用的，而其卜骨上的刻字或符号是否是甲骨文也有待考定。但无论如何，桓台史家都是山东岳石文化的重要遗址，其独特而又结构复杂的木构架坑、刻有符号的卜骨、数以百计的典型器物，都在诉说其地位的非比寻常和在山东考古学史研究上的重要性。

二、商代东方重镇——商王朝对东方的经营

商汤灭夏前，曾主持景亳之会。那时山东的东夷国族可能也有参与，因此才能有仲虺、伊尹做汤的左右相。当时山东的文化还是岳石文化，与先商文化的关系密切。

可是，到了二里岗上层一期时，局势发生了变化。此时，商可能开始了对东夷的征伐。迄今为止，山东最早的商文化因素就是二里岗上层一期。主要见于鲁北的大辛庄和鲁南的前掌大等数个遗址。其中，只有大辛庄规模较大。

到中商时，夷商矛盾增大。见于文献记载的有仲丁、河亶甲的征蓝夷和班方。大约也是在中商，东土还发生了姺人、邳人的大反。考古发现的小双桥遗址，学者大多认为是仲丁所迁的隞都。而该遗址的几个祭祀坑内发现了原属东夷人岳石文化因素的遗物（如石鑁和陶器等），这可能是商族人拿俘获的东夷人作为牺牲杀殉祭祀的遗留。这也支持了商人于仲丁时期征伐夷人的观点。

中商阶段，山东地区的商文化遗址已非常普遍。在鲁北，商文化已达到弥河流域，并出现了以桓台史家、唐山等为中心的文化区。在鲁南苏北，商文化已到达东海沿岸地区，中心聚落为前掌大遗址。在这些中心聚落的周围，分布着大量商文化遗址。

商代末期，夷商矛盾激化。商王朝大举征伐东夷。根据文献，武丁时，曾灭大彭、征豕韦。武乙时，“东夷浸盛，遂分迁淮岱，渐居中土”。为了生存，只好对东夷用兵。而最著名的战役就是帝辛的十祀、十五祀征夷方。然而，商对东夷战争的结果却是“纣克东夷而殒其身”。

从考古发现，商代晚期商文化在山东还是维持着中商时期的格局。然而，商文化遗址却越来越多，而且出现了几个大的中心，如青州苏埠屯、滨州兰家、桓台史家、滕州前掌大等。

相对于商文化来说，东夷文化却显得日益萧条。在二里岗上层一期，西部还有岳石文化的遗存，但主要表现为大辛庄遗址的“第二类遗存”。到中商，“第二类遗存”日少，到了晚商已基本不见。总体来说，海岱地区的东夷文化经芝水二期文化过渡到珍珠门文化，日益没落。

下面以商文化较浓重的三个遗址点以及近年来山东商代考古的新课题——渤海南岸盐业考古作一介绍。

大辛庄早年出土铜爵

大辛庄早年出土铜鼎

殷墟之外另一处甲骨文发现地——大辛庄遗址

大辛庄遗址位于济南市历城区王舍人镇大辛庄村东南，原是一片肥沃的农耕地。面积超过30万平方米，包括龙山、商、西周、战国和汉代各时期的文化遗存。其中，商文化是其主要内涵，也是山东地区最重要的一处商文化遗址之一。

最早将大辛庄遗址的发现公之于众的是英国人，其汉名为林仰山。据他20世纪三四十年代的一系列报道，时任齐鲁大学文学院教授的林氏曾对胶济铁路济南至周村段作过考古调查，大辛庄遗址就是其重点关注者之一。1935年，他从朋友处得知大辛庄出土古代文物的消息。次年冬季就率学生来此进行考古调查实习。此后，大辛庄遗址一直为考古学者所关注。1952年和1953年，山东省文管会调查大辛庄遗址时，发现了少量甲骨。1955年，山东省文物管理处对遗址进行了勘察。1958年，山东省文物管理处再次对其进行了钻探和试掘。与此同时，山东大学历史系师生也曾于1955年至1963年多次调查大辛庄遗址。1970年，在遗址的一次偶然发现，出土了一批青铜器。1982年，山东大学考古专业在遗址西南清理了两个龙山灰坑和一座商代墓葬。1984年，山东大学考古专业、山东省文物考古所、济南市博物馆对遗址进行了发掘。这次发掘收获甚大，揭露面积880平方米，提出了商文化大辛庄类型的命名。在发掘划分的层位中，3～11层为商文化堆积，遗迹有房址、窖穴、灰坑、水井和墓葬，遗物有铜器、陶器、原始瓷器、石器、骨器及甲骨。陶器数量最多，器形以鬲、甗、簋、豆等最常见；青铜器以鼎、觚、爵为基本组合，还有戈、钺等兵器；发现卜用甲骨约400片。值得注意的是，商代早期遗存中存在的“第二类遗存”，以夹砂素面褐陶鬲、甗、鼎、罐等为代表，应是岳石文化的延续和发展。

采集铜戈

2003年，山东大学东方考古中心、山东省文物考古研究所、济南市考古研究所联合对大辛庄遗址的中部偏东地区进行了发掘。发掘区位于遗址中部偏东，发掘面积600余平方米，发现商代房址10余座、窖穴（灰坑）近400余个，墓葬30余座，出土各类文物1000余件。此次发掘最重要的收获是发现了商代甲骨文。经过拼合，共有4件。最大的一片龟腹甲（T2302⑤B:1），年代不晚于殷墟三期早段，约当武丁时代。其记述了当地统治者卜问“御”祭、“温”祭和“徙”（出行）方面的内容。这些甲骨文属“非王卜辞”，与殷墟甲骨文属于同一系统，但是在行款及个别文字写法上又有自身的特点。从卜辞看，大辛庄的贵族可能有自己的祭祀对象和祭祀方式。由此学者推测，大辛庄是殷墟以外非王的地方贵族家族居地。

铜爵M106

卜甲

M72

M106

除甲骨文外，此次发掘还出土了大量青铜器和玉器，其中有两件带有铭文的铜爵，出自同一处墓地中的两座墓葬。铭文应为族徽。从墓葬出土陶器和铜器的形制来看，均应属殷墟文化三期，比以上甲骨文的时间稍晚。铜器铭文为大辛庄商代家族的存在提供了直接证据。除零星墓葬外，多数墓葬分布集中，可以分出3个墓区。各墓区内排列有序，应是不同的家族墓地。

另外，商代建筑基址也是此次发掘的重要收获。以上这些发现，在山东地区是十分罕见和重大的。除小型墓葬外，大多都发现有腰坑殉狗的现象。发掘的106号墓是已发现墓葬中时代较早，规模最大的墓葬，墓葬中发现殉人4个，出土了大量精美的随葬品。其中一对铜尊，器形硕大，制作精致，在我国东部地区属首次出土。

以上这些发现，将对甲骨学、商周家族形态、商代考古和历史研究等产生重大的推动作用。由于2003年度的发掘成果卓著，该遗址的发现被中国社会科学院考古研究所评为2003年度六大重要发现之一。

铜鼎

玉戈

铜尊

铜觚

铜觚

铜卣

“亚丑”贵族的归宿——苏埠屯墓地

苏埠屯墓地位于青州市东北10公里苏埠屯村东的南北埠岭上，东距弥河约1.5公里。该墓地自清代始已遭破坏，早年就出土大批青铜器，有的还带“亚丑”铭文。1936年祁延霈调查苏埠屯村出土铜器时，得知县民众教育馆收藏的15件商代铜器出自两座墓葬，铜器铭文有“亚丑”，使传世“亚丑”铭文铜器有了归宿。

1965～1966年，山东省博物馆在苏埠屯发掘了4座商墓和1座车马坑。此后由于修建公路，埠岭被劈成两半，又由于改造土地及窑场取土，埠岭日渐缩小，墓地遭到破坏。为进一步了解苏埠屯墓地的保存情况，1986年，山东省文物考古研究所又在该墓地发掘了6座商代墓葬。至此，在苏埠屯发掘的商代大型墓葬已经有10座。

从墓葬形制来看，有四条墓道的“亚”字形大墓、两条墓道的“中”字形墓、和一条墓道的“甲”字形墓。另外，还有长方形竖穴墓。墓葬棺椁齐全，多有殉人，流行腰坑殉狗习俗，填土经分层夯实。随葬品丰富精美，主要有铜器、陶器、玉石器、骨蚌器等。铜器主要器形有鼎、簋、觚、爵、斝、卣、觯、钺、戈、矛等；铭文有“丑”、“融”、“册融”等；车马器有车饰、軎、辖、轭、马镳、当卢、銮、弓形器、盖弓帽等。陶器有鬲、簋、觚、爵、豆、盘、罐、瓿、盉等。玉器有琮、玦、戈等。还有石器、骨器、蚌器及大量穿孔贝。

1965年发掘的1号墓为四条墓道的大型墓葬，墓室南北长15米，东西宽10.7米，深8.25米。4条墓道中，南墓道斜坡长26.1米，宽3.2～2.7米，西、北墓道作台阶状，东墓道被商代墓葬打破。墓室的中部为“亚”字形椁室，椁室最大长度为4.55米。椁室底部铺一层木炭。墓葬中共发现48个殉人、6条殉狗，其

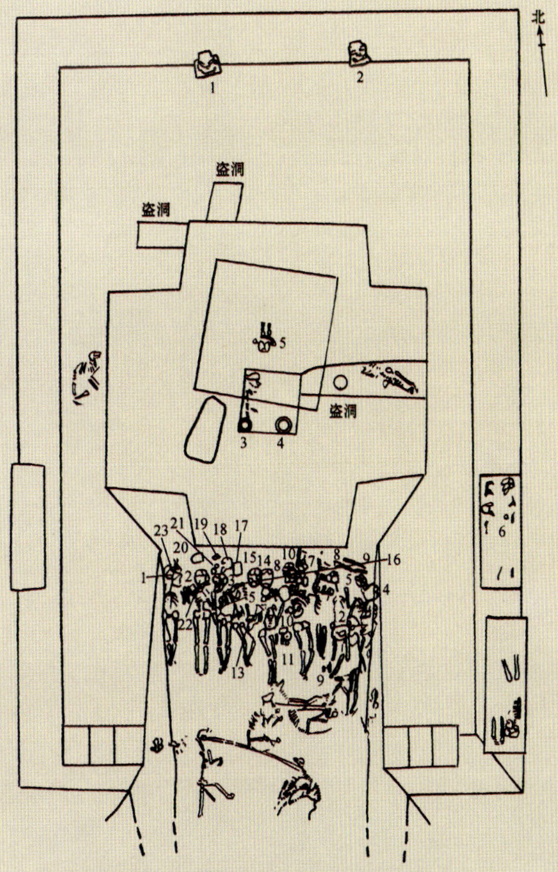

青州苏埠屯墓地 M1 殉人及遗物分布图

1. Ⅰ式铜钺　2. Ⅱ式铜钺　3. 陶罐　4. 陶尊　5. 骨簪　6. 绿松石饰　7. 粟痕铜矛片　8. 陶瓿　9. 陶觚　10. 铜铃　11. 彩绘图案痕迹　12～23. 殉人

铜钺

亚丑钺

中在南门道处比较集中地埋葬了39个殉人；在椁室下方“奠基坑” 内的殉人为跪姿。许多殉人肢体不全。该墓虽然早年被盗，但还残留有大量青铜器、玉器和金箔，其中两件铜钺最为有名。1号墓葬无论从规模还是从殉人及随葬品看，都是商代最高规格的墓葬，应是方国国君一类人物的墓。

1986年发掘的6座墓葬中，除7、8号墓葬保存完好外，其余均遭盗扰或破坏。8号墓是有一条墓道的“甲”字形大墓。墓室长方形，墓口南北长7.5米，东西宽6.5米，深4.46米。墓底四周有生土二层台。墓底中部有一长方形腰坑，北壁有动物骨骼，应为狗骨。墓道位于墓室的南侧，墓道宽2.4～2.1米，斜坡长11.2米。该墓葬具为两椁一棺。墓主人骨骼已经腐朽，埋葬方式不明。随葬品除一组铜泡在椁的顶部和一件玉佩在棺内以外，其余均陈放在棺椁之间。墓葬中随葬品共计312件，有铜器、陶器、玉器、骨器、石器、蚌器等。铜器数量最多，共计292件（其中镞202件）。随葬的铜器可分为酒食器、乐器、兵器和工具杂器四类，有13件铜器有族徽标记。随葬品摆放有一定的规律：椁室的北侧（应为墓主人的头部所向），陈放着酒器、水器，近棺处放炊食器；兵器分放在棺的两侧，棺左以矛为主，棺右以戈为主，钺与砍刀则左右各置一件；工具杂器放置在棺右，乐器置于棺左。棺的南部有戈和成束的铜镞。7号墓虽然规模和随葬品数量低于8号墓，但墓内发现3个殉人。出土铜器也有与8号墓相同的族徽铭记，说明他们是同一家族的。

青州苏埠屯墓地是山东地区重要的商代晚期墓地。从发掘情况看，无论从墓葬形制还是埋葬制度，以及随葬品的组合与风格，都与安阳殷墟晚期墓葬有许多相似之处，是典型的商系统的文化。墓地的1号墓葬为四条墓道的大型墓葬，陪葬了大量殉人及车马坑，其他墓葬中也有大量青铜礼器，说明这个墓地

铜尊

应为当时的贵族墓地，1号墓可能为诸侯一级的墓葬。在以往著录和最后一次发掘中都出土有带“亚丑”铭文的铜器。有学者对青铜铭文进行研究，认为“亚丑”应为夏后世系的斟灌国族徽，该地为商代斟灌国墓地。还有的学者认为苏埠屯是商代的小臣丑作疆于东之封地，亚丑的得氏应来自黄组卜辞的小臣丑。更有甚者，认为苏埠屯墓可能还是商纣或某位太子之墓。

原始瓷豆

铜簋

方鼎

玉牛首形饰

扬从盉

玉柄形器

铜觯

商代薛国贵族的墓葬所在——滕州前掌大

前掌大遗址位于滕州市官桥镇前掌大村周围，西约1公里与薛国故城隔古薛河相望。遗址面积超过100万平方米。包涵龙山、岳石、商、周各个时代的文化遗存，其中以商周遗存为主。前掌大村西北约50米处的“河崖头”及村南约500米的“南岗子”是两处商代墓葬的重要分布区。

1964年，中国科学院考古研究所山东队与滕州县文化馆在对滕州全县境内进行考古调查时发现了该遗址。后来，又对其进行了数次调查。从1981年至今，对前掌大遗址共进行了九次发掘。清理出一大批商周时期墓葬及祭祀坑、灰坑、水井等遗迹。大、中型墓葬南北、东西纵横排列有序，有较规整的布局，显然系一处方国贵族墓地。

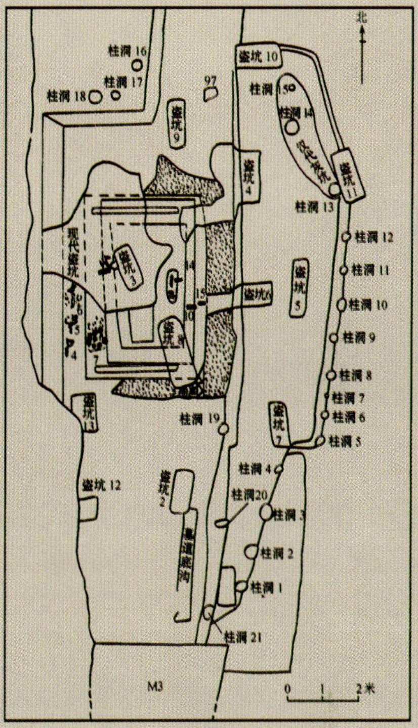

滕州前掌大墓地M4平面图

4、5、6、7. 镶嵌蚌片漆牌饰　10. 铜铙　14. 铜管饰　15. 铜车軎　97. 石磬（1、2、3及97以前的器物是扰坑中出土、98以后为棺椁下出土、故图上缺；涂黑处为彩绘痕）

在1991年的第四次发掘中，清理了商代晚期的“中”字形大墓一座、“甲”字形中型墓一座。4号墓为“中”字形大墓，由墓室、墓道和地面建筑遗存组成。墓室南北长9.18、东西宽5.54、深5.15米。连同南北墓道，墓葬全长16.72米。墓室有熟土二层台，台面多处有彩绘。墓室内有棺、椁，棺的东部有殉犬坑。该墓多次被盗，结构遭破坏，随葬品也多散失，剩余的随葬品共计1000余件。在墓室、墓道外及其底部共发现21个柱洞，柱洞加石灰夯打，埋有石础，这应是墓上建筑遗迹。据现存柱洞推测，墓上建筑近方形，南北长约9米，东西宽接近9米，构成面阔三间，进深三间坐北朝南的格局，屋顶应为“四阿式”。南北墓道内外也有柱洞，上面也有相应的附属建筑。这组以中心建筑为主体，配以前后廊道的“中”字形建筑，将

前掌大遗址南区（南—北）

墓室、墓道全都盖住。这种地面上的“享堂”建筑的发现，为研究我国古代建筑史提供了重要资料。

1994年进行了第五次发掘，范围位于南墓地的西北侧，清理出墓葬11座，殉马坑2座、祭祀设施和水井各1处。这批墓葬从规模和随葬品上都有较明显的等级差别。此次发掘的几座墓葬虽然规模不大，但保存基本完好，出土各类青铜器200余件，其中仅礼器就出土60余件。此次发掘被评为1994年“全国十大考古新发现”之一。

1995年对前掌大进行了第七次发掘，共清理墓葬12座。

提梁卣

M40车马坑（北—南）

前掌大遗址北区（北—南）

其中发现的三座车马坑，是山东商代晚期至西周早期考古工作的首次发现。三座车马坑虽然局部稍有残毁，但保存基本完好。车辕为单辕，呈南北向摆放，从车衡看，为二马驾车，铜饰件多有兽面。车舆呈东西向，舆内周边有红、黑、白等多种彩饰。马头有铜条、铜泡或是海贝装饰。马的鞯、革酋、肚带也均有铜泡或海贝装饰，尤以M41、M40车马装饰最为华丽。M41车舆内出土一件青铜圆饼状器，周边镶有两圈海贝，海贝以金丝连缀，有可能为当时伞盖之类的器物。出土的青铜胄和青铜戈贴有金箔，车舆内也有金箔工艺，反映了墓主人的身份、地位和当时先进的工艺水平。三座车马坑内均有殉人。

根据文献，薛人历经夏商周三代，在滕州薛国故城一带活动。前掌大遗址西侧约1公里处就是薛国故城。据勘探和试掘，薛国故城内主要为西周中期以后的遗存，那么薛国西周中期以前的国都在哪里呢？前掌大遗址的发掘，为解决商代至西周早期都城问题提供了重要的线索和依据。从调查资料看，前掌大遗址的面积超过100万平方米，是面积较大的商周遗址。前掌大遗址出土了一批重要的高规格墓葬和车马坑，并有地面建筑，还出土一批精美的文化遗物。这样的规模，作为薛国西周中期以前都城似并不过分。前掌大遗址的发掘为解决薛国前期都城、商周之际薛国的历史文化、埋藏制度等问题提供了可靠的资料。

陶瓿

陶尊

铜簋

铜觚

铜提梁卣

铜盉

铜甗

铜方鼎

铜圆鼎

铜卣

山东商代考古的新课题——渤海南岸盐业考古

山东地区的盐业考古主要是围绕盔形器的分布、年代和功用等问题的研究展开的。盔形器的得名是因为它倒置时像一顶头盔，后来学者又根据其底部形态将其称作圜底尊、尖底尊。这种器物一般为夹砂灰陶或褐陶，周身饰绳纹，基本形状为直口或敞口，筒形腹、圜或尖底等。因为这种器物主要分布于渤海南岸，所以山东的盐业考古又可称作渤海南岸盐业考古。

山东地区盐业考古的源头可追溯至20世纪50年代，当时有人认为其为齐国“煮海为盐的工具”。到了80年代，考古工作者才认为其年代上限可早至商代晚期。1989年有学者据青州凤凰台遗址发掘资料，认为盔形器是商代晚期至西周时期的器物，指出其为煮盐的器皿是正确的。1996年曹元启在《试论西周至战国时代的盔形器》一文中，对这种器物的序列进行了研究，指出其主要用途是生产原盐和卤膏用的。进入21世纪以来，盐业考古逐渐受到考古界的普遍重视。

2001年，山东大学考古系在寿光县大荒北央遗址进行了试掘并取得了重要收获。2002年8月，北京大学考古文博学院、环境学院和山东省文物考古研究所对莱州湾及胶东半岛进行了一次盐业考古调查，考察地点和单位达20余处。

2003年，山东省文物考古研究所、滨州市文物处对阳信县李屋遗址进行了发掘。在李屋遗址发现了堆积厚达3米以上的商代聚落。出土了大量的盔形器。发掘者认为，此类器物流行于殷墟时期，西周初期逐渐消失。

为配合南水北调东线工程山东寿光双王城水库工程建设，山东省文化厅配合重点工程考古办公室与潍坊市、寿光市文化局组成考古队，分别于2003年夏、2004年春、秋3次对水库工程范围内及周围进行了考古勘察、钻探和小规模试掘工作，在8平方公里范围内发现商周盐业遗址39处，多个遗址内暴露出卤水井、盐田（坑池），还发现了专门烧制盔形器的陶窑群。此地制盐遗址分布之密、制盐规模之大，在山东甚至全国属首次发现。每个制盐遗址内包含井（深坑）和若干坑池等遗迹，各

阳信李屋遗址现场

种文化遗物和堆积分布于四周或坑池的一侧。双王城制盐业遗存的年代多属西周早期，个别可早到商代晚期。除以上几次重要的调查和发掘外，考古工作者还做了大量的工作，包括研究工作，主要围绕以下几个方面展开：

（1）盔形器的功用。对此，学者有不同的看法：第一，杵物用的陶臼。证据是在淄川北神马遗址的房屋地坪上发现有与盔形器大小形状相若的地臼。第二，煮盐的工具。据说发现有盐灶。第三，晒盐的工具。第四，取地下卤水的汲用器皿（取出水后，把卤水倒在盐田或盐池中晾晒制盐），证据是在几处遗址水井中发现了盔形器。另外，有的甚至可以在盔形器颈部看到绳索捆绑的痕迹。第五，储存或运输食盐的容器。第六，一器多用。

（2）盔形器的分布。根据北京大学考古文博学院等单位的实地考察和研究成果，盔形器的分布基本环绕莱州湾地区。西起莱州湾无棣县，东止于胶莱河西岸，南界大致蔓延至泰沂山系以北、胶济铁路（济—青高速公路）沿线一带。而据各地出土盔形器数量统计，可将上述区域细化为高密度区和零星分布区。前者分布限于滨海一线。大致以莱州湾为圆心，沿无棣—沾化—滨州—博兴—广饶—寿光—潍县—昌邑—胶莱河距海岸线15～20公里构成一面向海湾的弧。在这一区域内，凡商周时期遗址常发现盔形器，且所占比例甚大，高者占陶器总量的90%或更多，低者也达50%左右。这其中有相当一部分出盔形器的遗址就坐落在现今盐场范围或附近。后者分布于前者的外围。沿惠民—章丘—淄川—青州—潍坊—莱州一线，商周时期遗址多有发现，但各遗址点出土量不很多，呈零星分布，少则3~5件，多则10余件。

（3）盔形器的制作、使用年代。对于盔形器的年代，以往由于有明确出土层位的器物非常有限，大致有以下几种意见：①笼统定在商周时期；②上迄西周，下止于汉；③春秋至战国时期；④商代晚期。随着考古资料的逐步积累，我们认为山东地区盔形器的上限可至殷墟时期，西周以后渐少，春秋战国时已很少，至战国及其以后，可能已被别的器物所取代。

（4）山东海盐与商王朝的关系问题。由于出土盔形器的时代大多集中在殷墟文化时期或周初，出土盔形器的地点差不多是商文化因素占很大或绝对优势的地区，并且殷墟文化时期也出土这种盔形器。这自然就使我们联系到商王朝与山东海盐生产的关系。

据甲骨卜辞，商王室用的盐有的是向地方征收的，有的是由各地贡纳的。即使在王都附近可能也进行盐业的生产，但毕竟远不如山东生产的海盐量大。商王朝为了得到更多的盐以满足其自身消费和其他需要，有两种出路可寻：第一就是通过贸易；第二就是向东扩张，对海盐生产进行王朝控制。

根据考古发现，商文化向山东地区的扩张是一个渐进的过程。大约在二里岗上层时期，商文化已向东达到济南—滕州一线。此后，商重点在鲁北地区经营。大概在殷墟文化一期便已经控制了小清河流域并向东达到淄河一线，在殷墟文化三期或更早就到达了潍河流域。然而，商王朝对其占领的地盘并无力全盘统治，只能设立一些中心区（例如苏埠屯、桓台史家等）来实行殖民统治，而在其周围必然还有许多东夷土著。商王朝设立这些中心，就能控制海盐的生产，但这并不能使东夷土著舒服，他们于是奋起反抗，因此才有了商末的“征夷方”。最近有些学者把征夷方的方向和地名大多定在鲁北，单纯从控制海盐的生产上来说是非常合宜的。

（5）盐业生产问题。商王朝控制了海盐的生产，而海盐的制作方法、程序及组织等是一个十分复杂的问题。要进行海盐生产，必须要有盐业资源。因此我们要进行研究，也必须首先搞清楚其资源——地下卤水带或其他资源的分布情况。其次，要通过模拟实验和实地考察来研究海盐的制作方法和程序。再次，还要对生产海盐的单体聚落及该地域的聚落群进行微观和宏观的分析，同时还要把它们同殷墟王朝加以联系。只有这样，才能对山东商代海盐的生产规模与分工、组织模式、商品贸易等情况进行科学的研究。

阳信李屋盔形器出土情况

盔形器一组（阳信李屋）

寿光双王城SL31窑（灶）底部

第四章　齐鲁文化的兴起——两周考古成就

周代是中国历史上历年最长久的一个王朝。周武王伐商、推翻商朝统治而建立西周政权，其后又经过周公东征，平定三乱。在这期间及其前后，周天子先后在东土分封了大小不同的同姓和异姓诸侯国来加强其统治。其中齐鲁两国就是周初分封于山东地区的两个最重要的诸侯国。这时期，各地虽然承继了商文化遗留，但总体上因逐步形成周文化的大统而趋于一致。山东地区也是如此，但是却表现出特殊的文化特征和传流，其主要表现为周系文化的扩进和东夷文化的退缩、地方高层对周系文化的吸纳和下层对传统文化的保留。

西周末年，政治腐败，社会动荡，加上西方少数民族犬戎入侵，西周覆亡。周平王迁都于今河南洛阳，史称东周。东周可分为春秋和战国。从春秋起，周室已不再有控制诸侯的力量，形成诸侯力政而相互争霸和兼并的格局。从统一走向分裂是春秋时期的总趋势。这时期齐桓公就是春秋一大典型的霸主。

战国时期，分裂继续发展并演变为大规模的兼并战争，各国也争相改革以图自强。周天子于是在列国相继称王的形势下归于灭亡。这就为秦国兼并列国而统一天下埋下了伏笔。政治上的战乱和分裂，却促进了各民族各地区的融合以及文化上的繁荣和思想上的争鸣。诸子百家相继涌现，各种学派开始流传。在山东地区，儒家起于鲁国后传布于齐国等。鲁国受墨家的影响，齐国受道家的影响，阴阳家在齐国也有较多传流。这种学派的碰撞为文化的繁荣起到了很大的作用。

根据历史文献和考古成果，东周时代的山东可以划为齐鲁文化圈，包括齐、鲁和若干小诸侯国。其中，鲁国保存周传统文化较多，齐国则兼收并蓄。而与齐鲁文化圈交叉相布的，仍有一些小国还保留着东夷文化的痕迹。

于西周初年分封于山东的齐、鲁两国，到春秋战国时期，基本上以其为主体，形成了今日以山东为“齐鲁”的地域概念。齐鲁文化即是指以齐鲁两国文化为主体，包括一些小国在内的山东地区文化圈内的文化。在分封初期，齐鲁都属于周系文化，但是却是分流发展的两种文化，直至春秋战国时期，两者才逐渐融合发展。秦汉以后，中国多元一体格局的传统文化，即是以齐鲁儒家文化为核心和主干文化发展起来的。

桓公台

一、“泱泱齐风”，兼收并蓄

齐国立国于原殷人和东夷族聚居之地，因此从开始就受到东夷和殷遗的强烈反抗。齐国始封君为姜太公，他虽是开国元勋和周的姻戚，但却是东夷之人。因此他采取了“因其俗，简其礼”的治国策略“举贤而上功”的用人方针。正是这样，东夷土著及殷商遗民也可为齐所用。为以后开拓疆土、发展经济创造了条件。

齐地农业条件较差，齐人为了生存，一方面开垦土地，发展农业生产，另一方面，又“通商工之业，便渔盐之利”，“极女工之巧”，农工商同步发展。这就使齐国的综合国力迅速增强，为成为大国铺平道路。在礼俗上，齐国沿袭了部分夷礼。如韶乐和莱乐被保存了下来；又如，齐人信鬼神，占卜、巫术盛行，这正是东夷原始宗教的遗风。正是因为齐君采取了兼收并蓄的政策，才使齐国涌现出众多的学术流派和学术思想，如管仲学派、黄老道家、齐兵学、阴阳家、齐法家、方仙道、齐医学等。这些学术思想和流派发展的最高体现就是稷下学宫的建立。也正是稷下学宫，才把原来分流发展的齐、鲁文化及诸子百家学说融合成一个完整的齐鲁文化体系，为后来汉代的传统儒学奠定了基础。

从考古方面来说，齐国的考古发现以城址、墓葬和齐长城为主，另外，也发现了大量的钱币、青铜器、陶文和兵学著作等。下面列举几项来具体说明。

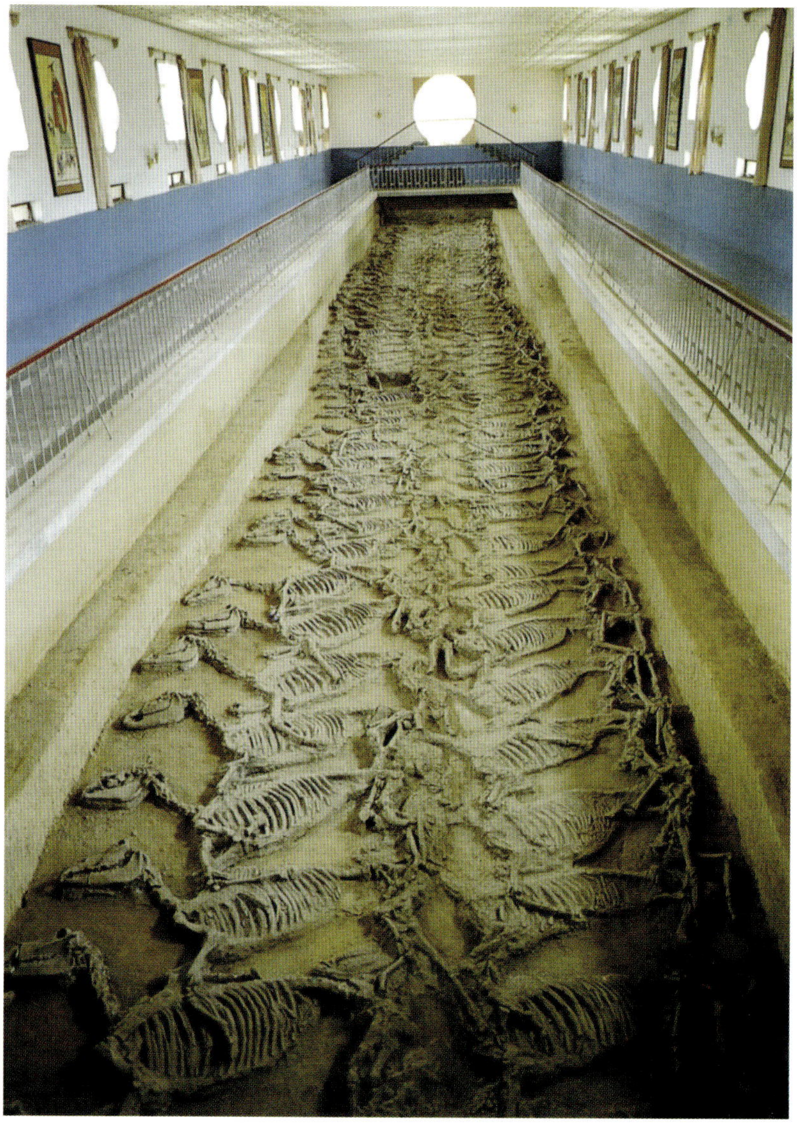

齐故城东北殉马坑

姜齐及田齐的国都——齐国故城

西周建立后，周天子大封宗亲功臣，勋戚姜太公被封于齐，都营丘。第五代国君胡公吕静迁都薄姑，弟献公吕山杀胡公，迁都临淄，是为临淄建都之始，直至公元前211年齐灭于秦，再未迁都。临淄作为齐国姜齐与田齐的国都600余年。

齐国故城位于今临淄区齐都镇西、北面，东临淄河，西依系水，南距鲁山约10公里。故城建于山前冲积平原上，地形由南向北微倾。

早在1936年，就有人曾对齐故城作过一些描述和考证。1940、1941年，日本学者关野雄也曾对齐故城作过调查。1958和1964年，国家和山东文物部门先后对齐故城进行过较为全面的勘察与试掘。1976年，对城内的桓公台宫殿区进行了较大规模的发掘。1979年，对齐故城已探明的四条排水道口的三号排水涵洞，进行了清理。1985年，对临淄齐故城博物馆的馆舍用地进行了系统的勘探与发掘。1988年，为了解齐故城大城和小城的建筑年代和建筑特点，又对齐故城大、小城的西南角接合部，进行了全面系统的发掘和解剖。

通过勘探与发掘，得知临淄自西周晚期成为都城后，逐步发展扩大。然而，不仅大、小城不是同时所建，就是现存大城也经历了西周晚期、春秋、战国三个发展阶段。在故城建都之前可能已有城邑，西周晚期可能基本上承袭了原来的城设。而春秋时期的临淄城，不仅其建筑规模大大拓展，而且城内布局也进行了科学的规划。现存大城的平面大致呈不规则的长方形，面积约16平方公里，城垣的总周长达21公里余。南北墙外有护城壕，东西两侧以淄河、系水为天然城壕。城垣全为夯土

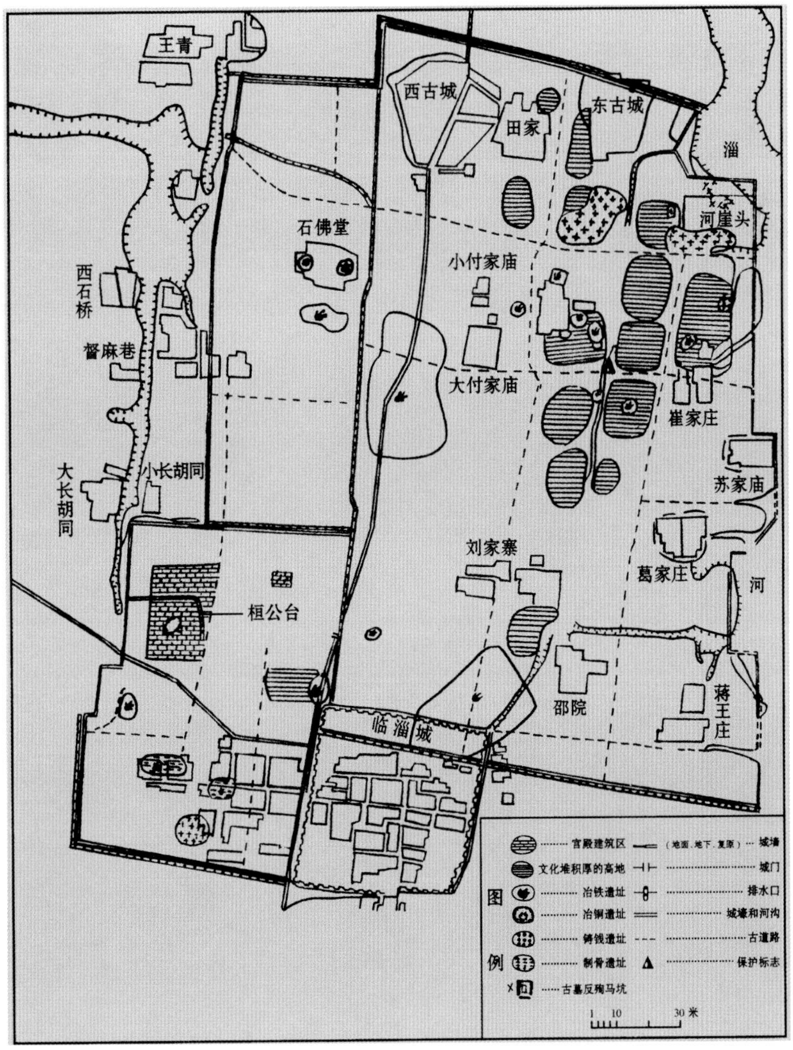

临淄齐国故城遗址平面图

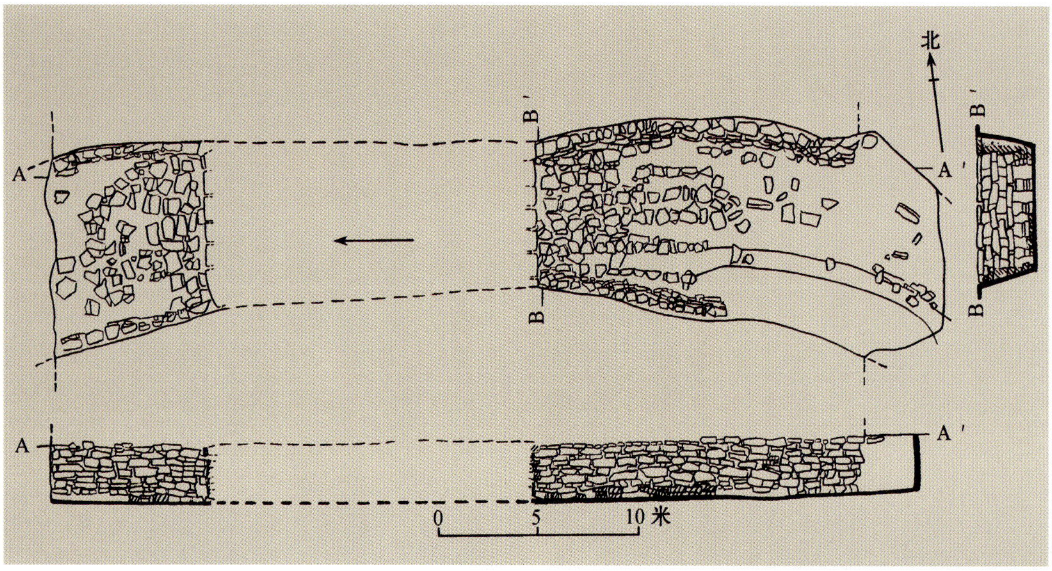

齐国故城3号排水道口平剖面图

建筑，宽约20余米。东城垣依淄河修筑，故曲折不齐，多达9处拐弯，北城垣也有3处拐弯，西、南城垣呈直线。已发现7处城门，大城城门包括2座东门，2座北门，1座西门，2座南门，并且各门道都有东西、南北干道连接。这些干道把城内划分为许多区，各区内大都有较丰富的文化遗存。战国时期，大城继续南扩，扩大了自韶园以南的南城部分，形成了现今所见的大城平面。另外，还发现10条与城门连接的道路以及三大排水系统和四处排水道口。尤其是在大城的西北隅发现的一处用大石块垒砌的排水涵洞，即三号排水道口。其排水涵洞呈东西向，采用青石块垒砌构筑，总长42、宽10.5、深3米，由进水道、过水道和出水道三部分所组成。该排水涵洞为目前世界上所发现的同时代古城排水系统所罕见。

鞍马·云纹瓦当

树木·四鹿纹瓦当

树木·双兽纹瓦当

人面纹瓦当

四鹤纹瓦当

蜥蜴纹瓦当

出土刀币

刀币陶范

铜鼎

国子鼎

龙鋬簋

铜簋

铜鬲

错金银铜镜

小城位于大城西南部，周长为7公里，平面亦呈长方形。南北城垣长2.5公里，东西宽1.7公里。小城的东墙是沿淄河西岸梯形而筑，西有系水，南、北有护城河。西城垣有几处拐弯，其余三面城垣呈直线。小城内共有5座城门，南面两门，东、西、北三面各一门。小城内的各种遗存，也大都属于战国时期。种种迹象表明，小城是一座战国时期的宫城，很可能就是田氏代齐后新建的宫城。小城的北部为宫殿、园圃区。小城的东部、东北、北部、西北和西部则分布着许多手工业作坊和居址。

齐故城内的文化堆积，最厚处在小城的桓公台周围和大城东北部的“韩信岭”一带，其堆积厚达3～4米，有西周晚期、东周至汉代的多层文化堆积。经考古勘探及试掘证实，齐故城宫殿区多集中在小城北部的桓公台和东北隅的“金銮殿”一带。桓公台为一椭圆形的夯土台基，南北长86米，高14米，其周围有很多建筑基址。在小城西部宫殿周围，历年来出土有许多建筑砖瓦及大批瓦当，尤其是上面带有树木双兽、树木双马、树木卷云等纹饰的瓦当，反映出齐国的艺术风格。在宫殿区的东南部，小城西门以西1000余米，还有一处夯筑高台，俗称歇马台，或说即《左传•哀公十四年》齐简公与妇人饮酒作乐的檀台。在小城的南部，发现有许多冶铜遗址及战国齐刀币的铸造遗址。齐故城历年来发现的齐刀币，主要有“齐法化”、“齐之法化”、“节墨之法化”、“安阳之法化”、“齐建邦法化”等。在齐故城郭城东北部的河崖头村，发现了齐国公侯的墓地，其中齐景公墓和殉马坑最为有名。在小城的西部还发现有6处冶铁遗址，两处炼铜遗址，一处制骨作坊遗址。在大城范围内，发现的冶铁、制陶及骨器等作坊遗迹更多，尤其是在城内出土的陶器上，特别是陶豆柄及盆口沿处，往往戳印或刻有文字，所刻内容主要是制陶工匠的籍贯、名氏，有的冠以监造者的名字、职位和年份，还有的刻有产品的名称，如“获阳南里陶者期”等。这些陶文的用途体现了当时“物勒工名，以考其成”的社会商品监督现象。对研究齐国当时的政治、经济、文化艺术等，具有非常重要的意义。另外，近几十年来，在齐故城出土的文物非常丰富，反映出泱泱大国的风范。

铜镈

铜豆

陶罐

铜盂

陶罍

铜背壶

齐国田氏国君的陵墓——田齐王陵

田齐王陵位于临淄齐陵镇和青州东高镇、邵庄镇的毗邻地区，南依山岭，北临淄水。田齐王陵通常是指“四王冢”和“二王冢”，1988年被国务院公布为全国重点文物保护单位。

1991～1992年，山东省文物考古研究所对“四王冢”和“二王冢”进行了勘探，同时也对青州市东高镇的南辛庄墓、邵庄镇的点将台墓和普通乡的“田和冢”进行了勘探。勘探者认为后三处冢墓也应该是田齐的王陵。

四王冢又名“四豪冢”，俗称“四女坟”。郦道元在《水经•淄水注》中称其为“田氏四王冢”，《齐记补遗》和顾炎武的《四王冢记》认为这四王是田齐的威、宣、湣、襄四王。墓葬坐落在齐陵镇淄河店南1000米，由康山向北伸出的一座无名小山的北麓，北距齐故城7.5公里。四王冢南依崇山、北临淄水、西隔山谷与牛山相对、东北隔胶济铁路与鼎足山间的二王冢相望。四王冢所处地势高亢，冢北是一片南高北低的山前坡地和一望无际的鲁北大平原。冢西侧是一条数十米宽、深十余米的自然冲沟，自南而北直通淄河。

四王冢属于一基四坟的象山形异穴并葬墓。在规模宏大的长方形陵台上筑有4个状若山丘的台阶状方形基座的圆锥形坟堆。四个坟堆宛转相连，十分壮观。封土下有四座墓葬与陵台上的方基圆坟相对。冢北有三座方基圆坟的陪葬坑。

四王冢依山建造，陵台南部与小山衔接，由于长期雨水冲刷和人为因素，陵台四面已遭不同程度的破坏。北面沟壑连绵。西端被一条通往南山的道路切断，路西约有50米左右的陵

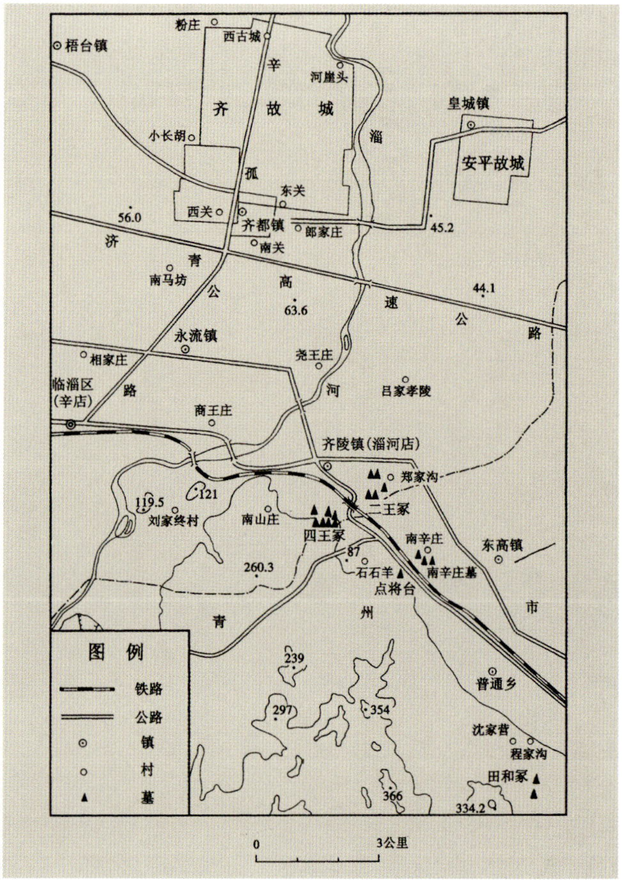

田齐王陵分布示意图

四王冢及其陪葬墓

台已被夷平。东端陵台亦非原貌。保存较好的只有南部陵台，台面平整，棱角清晰。

在四王冢的四面有陵园的壕沟，系人工挖掘或夯筑而成，状似短圭形，圭底在南而角朝北，将四王冢及其陪葬墓环抱其中。这条壕沟应是四王冢茔域的标志。

在壕沟以内，分布有30座四王冢的陪葬墓。它们都分布在四王冢北的坡地上。其中，有封土的陪葬墓3座，都贴近四王冢。三墓东西并列，几乎与四王冢平行。墓葬封土形制都属于方基圆坟类型。而且都是“甲”字形墓，墓道均朝南。其他27座都是无封土的陪葬墓。墓室平面有甲字形和曲尺形两种类型。甲字形墓葬20座。墓室呈方形或长方形。曲尺形陪葬墓7座。墓室多作长方形。墓道开在墓室一侧边，或左或右并无定规，均为南向墓道。四王冢的30座陪葬墓，除了4座埋葬比较散乱外，其余26座墓葬分四排整齐埋葬，相互间无叠压打破现

四王冢及陪葬墓航拍照片(1975年)

二王冢象山形封土

象。除此之外，还有其他墓葬。

二王冢又名“齐王冢”，俗称“二女坟”。《括地志》说它是“齐桓公”墓。《史记•齐太公世家》集解引《皇览》也说是“齐桓公”墓。该墓位于临淄齐陵镇郑家沟村南的鼎足山间。鼎足山因紫荆、菟头、牛首三山呈鼎足之势而得名。北为紫荆，南为菟头，东南为牛首。

二王冢是一基二坟的象山形异穴并葬墓。在长方形的陵台上东西并列两个方基圆坟。封土下面两墓东西并列，墓道朝南。陵台西端与菟头山相衔接，叠压在菟头山东坡上。台壁作三级台阶状内收。

二王冢东北面和北面有两座带封土的墓葬，封土形制均方基圆坟，应当是其陪葬墓。勘探时，在二王冢陵台南侧发现一座车马坑，一座无封土墓葬。在其西北发现6座无封土墓葬。这6座墓葬与二王冢关系如何，尚无法确定，暂定为二王冢陪葬墓。

除四王冢和二王冢外，还在青州市东高镇的南辛庄墓、邵庄镇的点将台墓和普通乡的“田和冢”进行了勘探。其形制与以上二处王冢类同。

以上这几处墓葬都有高大的封土。在临淄，墓葬出现封土最早不超过春秋晚期，因此，它们都是战国时期的墓葬。而墓葬封土是社会等级的标志，从以上几处墓地如此大规模的封土来看，其墓主只能是田齐国的国君。所以四王冢不会是什么“四豪冢”，二王冢也不会是什么姜齐桓公或景公之墓。

与田齐王陵形制类似的陵墓在魏、赵、中山等国都有发现。这类陵墓基本都是几座墓并列，中间一座最大，是王之墓；两边略小，为王后或夫人之墓。因此，四王冢、二王冢可能分别是一代齐王与他们夫人之陵墓。而南辛庄、点将台、田和冢也应与此类似。

经过勘探者考证，这五处墓地应是田齐的太公、桓公、威王、宣王和襄王的陵墓。至于墓地与齐君的一一对应关系，则有待于以后的工作确认。

四王冢之一

南辛庄墓群封土

高速路下的车马队伍——临淄后李车马坑

临淄后李车马坑位于临淄区齐陵镇后李官庄西北约500米，向西300米是淄河，西北3公里与齐故城隔河相望，南约3.5公里为田齐王陵。

为配合济青高速公路建设工程，山东省文物考古研究所于1988～1990年对后李官庄遗址公路占压部分进行了发掘。揭露面积7000余平方米，出土了大量珍贵文物。其中，发现的两座车马坑最为重要。车马坑平面均为不规则的长方形，南北向。

1号车马坑，南北长31、东西宽3.6～4、深1.2～1.7米。坑内殉10辆车，32匹马。由南向北摆成一排。木车虽然已朽，但痕迹十分清晰，均由车舆、轮、辕、轭等组成。10辆车大致可分为两类：一类为战车，其特点是车舆较小，由纵横圆木构成网格状，涂以红漆，车轮较小。在四号战车前有两件带柄的铜戈、矛；另一类是辎重车，车舆为战车的2～2.5倍，车轮较大。车辆的铜构件有车軎、辖、辕头环、衡口铜环、轭带环等。1号车马坑内的32匹马头均向西，整齐地摆放在所属车辆的前面、每匹马身上都有铜或角、骨、贝质饰件。马饰件因其所属车辆的不同而不一致，同一辆车前的马饰件基本一致。马的饰件有：用铜泡或海贝穿成的辔头、背带铜环、带环勾连器、铜泡、节约、马衔、马镳等。

2号车马坑规模比较小，南北长7.6米、东西宽3米，深2.1米。坑内殉有6匹马，却没有发现车的痕迹。但是，在马骨架肢体下是回填土，由于填土下沉，马头骨高出肢体40厘米。另外，在清理北部盗洞时，在其壁上发现有漆皮及木头朽痕。依此可以断定，2号坑内也殉有车，所殉马车在马骨架下。为完整保存马骨，没有对车辆进行清理。

后李春秋车马坑

车马坑局部

车马坑局部

关于车马坑的年代，从1号车马坑内出土的铜兵器以及车马饰件来看，再结合填土内发现的遗物及地层关系，可以推断其为春秋中期或偏早阶段。关于车马坑的性质，可以认为其应是春秋时期国王或王室贵族的殉葬坑。然而，车马坑是哪座墓葬的陪葬坑，其主人又是谁呢？

在其1号车马坑东北约10米处，发现两座相同时期的大、中型墓。大型墓编号M158，墓室平面长方形，面积为7.6米×6.8米，墓道向东，长达36米。墓室被盗，残存的随葬品有铜舟、戈、矛、镞、棺椁构件以及陶罐、鼎、豆等。椁室北侧二层台上的边箱北半部未被盗，残留一批陶器及牛、羊等兽骨。从出土随葬品看，M158与车马坑的时代基本一致。中型墓M189位于M158南侧并大致与之平行，两座墓墓室间相距4～5米，与M158形制一致但规模较小。墓葬被盗严重，从盗洞内出土的随葬品分析，两座墓葬应属同一时期。除此之外，对车马坑周围500米的范围进行了详细钻探，并没有发现比这两座更大的墓葬。因此1、2号车马坑应为M158、M189的殉坑。至于墓主人是谁，尚需做进一步的研究。

临淄车马坑的发现，引起了社会各界的广泛关注，自1992年以来，临淄区政府及文物、交通部门先后拨款，用于后李车马坑的保护与“临淄中国古车博物馆”的建设工作。临淄中国古车博物馆不仅保护了后李车马坑，而且复原并陈列了中国古代各个时期的车辆，此馆先后接待中外游客上百万人次。临淄后李车马坑正源源不断地发挥着其社会效益和经济效益。

后李车马坑与淄河店二号墓共同被评为“1990年全国十大考古新发现”之一。

车马坑局部

古代独辕车大巡礼——淄河店二号战国墓

淄河店墓地位于山东省临淄区齐陵镇淄河店村南，西北距齐国故城约7.5公里。墓地与“田齐王陵”相邻，西侧为的牛山，南有康山、火石山。北为胶济铁路。墓地南端狭窄，北部宽阔，南北长约1700米。

1990年4～11月，为配合济青高速公路建设工程，山东省文物考古研究所在墓地东北第19号取土场内发掘了4座战国时期大型墓葬。其中二号墓，不仅墓室后有大型殉马坑，而且墓室内还随葬了20余辆独辀马车，引起社会的广泛关注。

墓葬呈“甲”字形，有南北向墓道，方向195°。发掘时，墓室上部还残存有封土，封土经过夯打，质地坚硬。

墓室分为地上、地下两部分。地上墓室为夯筑，地下墓室为挖出墓坑后又经过修整，其口略大于底，近似斗形，墓口南北长15.9、东西宽15.6米，墓室口至二层台深4.5米。墓壁表层涂抹厚0.3～0.6厘米的细灰膏泥，表面又刷白粉，二层台四周墓壁上有用细麻布做成的帷帐遗迹，上面还有黑、红色彩绘。

墓道在墓室南侧中部，呈斜坡状，上口与原地表齐平，下口与二层台相连。椁室位于墓室中部偏南，内设石椁，采用未经加工的大石块垒筑四壁，上下铺盖方木。

木质葬具为一椁两棺，仅可看出大体形状。椁平面呈“Ⅱ”形，两端较长，伸入两侧石椁壁中。棺平面为长方形。由于椁室多次被盗及焚烧，墓主骨骼已毁，葬式不明。从发现的两块残断下肢骨看，墓主头向应朝北。

墓室内有长方形殉葬坑，位于椁室后部。坑内有殉人12名，其葬式基本一致，仰身直肢，头朝椁室。殉坑内有木椁4具，棺12具。殉葬者均有葬具，每3人共用一椁，每人一棺。殉人一般佩带有水晶环、玛瑙珠、骨管组成的串饰及铜带钩等，这些随身饰件均出于棺内。

随葬器物分别放置于二层台、椁室内和殉坑上部。陶器、陶俑放置在殉坑上和两侧的二层台上。铜、石乐器分别置于椁室北侧的二层台上、殉坑东侧和椁室内。兵器类均出于椁室中，因石椁塌陷或被火焚烧及大石块砸压，大多已变形。漆木器多放于北壁二层台上。但腐朽后仅留下器物形状和漆皮。许多器物在殉坑塌陷后遭到严重破坏，多难已辨认，能看出器形的有豆、壶、盘、耳杯等。椁室西侧二层台上靠墓壁有许多竹木器杆，多捆扎排放在一起，这些器杆应是用来安装旌旗或兵器所用。墓室内随葬的独辀车主要放于椁室东西两侧二层台上，在塌陷的殉坑和椁室内也发现有车舆腐朽的残迹。

随葬品根据用途大体分为礼器、乐器、兵器、俑、车及

淄河店二号墓殉马坑

淄河店二号墓15号车出土情况

车马器五大类。礼器主要是陶礼器，器形有鼎、簋、盘、匜、鉴、禁等，其配置一般为七鼎六簋。乐器主要有青铜编钟和石编磬两种。青铜兵器主要有戈、矛、殳、戟、剑等。陶俑可分为两类，一类为人物俑，另一类为马、鸟等动物俑。墓室内共清理出车22辆、车轮46个。从埋葬情况看，这批车下葬时是将车轮拆下后和车的其他部位分开放置的。所发现的22辆车，根据车舆结构的不同，大体分为三类。一类车舆为圆角横方形，舆中横轼，后有车门，这类车数量较多。第二类车舆也为圆角横方形，后有车门，但舆中没有横轼，此类车仅见1号车。第三类为长方形厢式结构车，既无轼，也无车门。另外还发现大量车轮残迹。车马器有车軎、衡末饰、轭首饰、铜带扣、铜环等。

殉马坑位于二号墓北侧，与墓室前后平行，东西两侧超出墓室部分则左右对称。马坑东西长45米，南北宽2.15～2.8米。坑内共殉马69匹，东西单行排列。殉马形式基本相同，头北面东，昂首。前肢弯曲较甚，叠压于东侧马颈部之上。后肢略微弯曲，两肢上下相叠。殉马排列虽然比较整齐，但殉马之间疏密略有不同，西侧排列比较密集，中部及东部下凹处则比较疏松。

淄河店二号墓随葬器物比较丰富，特别是墓室内发现的20余辆独辀车，是研究齐国车制的重要资料。淄河店二号墓与后李车马坑共同被评为“1990年全国十大考古新发现”之一。

组铜编钟

淄河店二号墓古车出土情况

陶鉴

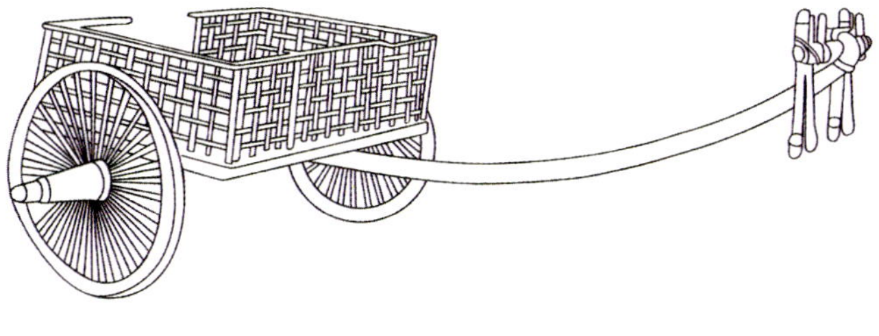
淄河店二号墓第1号车复原示意图

陶簋

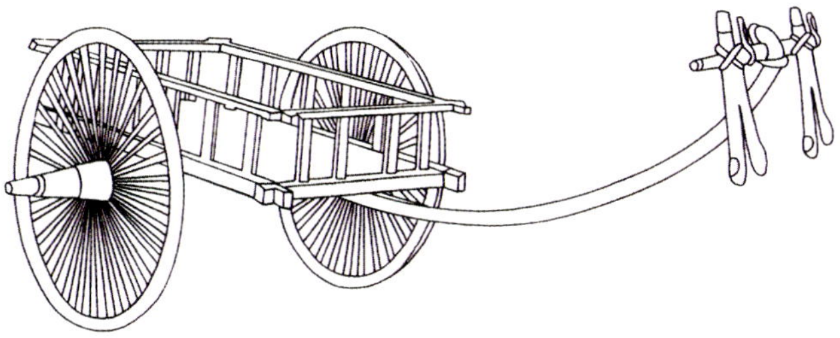
淄河店二号墓第11号车复原示意图

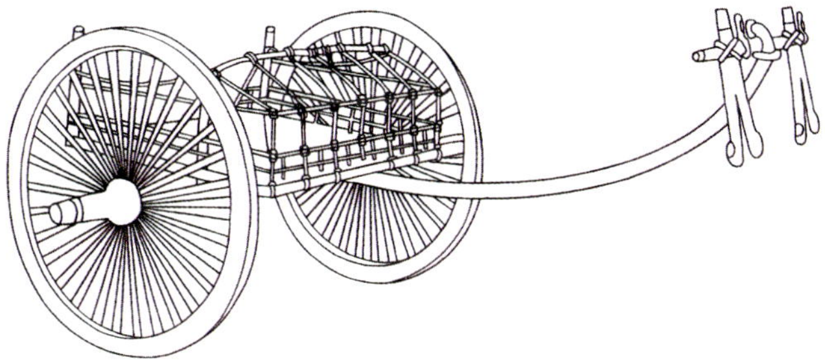
淄河店二号墓第20号车复原示意图

陶鼎

田氏的东方墓地——海阳嘴子前

嘴子前村位于海阳市盘石店镇，西南距海阳城（东村）约16公里，南距黄海约24公里。墓群位于村东北的黄土台地上。墓地南北长240、东西宽150米，总面积约3.6万平方米。

嘴子前墓地早年就被破坏。1978年，嘴子前村农民挖破一墓。此墓中除陶器、木器被毁弃外，铜器大部分已收归。1985年，农民在取土时又破坏一墓。随后海阳县博物馆对其进行了抢救性发掘。1994年，因农民取土，M4椁木暴露，烟台市博物馆、海阳县博物馆联合对其发掘。1998年，山东省文物考古研究所、烟台市博物馆、海阳市博物馆对嘴子前墓群进行了钻探。2000年，M6暴露，烟台市博物馆、海阳市博物馆对其进行了抢救性发掘，并对原来的M1进行了二次清理。这样，嘴子前墓群的大致情况是：M3、M5因遭严重破坏，情况不明；M1稍有破坏；M2、M4、M6则比较完整。

嘴子前墓地是一处规格较高的贵族墓地。其中，M1、M4规格最高，为重椁单棺墓。例如，M4墓圹为长方形竖穴式，长7.32、宽约6、残深3.44米，方向114°。椁盖板上有青膏泥。椁四周有熟土二层台，一些随葬器置于其上。内椁和棺之间有头箱，大部分随葬品置于其中。棺为悬底式，棺内人骨已朽，骨灰之间散见佩、管、珠等玉器，当为墓主随身装饰物。出土器物颇丰，其中铜器近50余件、漆木器保存较完整和能辨认出的约50余件、陶器120余件。另外还有玉器和石器等。青铜器有无盖鼎、有盖鼎、甗、壶、盘、匜和一套编钟等。还有正、背面均鎏金的革甲饰片。出土盂、甗都带铭铜器，虽然释读还存在些许分歧，但甗铭有“陈”，与陈国有关是明确的。M2、M6为一椁一棺墓。这些墓的棺椁均髹漆，椁为黑漆，棺外施黑漆、内施红漆。各墓随葬品的放置也有一定规律：M1、M4的二层台上主要放置编钟、车马器及工具；M2、M6的二层台上则放少量工具。玉饰器、木梳、铜削等放在棺内。戈、剑、革甲、镞等兵器发掘时大多散落在内椁底板上。大量的随葬器放在外椁室的东端，规格较高的M4等放在内外椁相套的头箱内。嘴子前墓地排列布局也有一定的特点。根据发掘资料，此墓地依时代早晚，按照先西北后东南的方式布局，又依据身份的高低先左后右来排列。关于嘴子前墓地的性质，说法并不一致。有人根据嘴子前墓地的一些特点与齐国田氏宗族的历史记载有相合之处，认为嘴子前是陈（田）完奔齐后的立足之地和田齐家族的发迹之地。也有人认为嘴子前应属莱国，而陈国等铜器的出土应与齐桓公征楚有关。

嘴子前墓群的另一大特色是都随葬有大量的木礼器，虽因水泡而成碎块，但仍然保持了原质原色，形制多能辨清。主要器形有方壶、盨、匜、俎、罐、勺、匕等，大部分是仿铜礼器

嘴子前墓群全景

随葬器物

的明器。铜盨到春秋时已经基本消失，在此却以木器的形式出现，说明墓主确有较久远的家庭渊源。勺、俎等在贵族墓地中多有发现，西周时期多为青铜制作，但嘴子前出土均为木器，且数量较多。可以说，这些木礼器是对青铜礼器的补充。

铜盖鼎

铜方壶

铜盘

铜甗

铜鼎

铜舟

铜盂

铜匜

铜匜

女郎山上将军墓——章丘女郎山墓地

女郎山墓地位于山东省章丘市绣惠镇以北，女郎山的东、南、西坡上。女郎山俗称城北山。相传最早叫章丘山，因匡章大墓而得名，据说它也是“章丘”一名的最早由来。

1990年，因配合济青高速公路建设工程，山东省文物考古研究所对被公路部门征为取土场的女郎山进行了勘探和发掘。勘探工作主要在女郎山东、西、南3处取土场内进行。共探出古墓葬150余座。勘探后即进行了发掘。共清理战国—元明墓葬53座，其中，战国墓1座，汉代墓43座，宋、元、明墓葬9座。最重要的发现是1号战国时期的大型墓葬。

1号墓位于女郎山西坡，是一座“甲”字形竖穴土坑木椁殉人墓。上面原有十几米高的封土堆，发掘时墓上仅残留不到半米厚的夯筑封土。整个大墓上口长13.15米，宽12.58米。南侧有一条斜坡墓道。椁室位于墓室中央，四周有宽大的生土二层台，二层台中间有5座陪葬墓和一处器物库。墓主用双椁一棺，椁外填充鹅卵石。在椁外盖板上埋有一被肢解的殉人。

1号墓的随葬品非常丰富，大部分放置在棺椁之间的器物箱内。随葬青铜礼器、兵器、车马器、乐器和杂器等437件。仅青铜礼器就出土29件，有鼎、豆、盖豆、铜壶、提梁壶、盘、匀、舟、敦等。青铜兵器有戈、剑、矛、戟、镞等239件。乐器有编钟、编镈等。另外，在主墓椁室二层台东部的器物库内，还残留出土十几件仿铜陶鼎、豆、壶、盘、舟、敦等。

在墓室二层台上发现有5座陪葬墓，北台有3座，西台2座。墓内各有1人。都有自己的随葬品，均为年轻女性。各陪葬墓内均随葬有数量不一的仿铜陶礼器，有的还出有铜车器、水晶柱、滑石环、骨蚌器及陶俑等。尤其是一号陪葬墓随葬的一组38件陶彩绘乐舞俑，色彩鲜艳，形象逼真。

根据墓葬形制特点及随葬器物，该墓应为战国中期的齐国大墓。这座齐墓墓室面积不算太大，但随葬品却非常丰富，并置有双椁一棺，仅青铜兵器就随葬了200多件，说明墓主人应身份地位相当高的军事将领。发掘者认为，该墓就是战国齐国将领匡章的墓葬。

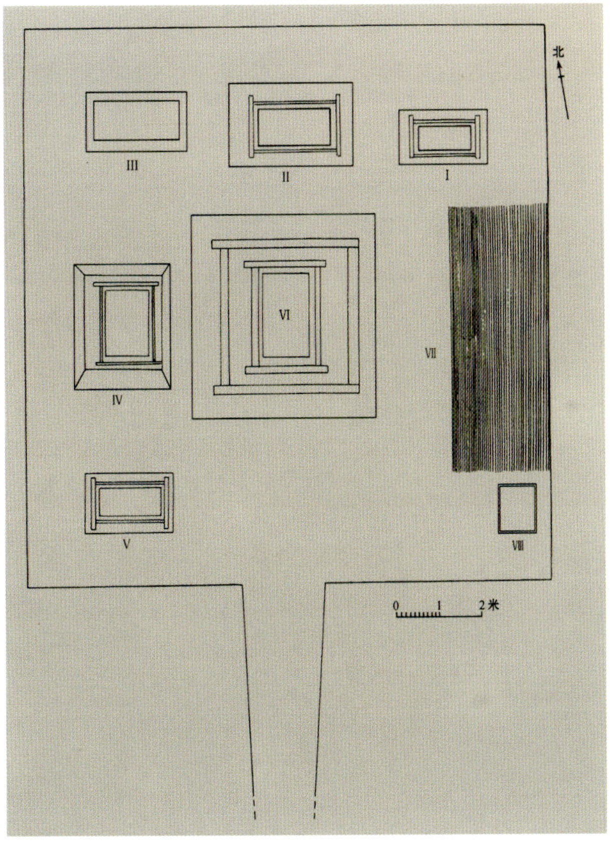

章丘女郎山一号战国大墓平面图
Ⅰ～Ⅴ.陪葬墓 Ⅵ.墓主人椁室 Ⅶ.器物库底部条形木板 Ⅷ.石编磬木匣

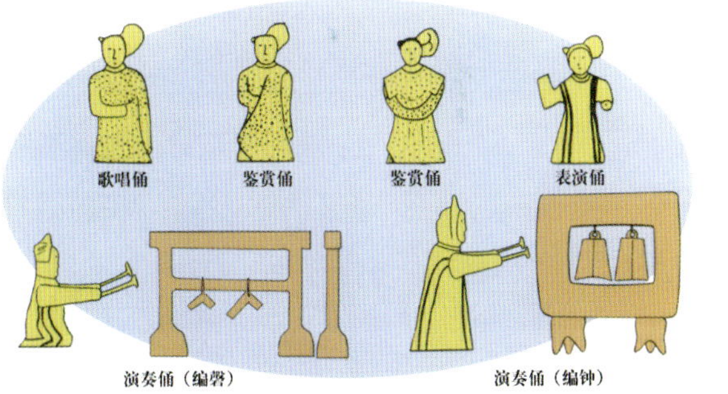

陶俑演示

动物俑

女郎山匡章墓葬的发现，为研究齐国的历史及埋葬制度提供了宝贵的资料。在随葬品中，1号殉人陪葬的乐舞俑特别精美。这组乐舞俑可分为表演俑、歌唱俑、舞蹈俑、赏俑及乐队演奏俑等不同造型，其彩绘乐舞俑的造型生动，人物动作刻画得优美逼真，祥鸟造型栩栩如生，堪称神形兼备，乃生活气息较为浓郁的战国陶塑之佳作精品，为我国战国时代出土彩绘陶俑所罕见，为研究战国时期齐国的文化艺术、乐舞服饰等，提供了极其珍贵的实物资料。

一组陶乐俑

彩绘乐舞陶俑

齐吴交争的见证——新泰周家庄墓地

周家庄墓地位于山东省新泰市周家庄村南，南距市政府约2公里。墓地地势西北高东南低，南北长约300、东西宽约150米，面积约5万平方米。

2002年，曾在周家庄抢救清理过东周墓3座。2003年，山东省文物考古研究所、新泰市博物馆对周家庄基建范围进行了勘探和考古发掘，清理东周墓葬66座，出土青铜器、陶器、骨器、玉器、石器、铁器等文物1600余件（组）。两次发掘共出土文物2000余件。

墓葬皆为长方形土坑竖穴，排列集中且有规律，基本不见叠压打破关系。墓葬头向北者约占58%，头向东者约占41%，仅1座墓头向南。依据墓室面积可能将墓葬分为五类：面积在30平方米以上者1座，15～30平方米者8座，10～15平方米者10座，6～10平方米者26座，6平方米以下者24座。墓葬多熟土二层台，其上随葬车、狗、陶器等；3座墓设有壁龛，14座墓设有腰坑、脚坑或头坑；部分墓葬有边箱、头箱或脚箱。葬具均为木质棺椁，其中60座墓为一棺一椁，9座墓为一棺。椁多出角，大型墓椁底设枕木，椁四周多施青膏泥。人骨架保存较好，绝大部分为仰身直肢，个别为屈肢葬，少数骨架周围见朱砂，个别口含海贝。流行殉狗。陶器或铜器常见动物骨骼。

随葬品十分丰富，有青铜、陶、骨、玉、蚌、漆木、石和铁器等。其中3座墓随葬车。车放于椁顶部，均为独辕车。出青铜器700余件，其中礼器150、兵器300余件，另有车马器、乐器、杂器等。礼器以盖豆、舟最为常见。器物多偶数组合。乐器有镈、纽钟、铎和铃等。兵器主要有剑、戈、矛、匕、镞等。其中剑、戈数量最多，亦常为偶数组合。车马器有马衔、车辖、车軎、盖弓帽。陶器数量多，有多种组合，主要器形有

周家庄M70

鬲、盖豆、罐、罍、觯、鼎、浅盘豆、壶、簋、敦、笾、盘、匜及禽兽俑等。骨器数量较多，其中以骨贝串饰最多，以梳子、管状小盒、笄和簪制作最为精美。玉器见少量玉片饰，另有水晶和玛瑙饰件。蚌器主要有穿孔蚌条饰件和大量小珠子。另有圭形穿孔石器、铲形铁器等。漆器见盒和箱，但只留痕迹。

从周家庄随葬器物的特征及组合情况分析，墓葬年代为春秋晚期至战国中期。据墓葬结构、随葬器组合及特征、葬俗等来判断，周家庄东周墓葬应属齐国贵族墓葬。

周家庄墓地出土了大量的青铜兵器，这是其显著特点。出土的300余件兵器可以明显分为两类。一类铸造精美，含铅高，硬度大，没有锈迹，剑首内部为细密螺旋纹，有的剑身饰暗网格纹，这类兵器明显具有吴国兵器的特征。另一类兵器铭作“王”、“车戈”、“王国之车戈”等。其中“王”字上出头，是齐系文字的特点。

周家庄墓地地处鲁中山区南侧、蒙山北侧、大汶河支流——柴汶河的上游。此地是齐国在长城外侧屯驻的军事重镇和对外用兵的军事前沿。大量出土吴国兵器墓葬的墓主可能是被齐国整编的吴国兵士，亦有可能是使用所获吴国兵器的齐军部卒。具体情形还有待详细资料的早日发表和进一步的研究。

铜钜

彩绘陶簋

铜提梁壶

铜镈

铜戈

铜矛

鸟形玉饰

彩绘陶簋

二、因循礼制，“周礼尽在鲁矣”

鲁国立于曲阜，是原来奄人住地。虽然如此，与齐国的形势和条件却不一样，因此建国方针也不一致。鲁国始封君为周公旦。由于其为周室宗亲，又是开国元勋，又有制礼作乐之功，因此得到了象征王权的宝器、典策和用天子礼乐的特权及殷民六族。经周公东征“践奄”以后，殷、夷的反抗势力被压制下去，这为鲁国推行新的制度和国策开辟了道路。于是周公之子伯禽便推行了“变其俗，革其礼”的治国策略和“尊尊而亲亲”的用人方针，使周礼成为法定的礼俗。因此到东周“礼崩乐坏”时，才有“周礼尽在鲁矣”的话。但正是这些僵俗的政策，束缚了鲁国的进一步发展。鲁君重周礼，因此鲁国夷礼不受到重视。但是从学术上讲，却渗透了相当的夷文化。孔子儒学以周礼为中心，实际上是融合了夷、夏、商的礼制和礼俗。例如，仁是孔子思想的核心，但是“仁”却是夷俗，孔子正是把仁引入，与周礼融合而成为一体的。考古发现也说明了这一现象。鲁国故城内有甲、乙两类墓葬，一类属周系，一类属夷系。这两类墓是并存的。看来，鲁国推行周礼并不彻底，而是包容了不少殷夷的传统。

鲁国深受周文化影响，以农业为主。但其手工业也较为发达。如鲁缟曾闻名天下。然而，由于鲁君过度重视农业，其手工业因不受重视，在战国时就落后了。从文化上来说，至战国时期鲁与齐已殊途同归，形成了齐鲁文化。下面以鲁国故城的考古发现来对鲁国文化作一介绍。

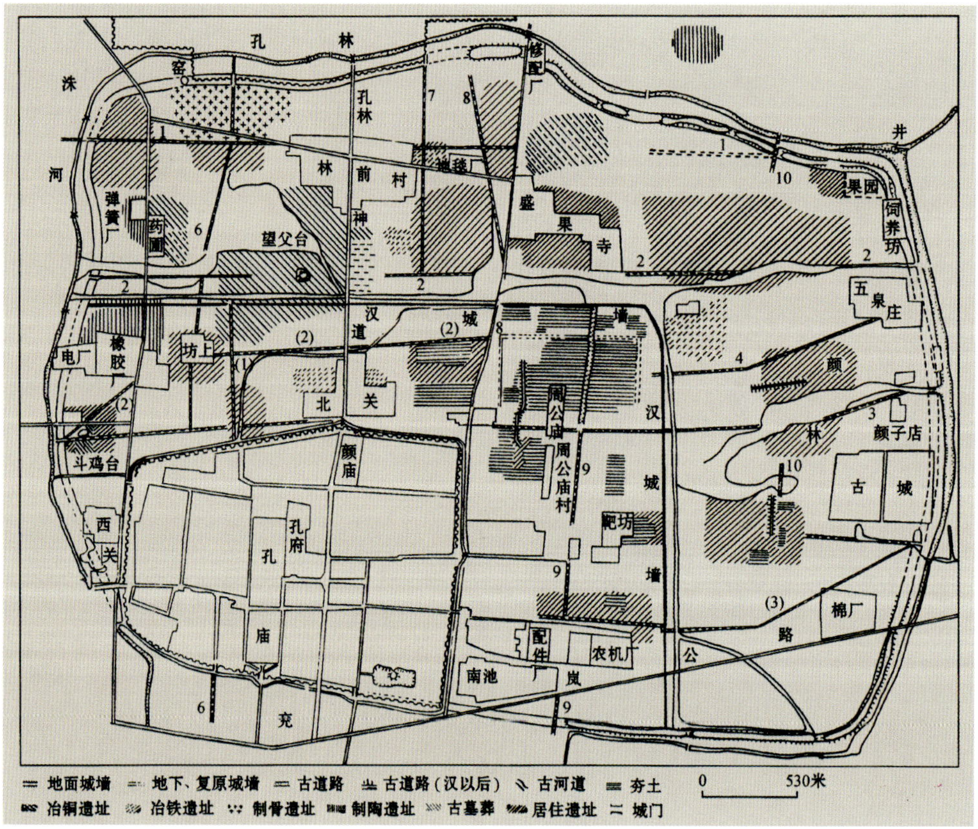

曲阜鲁国故城遗址平面图

礼制的物质体现——鲁故城与鲁国文化

鲁国故城位于山东曲阜，洙河绕城的西北两面，小沂河流经城南。城的东南面是丘陵山地，西北和西南是一片辽阔的原野。曲阜作为鲁国的都城，从西周鲁国初封，到战国末亡于楚，延续了800年左右。关于曲阜名称的来历，东汉应劭曰“鲁城中有阜。逶曲长七、八里，故名曲阜”。

1961年，鲁国故城被国务院公布为第一批全国重点文物保护单位。1977年，经国家文物事业管理局批准，对鲁故城开展了大规模的勘察，到1978年10月结束。通过一年多的辛勤工作，对鲁故城进行了全面的勘探，对重要遗迹进行了试掘。初步查明了鲁城的年代、形制和城市布局。并在鲁故城内划出重点保护范围43处。通过普探，查明了地下文物的分布情况、遗址遗迹的范围和形状，以及文化堆积的厚度和层次等。

勘探资料表明，鲁国故城平面呈不规则的圆角扁长方形，南面较直，其余三面都呈弧形，西北面尤其明显。城东西最长3.7公里,南北最宽2.7公里,面积约10平方公里。在鲁故城内发现11处城门，东、西、北三面各3门，南面2门。南东门即文献常常提到的稷门，也称雉门；南西门即雩门。发现了连接城门的若干条干道。城内中部偏北有宫城，面积约0.5平方公里,东西略长于南北,宫城内有大规模的东周、汉代宫殿建筑基址。宫城南有全城最宽的大道连接南东门，南东门以南1700余米处有“舞雩台”址，应是郊坛。宫城、南东门、郊坛成直线构成鲁城南北中轴线。宫城是城，围绕宫城的大城是郭。西周早期遗址主要分布在郭城西、西北和北部，西周晚期遗址扩展到郭城东北部、东南角，东周遗址分布范围则更大。西周宫城和宫殿区未发现，应和东周宫城位置大体一致。这种宫城居中，郭城围绕宫城，宫城、南门、郊坛构成南北中轴线的城市布局，是鲁城平面布局的重大特征，可能反映了《考工记》“左祖右社、面朝背市”的都城建设思想。

城址内的试掘工作也取得了丰硕的成果：对城墙做了解剖，基本弄清了城墙的年代、构筑方式及维护过程；发掘了鲁城西部斗鸡台、县城西北角外、鲁城西北部药圃和孔林林道西侧“望父台”等4处墓地，共清理周代墓128座。清理的这128座周墓，明显属两种类型。甲组西周墓随葬陶器以素面鬲、豆、簋、罐为主，多圈足器，流行腰坑、殉狗。春秋墓以仿铜陶簋、豆、笾、壶等为主，均有华盖，有圈足，个别墓有殉人。这些甲组墓和商人墓的作风相似，应是分封给伯禽的“殷民六族”及其子孙或奄移民的墓。乙组西周墓随葬陶器只有仿铜陶鬲及素面小罐等，没有豆、簋等圈足器，不用腰坑，不殉狗，和关中地区先周墓习俗颇一致。此外，望父台乙组西周墓有带铭铜器墓两座，墓主各叫鲁伯悆、鲁仲齐，后者当过鲁国的司徒，肯定是鲁宗室成员，故乙组西周墓为周人墓无疑。

曲阜鲁故城T602～T604城垣遗迹（西北—东南）

曲阜鲁故城南东门东侧城垣断面（西—东）

错金银铜杖首

铜猿形带钩

龙纹玉璧

谷纹玉饰

玉带钩

玉马

候母壶

鲁仲齐甗

鲁仲齐盘

鲁伯盨

彩料珠

彩料珠

象牙座牌

玉石项饰

三、百花齐放，众多古国文化异彩纷呈

在齐鲁初封时，山东地区方国林立，齐鲁不过是“各地方百里”的侯国。经过齐鲁的扩张与同化，各国才逐渐融入华夏文化体系之中。直到春秋早期，东夷族后裔的方国还有任、须句、颛臾、纪、莒、郯、薛、邾、邹、杞等国。这些国家大多还保留有浓厚的夷礼和夷俗。尽管鲁人排斥夷人礼俗，但孔子却向郯子请教夷礼，并有意“欲居九夷”。还有孔子闻韶乐（传为大舜所作。为东夷之乐）而“三月不知肉味”。由此可见夷礼夷俗生命力之顽强。春秋末战国初，东夷之国大多成为齐鲁附庸，夷人礼俗也逐渐融入齐鲁文化之中了。

不仅文献上对山东诸侯国多有记载，而在考古工作中，山东境内诸侯国的遗存也多有发现，近30年来做工作较多的有莒国、寺国、小邾国、逢国、鄅国、薛国、滕国、莱国等。另外，从春秋晚期开始，吴国、越国、楚国等也先后在山东争夺霸权和兼并战争，其遗留下的遗存也时有发现。在这里仅列举4个诸侯国的发现情况如下。

铜方座簋

滕侯方鼎

铜凤头斤

楚高罍

薛侯行壶

吴王夫差剑

典型的东夷古国文化——莒国城址与墓葬

莒为东夷土著，春秋时是仅次于齐、鲁的大国。传其为少昊之后。周武王封兹舆期于莒，嬴姓。但据《左传•文公七年》载“穆伯娶于莒，曰戴己，生文伯；其娣声己，生惠叔”，是知春秋时莒似又已改为己姓。同时，莒国还有曹姓之说。西周时莒曾都计斤（介根）。1975年，在胶县西南的西庵村发掘了一个周初的车马坑和两座墓葬。可能属于莒国。传世的莒国青铜器属于西周时期的有莒小子簋2件。还有1件铜方鼎，盖纽为双裸男女，鼎足由六个裸人承托，表现的是东夷莒国的礼制和习俗。1996年，在莒县西大庄发掘了一座西周晚期墓葬，出土了一批青铜器。这座墓可能属莒国。

大约在西周春秋之际，莒国从今胶州境迁到今莒县境。大致领有今山东安丘、胶州、胶南、诸城、五莲、沂水、莒县、日照一带的区域。春秋时期的莒国故城遗址位于今莒县县城四周。现城墙墙体有的还残高10米，宽40余米。墙外有护城河。在故城范围内时常发现商周时期的遗物，以半瓦当和窑具为多，齐刀币也时有发现。

春秋时期，莒国最重要的考古发现就是莒南大店墓和沂水刘家店子墓及附属的车马坑。莒南大店发现的两座墓分别编为M1、M2。其中M2编钟的正面钲间和两侧均铸有铭文，内容为“唯正月初吉庚午，莒叔之仲子平自作铸其游钟”。根据此铭文，发掘者认为“仲子平”可能是后来做了莒国国君的公子平。也有的学者认为是莒公子季佗。一号墓应为其夫人之墓。

近年来发掘的刘家店子墓包括两座墓和一座车马坑，位于沂水县城西南20公里。此地地处沂蒙山区，墓葬东临刘家店子，西靠马家崖，北依时密山，南隔时密水与九顶莲花山相望。1978年，山东省博物馆与沂水县图书馆对其进行了清理。两墓都坐落在刘家店子村西一块高地的东部，一南一北。它们的东壁在一条直线上，车马坑在一号墓西20米。

一号墓位于北侧，为长方形竖穴土坑墓，现存墓口南北长12.8米，东西宽8米，墓底北部有生土二层台。墓室内有木构的椁室和两个器物库。椁室居墓室中部略偏南，器物库在椁室的南北两侧。葬具为两椁一棺，内外椁由长方形木板并采用燕尾式套榫的方式构成。内棺髹漆。墓主的骨骼已朽，仅可看出头向东，葬式不明。器物库均用木板构筑，下设枕木。北库设于椁

铜匜

室北侧的二层台上。此墓有大量殉人，总数约40人左右。这些殉人可分为两类，一类35～39人，分三层排放在南器物坑上，无葬具。另一类有葬具，仅有1人，位于椁室的西侧，用一棺作为葬具。随葬器物分别放于棺内、棺椁之间和南器物库内。棺内主要为墓主随身的玉石佩饰等。棺椁之间有铜戈、金柄剑等。南器物库内主要陈放青铜礼器。北器物库主要放置乐器及部分礼器、兵器、杂器和一组玉佩饰等。该墓的铜礼器组合中的主要器类有镬鼎、平盖列鼎、鬲、簋、壶等。部分铜器有铭文，簋的底部铭“公簋”二字，壶的腹部铭“公铸壶”三字，出自棺椁之间的147号戈上有“莒公”二字，一件盆的盖铭文为“唯正月初吉丁亥，黄太子伯克作其 盆，其眉寿无疆，子子孙孙永保用之”。在一组纽钟上也有铭文，内容为“陈大丧史仲高作铃钟，用祈眉寿无疆，子子孙孙永保用之”。

二号墓在一号墓以南，也为长方形土坑竖穴，但规模较一号墓要小，遭到一定的破坏。北侧可能为椁室，有殉狗腰坑。南侧为器物库。出土一批铜器。

一号墓西侧的车马坑已被破坏。残长3.3米，宽4.5米，深2米。发现残殉马4匹，出土部分车马器。按收集车器算，至少有6车，估计车马坑的长度不下40米。

刘家店子出土的铜簋、壶、戈铭文中均见“公”字，为探讨墓主身份提供了重要依据。从用鼎制度分析，一号墓出土的11件列鼎、9件鬲和7件簋，与天子九鼎八簋之制略有差异，也应为诸侯国君之制，一号墓墓主似应为莒国国君。2号墓应是一号墓主的夫人。

除以上两处墓地外，还有许多发现。例如，1963年在莒县县城东北的天井汪出土了一批铜器，当出自墓葬。这批青铜器颇具莒国器物特色，特别是罍的造型、盖上兽口衔蛇的装饰都比较罕见。

从已发现的莒国贵族墓葬看，其墓葬与中原地区相比，有一定特色。一是大墓墓室一般呈横长方形、一般不设二层台并大多分为椁室和器物库两部分。有墓道，但一般偏于器物库一侧。二是贵族墓普遍殉人并设腰坑和殉狗。三是随葬的铜礼器中，鼎和簋的配置虽与中原地区相近，但多为形制、大小相同的列鼎，而且器形和纹饰也很有特色。这些特征有助于对莒国墓葬葬制、葬俗的进一步研究。

铜豆

铜牛首凤尾饰件

铜裸人方鼎

铜镭

铜鼎

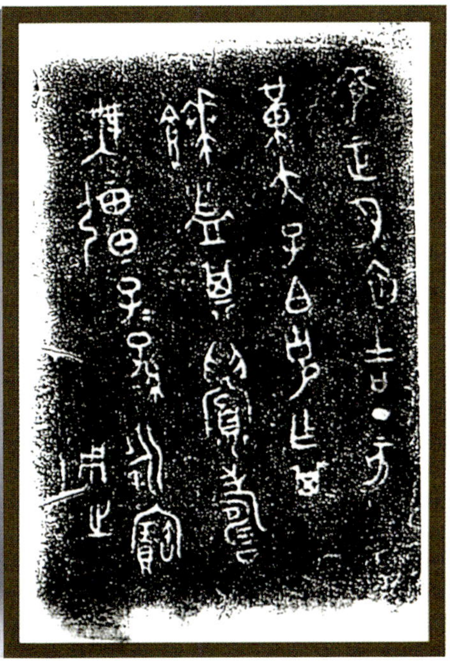

铜盆及铭文

铜公铸壶

铜錞于

邿国贵族墓地——长清仙人台遗址

仙人台遗址位于长清五峰山北黄崖村。北靠五峰山，南临九顶莲花山，东依凤凰台山，西与滚球山相望。该遗址就坐落在河旁的三级台地上。

仙人台遗址早年被北黄崖村的村民张建新发现。1995年，山东大学考古专业师生对其进行了发掘。共清理岳石文化、西周至汉等不同时期的一批房址、墓葬和窖穴遗迹，其中以6座周代邿国贵族墓葬最为引人注目，出土了一大批文物精品。仙人台遗址的发掘被评为“1995年全国十大考古发现”之一。

M3出土铜器不多，但尤为重要的是在盖上铸有长篇铭文，表明墓主属于邿国，这是通过科学发掘所获得的第一座邿国墓葬。

M4与M6并排而葬，方向一致，相距只有二三十厘米，墓主一男一女，推测为一对夫妻。其中M6是6座墓中规格最高的，东西长4.6、南北宽4.5米，葬具为两棺两椁。两个边厢分置南北两侧。棺椁和边厢之上随葬着拆散的马车车舆、车轮和各种铜车马器。另殉葬一犬，形体高大，四蹄捆扎，作挣扎状，并戴一串精致的铜项圈。双棺均经髹漆。墓主骨骼粗壮，随身佩戴玉冠3件、玉项链一串和玉璧、玉玦、玉琥等多件。北边厢内放置铜礼器35件，包括鼎15件、簋8件、方壶2件、圆壶2件、

铜鼎

铜盂

铜方壶

铜鸟柱

铜豆

玉串饰

镂孔带盖豆2件、小罐2件和扁壶、盂、盘各1件，另有陶器10件，以及铜剑、铜戟、盾牌和铠甲等。两边厢分别随葬礼器和乐器、兵器。M4亦以车马器和铜器、玉器随葬，身份也相当高，但墓圹规模要小得多，两墓时代大约同时，约为春秋早期。

墓葬中出土的文字资料也证明了这一点。6座墓共发现铸有铭文的青铜器7件，除2件铭文相同且同为一字外，其余5件铭文最短者20字，最长者达42字。其中明确属于郜国的就有4篇，分别出自M3、M2、M5。铭文中“郜公”、“郜子”不止一件。据此，可以明确地说，这是一处属于古郜国的贵族墓地。而M6则应是郜国国君。M6随葬的15件鼎，除1件特大者外，其他14件应是两套，它使用的应是7鼎之制，合乎诸侯之礼。

该墓地国属清楚，并可与古代文献典籍相互参证，对于

香熏

铜罐

铜舟

山东地区古国史的研究，具有重要的价值。邿国为周代东方小国，由于国小位轻，保存下来的文献记载极少，只在其被鲁国吞并时才有所提及。即《左传·襄公十三年》（前560年）所载“夏，邿乱，分为三。师救之，遂取之”。鲁国打着“救邿”的名义，趁机将其吞并。以往，对于鲁国所取邿的地望多有误。仙人台遗址的发掘和带铭青铜器的发现，可以使我们确定，仙人台之邿，应即是以上述所记载的邿。其辖域大概包括今长清、平阴两县部分地区。

仙人台6座墓共出土随葬品340余件（套），包括青铜礼乐器108件，兵器57件。因多未遭盗扰，棺椁结构清晰，器物组合完整，对于建立鲁北地区周代考古学文化年代标尺，有极为重要的意义。

铜异形器

铜鼎

铜簠

铜簋

小国也有“礼”——小邾国贵族墓地及都城

小邾国贵族墓地位于山东枣庄市山亭区山城办事处东江村东南一台形高地南部。遗址北依马山，东部和南部为绵延起伏的群山，西部为沃野平川，十字河经墓群东侧向南又折西流入薛河。

墓地于2002年被发现，随即遭到盗掘。2002～2003年，枣庄市博物馆对该墓地进行了抢救性发掘。此次发掘共清理出墓葬6座，2座保存完整，其余4座均遭到严重破坏和盗掘。墓葬分东西两排，东排从南至北编号为M4、M1、M2、M3；西排从南至北编号为M5、M6。其中M2、M3保存较好。

M2墓室平面呈“甲”字形，为东西向，头向东。墓向85°。东部有斜坡墓道。墓室长5.85、宽5.7、深5.7米。底部有熟土二层台。葬具为一棺一椁。墓主骨架已朽，葬式与性别不详。棺内东端头部置玉饰4件，骨架旁放一残骨器。在椁室的南侧有一木质的器物箱，放置随葬品57件，其中铜器59件，陶器8件。

M3规格小于M2，为长方形竖穴土坑墓。东西长5.6、南北宽5.5、深4.9米。有一棺一椁，棺内墓主人骨架已朽，葬式及性别不详。器物箱内放置随葬品29件，其中铜器19件，玉器3件，陶器7件。

6座墓葬中共出土各类文物103件，其中73件铜器中，有24件带有铭文，为研究考证该墓群的国属、墓主人的身份提供了可靠的依据。通过对东江墓群出土青铜器铭文的初步考释，发现的6座为春秋时期小邾国国君及其妻子的墓葬。

6座墓葬的方向大致相同。从保存完整的M2、M3的随葬品看，M2出土有剑、戈、镞青铜兵器，墓主可能男性，而M3无兵器，头部出土有玉贝饰，青铜方奁内置有玉玦、玉挖耳勺，墓主似为女性。所以，东江墓群应为三组夫妻异穴合葬墓。据

二号墓发掘现场

此，可以认为，M4虽然被盗严重，但在西南角二层台上出土了130枚青铜镞，其墓主应为男性，又从墓葬规格及排列位置看，它应为小邾国第一代国君郳友父之墓。M2出土有郳君庆铭文铜器，可知庆是郳友父的长子，为小邾国第二代国君，即M2的主人；M3的主人为郳庆之妻秦妊。另外，在M3中出土有郳公子害簠，害与庆不是一人，害无记载。他是小邾国国君之子，可能是小邾国第三代国君，即M5的主人，M6的主人应是郳害之妻。

在对小邾国贵族墓地进行勘探的过程中，又在墓地的北、西两侧发现了夯土城墙，即小邾国城址的北墙和西墙。遗址的东南部被河水冲刷，已遭破坏，故城址的面积不详。其中发现的北墙残长125米，西墙残长105米。经解剖，夯土墙顶部残宽10米，底部残宽15、高2.6米，土呈褐色，土质坚硬。墙体经夯打，每层厚薄不均。夯窝为圆形，圜底，直径0.08米。夯土墙外有护城河。夯土墙土质较纯，包含物少，在上层的扰沟内，出土有鬲、罐、豆柄、豆盘等陶器残片，从器形、纹饰特征判断，其时代为西周晚期或春秋时期，与贵族墓的时代吻合。因此，夯土墙很可能是小邾国的城墙。

铜簠

铜匜

墓地西侧夯土墙发掘现场

郳君庆铜壶

铜盨

铜提链罐

倪庆铜匜鼎

郝友父铜鬲

铜戈

铜罍

金父铜瓶

铜罍

虎纽铜方奁

铜盖鼎

逢国贵族墓地——济阳刘台子

刘台子遗址位于山东省济阳县姜集乡刘台子村西约200米处，地处鲁北黄河冲积平原南部，南距黄河10余公里，北临徒骇河2公里。遗址为一高出地面2.5米的阶梯状台地。面积约2万平方米。

该遗址是1957年文物普查时被发现的。1967年发现了一批铜器和瓷器，应出自墓葬。1979年、1982年、1985年对遗址进行了三次发掘，共清理西周墓葬4座，皆是土坑竖穴墓。

2号墓有棺有椁。二层台上有红黑相间的丝织物印痕，其上放置陶器2件，铜礼器5件。其中簋2件，均有铭“夆彝”；鼎1件，腹内壁有铭，作“季作宝彝”；鬲1件，觯1件，腹内底部有铭，作“京”。二层台上放置数件玉石饰，最重要的是还有一对獐牙。墓主骨骼遍沾朱砂。上身及口内随葬玉器6件，串饰1挂，足部有贝饰77件。足尖处有小河卵石16粒。3号墓墓底有殉狗腰坑，墓主下肢与上身分离，当为迁葬。随葬器有铜鼎、簋、戈、青瓷豆及玉戚、玉人等。4号墓墓主为一少年，也是二次葬。3号、4号两墓所出铜器中有1件铜簋有铭“夆彝”；另有2件铜鼎有铭，其中1件铭作“王季乍宝鼎”。6号墓是一座保存尚好的大墓。土坑竖穴。墓口长6米，宽4.3米，深4.5米。一棺一椁，棺下铺满朱砂，无腰坑。在北二层台、椁室北端和棺内放置随葬品共1907件，其中铜器24件，分别为圆鼎、方鼎、簋、鬲、甗、爵、觯、尊、盉、卣、盘、铃等。其中方鼎有象鼻状的四足。陶鬲、罐各2件，瓷罐1件。另外还有陶管状饰、玉器、琮、璧、璜、玉戈、玛瑙珠、绿松石珠、青玉珠、石器、骨器、卜骨、蚌器、海贝、蚌泡等大量文物。该墓少有兵器却有大量玉饰，表明墓主可能是女性。圆鼎有铭，作“王姜乍……姒宝尊彝”。

刘台子6号墓是山东地区至今所见规模最大、随葬品最丰富、铜器组合较全、玉器种类较多、保存程度较好的西周前期大墓。其年代被推定为周昭王时期。而由于该墓地迄今共先后出土9件铜礼器上铸有作为国族徽号的“夆”字标识（夆即逄，同逄），所以可以认定这是一处逄国的贵族墓地。

《左传•昭公二十年》载：“齐侯至自田，晏子侍于遄台……晏子对曰：‘……昔爽鸠氏始居此地，季荝因之，有逢伯陵因之，蒲姑氏因之，而后太公因之……’”遄台，据《临淄文物志》考，在今临淄区齐都镇西北部。晏子所云，应指今临淄及其周边这一广大地区。由此看来，逢为夏商时山东的旧国。然被蒲姑氏取代后，逢又迁向何处呢？刘台子墓地正好为这个问题作出了回答。传世的逢器还有逢白甗、逢莫夫卣等。出土于滕县的有逢叔匜、逢叔盘、逢叔敦等，这是逢叔嫁女的媵器，其年代约为春秋中期。由此看来，直到春秋中期，逢国仍然存在。

铜象首足方鼎

铜盉

青瓷罐

玉鸬鹚

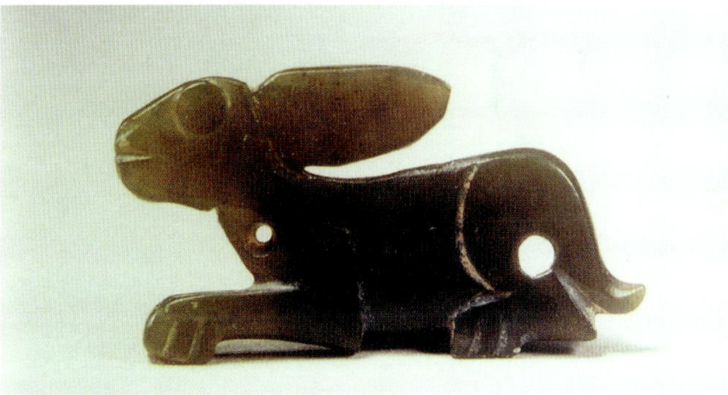
玉兔形佩饰

铜鼎

凤纹玉刀

玉戚

第五章　统一帝国——秦汉考古成就

一、星光闪烁——山东的秦代文化

秦代是我国历史上第一个中央集权制国家。始皇二十六年（公元 前221 年），秦将王贲攻齐，得齐王建，灭六国，完成统一大业。秦对山东地区的统治时间较短，而我们对于山东境内的秦代文化或秦文化因素尚缺乏足够的认识，因此这一时期的遗迹、遗物发现较少。但是秦始皇东巡，留下了流传千古的著名文化遗存，发现的秦代量器、石刻等文物也从不同方面反映了秦统一中国的伟大业绩。

为了彰显君威，臣服天下，秦始皇先后五次东巡，其中三次来到山东。“二十八年，始皇东行郡县，上邹峄山，立石，刻石颂秦德。上泰山，立石，封，祠祀。禅梁父。……过黄、腄，穷成山，登之罘，立石颂秦德焉而去。……南登琅邪，留三月，徙黔首三万户琅邪台下，作琅邪台，立石刻，颂秦德，明得意。”“二十九年，始皇东游，登之罘刻石”。“三十七年，始皇出游。北至琅邪，……自琅邪北至荣成山，弗见。至之罘，见巨鱼，射杀一鱼。遂并海西。……至平原津而病”，返回都城的路上崩于沙丘平台。

东巡时在各地所立纪功刻石，内容主要是称颂秦始皇的丰功圣德，《史记•秦始皇本纪》多有记载。刻石字体为小篆，相传为李斯撰写。主要有《峄山刻石》、《泰山刻石》、《琅邪刻石》、《之罘刻石》，但流传至今的仅有《泰山刻石》和《琅邪刻石》。《泰山刻石》亦称《封泰山碑》，秦二世元年（公元前209年）刻。花岗岩质。现存残石高115、宽53厘米。原系秦始皇二十八年（公元前219年）登泰山时所立，石分四面，三面为秦始皇时所刻，内容见《史记•秦始皇本纪》；一面为二世元年东行郡县时所刻的诏书和从臣姓名，均为李斯篆书。宋大中祥符年间，真宗封泰山，兖州太守献拓本，40余字，与欧阳修《集古录》所载同，仅拓一面。大观年间，刘跂至泰山顶见四面有字，拓以传世。《琅邪刻石》，清代阮元《山左金石志》记载《琅邪刻石》说，用工部营造尺测量，石高一丈五尺，下宽六尺，中宽五尺，上宽三尺，顶宽二尺三寸，南北厚二尺五寸。根据阮元描述的情况，很类似传世的秦刻石鼓。据清初拓本，仅存二世诏书86字。残石现存中国历史博物馆。

琅邪台是古代东方地区著名的遗址，据文献记载，越王勾践灭吴之后，为了代替吴国霸领诸侯，占领被吴国战败的齐地，从会稽徙都琅邪，建立新的霸业基地，并在城的东南琅琊山上筑琅邪台。遗址位于胶南县夏河城东南五公里处，三面临海，海拔183米，呈船状起伏于众山之上。琅邪台之得名是由于“盖海畔有山，形如台，在琅邪，故曰琅邪台”。琅邪故城就是今天的夏河城。秦始皇统一中国之后，东巡郡县，敕令夷平旧台另筑新台，并“大乐之，留三月，乃徙黔首三万户于琅邪台下”，“立石刻，颂秦德”。现在，秦始皇刻石已毁，秦二世刻石尚存，是我国最早的刻石之一，也是我国现存最可信的秦代刻石之一。后来秦始皇数临琅邪。到西汉，琅邪台仍

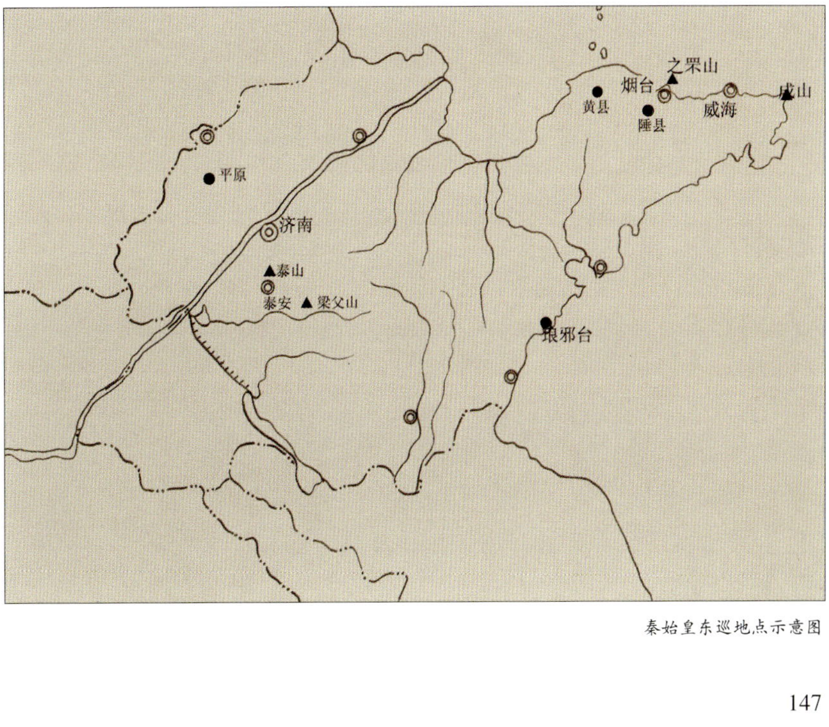

秦始皇东巡地点示意图

具有重要的战略地位，汉武帝于元封五年和太始三年两次登临琅邪，之后历代帝王登临琅邪者屡见不鲜。由历年调查情况来看，琅邪台遗址状如小山丘，台顶往下土层三十米深，遗址内秦砖汉瓦随处可见，出土过完整的“千秋万岁”秦代瓦当以及陶器、铜器、钱币等遗物，还发现有陶质双管地下管道等遗迹。

秦代在山东地区的统治时间较短，发现的秦代文物较少，主要有银盘、铜斧、量器、诏版等。秦诏陶量，邹县（现邹城市）邾国故城出土。秦始皇廿六年（公元前221年）量器，容量2000毫升（小米）。腹部印诏文20行40字，文为“廿六年，皇帝尽并兼天下诸侯，黔首大安，立号为皇帝，乃诏丞相状、绾，法度量，则不壹，兼疑者皆明壹之”。秦铁权，文登茼山乡新权村出土。铁权呈馒头形，顶上铸半圆形纽，平底。权侧镶铜诏版，刻诏文9行40字：“廿六年，皇帝尽并兼天下诸侯，黔首大安，立号为皇帝，乃诏丞相状、绾，法度量，则不壹，兼疑者皆明壹之。”邪侯印封泥：秦代官印封泥。印文为篆书“琅邪侯印”。秦设二十级爵，彻侯是第二十级，有封国食邑，食县者改县为国。琅邪侯即食琅邪县（在今胶南县琅邪台西北）之彻侯，封泥为其官印封泥。二世元年铜诏版，邹县邾国故城遗址出土。诏版呈长方形，长9.9、宽7厘米。四角各有一圆孔，左上角残缺一块。其上铭文为：“元年制诏丞相斯，去疾，法度量尽始皇帝为之，皆有刻辞焉。今袭号，而刻辞不称始皇帝，（其於久远）也。如后嗣（为之者。）不称成功盛（德。刻此）诏故刻左，使（毋疑）。”铜斧，沂南县任家庄村民在阳都故城发现。身上部右侧近銎部有铭文12字：“廿四年，莒（阳）丞寺，库齐，左平，胾。”“廿四年”即秦始皇二十四年，“胾”即“阳”。《汉书•地理志》阳都注引应劭曰“齐人迁阳，故阳国是”。阳都，汉置县。秦代文物在此属于首次发现。银盘，临淄大武齐王墓出土。银质鎏金，内底饰盘龙纹，腹部饰龙凤纹。盘外底及边沿下部有铭文47个，为秦始皇三十三年造器。

银盘

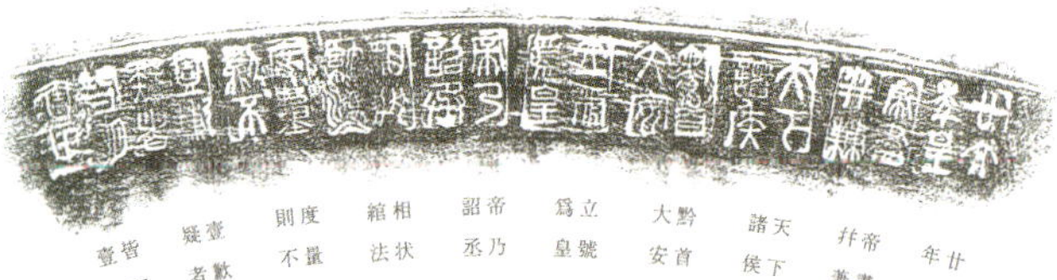

秦诏陶量

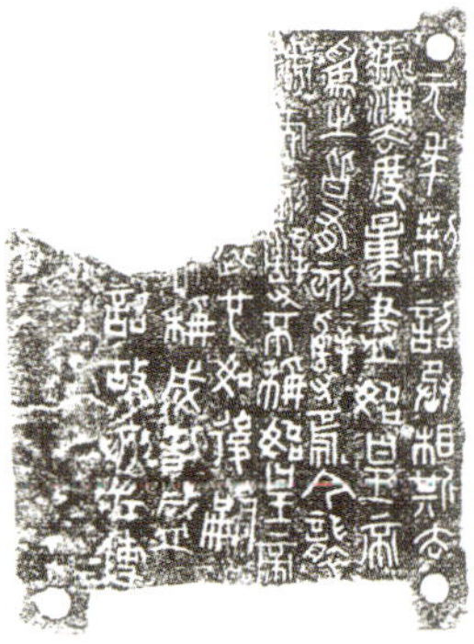

（銘文）
元年制詔丞相斯、去
疾、法度量盡始皇帝
爲之，皆有刻辭焉。今襲
號，而刻辭不稱始皇帝，
（其於久遠）也。如後嗣
（爲之者）不稱成功盛
（德。刻此）詔故刻左，使
（毋疑。）

秦二世元年诏版

二、五彩缤纷——山东的汉代文化

汉代是我国封建社会高度发展的时期，中央集权统治，社会秩序相对稳定，农业、手工业、商业快速发展，经济繁荣，人民生活水平得到了提高。当时社会生产、生活状况，在汉代的遗址、墓葬以及碑刻等方面均有所反映，较之历史文献记载，有了更为直观的表现。30年来的考古工作，让我们揭开历史面纱，穿越时空隧道，接近汉朝，了解汉代人的真实面貌。

汉朝实行分封制，皇帝的兄弟、子孙或有功之臣分封到各封国为王；在全国实行郡县制。封国与郡县是当时各地的政治经济中心，与之相关的城邑，是当时城市发展的集中反映，而封国、郡、县也是当时山东地区官吏、士族、豪门的集中居处地。因此，与之相关的城址、陵墓或大型墓葬的考古，是汉代考古的重要组成部分。在20世纪六七十年代曲阜汉代故城考古的基础上，对章丘东平陵城、费县故城等城址进行了考古调查、勘探和试掘工作，对汉城的结构、构筑方法、城内布局等有了初步的认识，并发掘了大量的珍贵文物。对汉代封国陵墓的发掘，初步搞清了封国陵墓的结构、布局、规模及其埋葬习俗，临淄大武齐王墓的勘探、发掘，显示王陵规模宏大，随葬品丰富，仅5个随葬坑有上万件随葬品出土。罗庄汉墓与济北王陵的发掘，出土了大量的金银器、玉器、青铜器及错金银的车马器，再显封国王后当年衣金食玉、富如帝王的雄厚实力。危山兵马俑坑与墓葬的发掘，彩绘人俑与陶车马的成组出土，一派主人当年浩荡前行的盛大场面。罗庄汉墓、济北王陵、危山兵马俑坑与墓葬的发掘，被评为当年的中国十大考古新发现之一。考古工作者，不仅重视对墓葬本身及其出土遗物的科学清理发掘与保护，对墓葬周围的殉葬坑、墓上封土结构、墓葬的平面布局等问题也进行了深入的探讨。苍山县金山汉墓的发掘，在墓葬东侧墓道之上清理出了享堂、寝园等设施，为墓葬地面建筑及葬后祭祀行为的探讨，提供了新的资料。

随着山东地区基本建设的快速发展，配合基建的考古工作也取得了巨大的成就。清理发掘的汉代小型墓葬有七千余

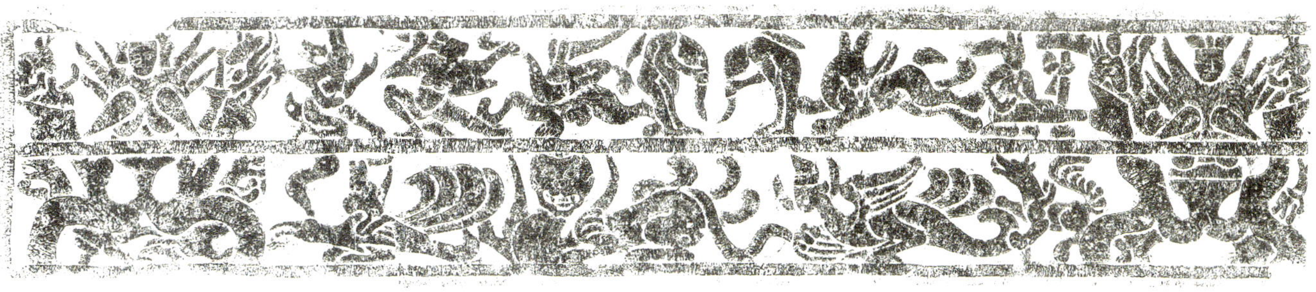

车马出行图

座，并发现了保存较好、引人注目的精美文物。日照海曲墓地出土了大量色彩艳丽、花纹繁缛、镶嵌金银的华美漆器、刻划陶器、漆衣陶器以及保存完好的木棺，再现汉代文化辉煌。东平物资局壁画墓及大量汉画像石墓的发现，把汉代人生活、生产、祭祀场面以及汉代人对天堂、阴间的幻象勾勒出来，让我们更为直观地了解汉代人的生产、生活和思想世界。对一些墓地的大面积清理和发掘，诸如滕州市东小宫墓地，发现墓葬300多座，费县西毕城墓地清理墓葬近1700座，较之过去的零散清理， 为探讨墓地布局、墓葬之间的关系以及墓葬反映的社会状况，积累了丰富的资料。而随葬品的全面收藏，为山东地区汉代考古的区系类型研究创造了条件。对鲁南地区发掘的八处汉代墓地的整理研究而形成的《鲁中南汉墓》一书，是近年来山东地区汉代墓葬发掘与研究成果的反映。在费县西毕城2003年的清理发掘中，尝试用大面揭露的方法对小型墓葬进行清理，通过剖面，确定了墓葬的埋葬早晚，并发现了烧土祭祀坑，是汉代小型墓葬发掘方法的新尝试。

近年来，山东汉代考古的整理与研究工作不断深入。画像石的整理和研究是山东汉代考古的重点，出版了《山东汉画像石选集》、《临沂汉画像石》、《安丘董家庄汉画像石墓》等一批报告、图集，而《试论山东汉画像石的分布、刻法与分期》等研究论文和文集的发表，对山东汉画像石的分布、年代、雕刻技法、内容及其所反映的社会状况都进行了深入的探讨；大量铁器及铁范的发现，促进了对山东汉代的铁器制作及农业生产的研究；精美漆器的不断发现，使山东成为我国北方地区漆器的重要发现地，对漆器的发现状况、漆器的产地、山东的漆器生产及其与南方漆器的联系进行了分析；对山东汉代铜镜的专题研究工作进展顺利，对铜镜的分期、分区及铜镜的制作工艺进行了研究，2007年在临淄召开了国际镜范研讨会，国内外学者齐聚一堂，从不同角度对铜镜的制作进行探讨。2004年8月，中国社会科学院考古研究所、山东省文化厅和济南市人民政府共同举办的“汉代考古与汉文化国际学术讨论会”在章丘召开，出版的《汉代考古与汉文化国际学术研讨会论文集》是会议讨论研究成果的结晶。

庖厨图

保存最好的汉代城址——章丘东平陵城

平陵城遗址位于章丘市龙山镇阎家村北，西距著名的城子崖遗址约2公里。城址呈正方形，边长2000米，城内总面积400万平方米。四周城墙保存较好，东墙、南墙部分墙体残存高达7米，当年围城以守护，规模犹存（图二、2）。城内只有农田，没有村庄，成为山东省保存最好的古城址，也是全国保存最好的古代城址之一。现为山东省重点文物保护单位。

1928年，中国第一代考古学家吴金鼎先生对平陵城进行了首次考古调查，同年4月又第二次到平陵城进行调查，采集到一些遗物，并写成了《平陵访古记》。20世纪30年代城子崖发掘时，著名考古学家董作宾先生对该城址进行了详细的勘探。

其后，考古工作者对东平陵故城进行了大量的考古调查和试掘工作。1975年在配合农田基本建设过程中进行的考古调查，采集到大量的实物资料，同时进行了勘探和小规模的试掘工作。参加这次调查工作的有原山东省博物馆、泰山管理局、章丘县文化馆等单位，采集、征集到一大批陶器、铁器、铁范、铜器、钱币、石器以及砖、瓦、瓦当、空心砖、花纹铺地砖等建筑材料和构件。在试掘中还发现冶铁炉等重要遗迹现象。

为解决城址的年代、结构、布局等问题，2001年秋，山东

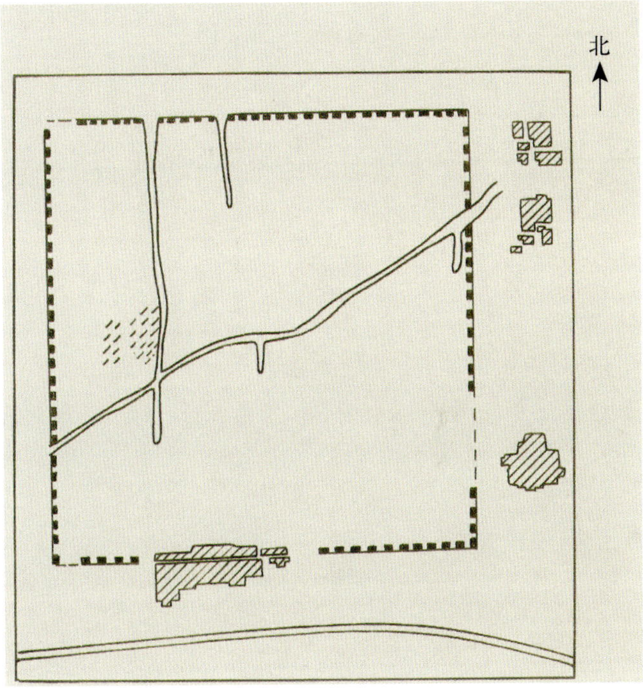

平陵城

北墙西端

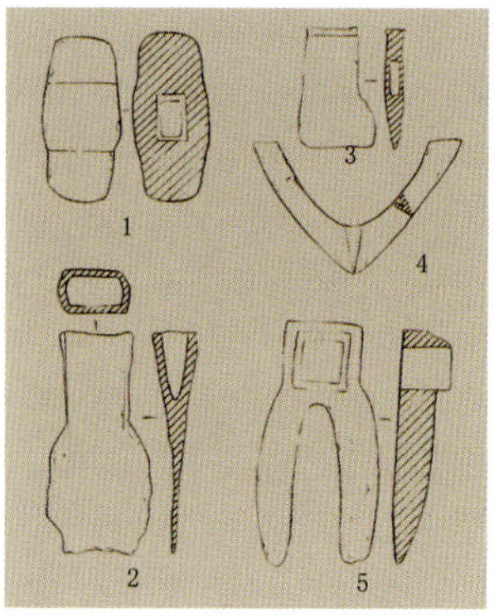

铁器

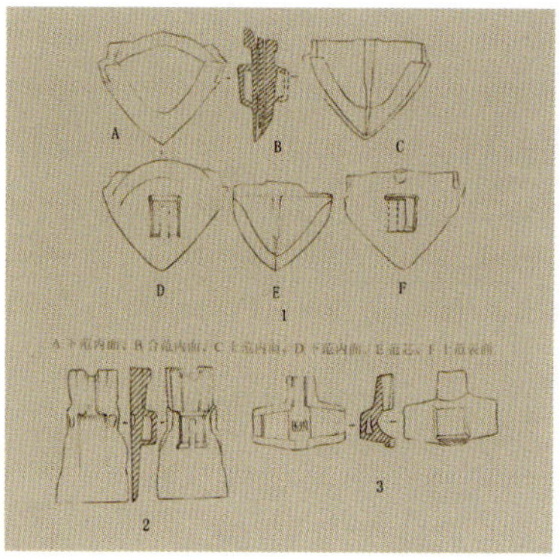

铁范

省文物考古研究所、章丘市博物馆对东平陵城遗址进行了大规模的调查、勘探、试掘工作。

勘探初步确定，城墙外侧有宽约43米的城壕，深度在4米以上。在城墙的东西墙分别找到一个城门；在城中部有一条东西干道和两条南北向道路；在城内西侧偏南处，也就是俗称“铁十里铺”的地方，发现大面积冶铁遗址，确定了冶铁遗址的位置；在城内中部偏北发现大面积夯土台基，俗称“殿基地”，可能与宫殿区有关；另外还发现其他手工业作坊等遗址、遗迹的线索。

试掘工作主要对南北城墙进行了解剖试掘。通过发掘，搞清了城墙的构筑方式、结构，大体确定了城墙的建筑时代。其中南城墙基宽30余米，残存高度7米，系直接在原地表上起建。城墙共经过7次修筑才形成现在残存的规模。根据地层关系，城墙经过了三个时期的修筑：第一次大规模修筑是战国时期；第二此为两汉时期；第三次可能是汉代以后人们对城墙又进行了修建。对城墙的结构和构筑方法也有了认识：用横向、纵向和立向的原木相互构连，然后分层夯土，形成坚固耐用、数千年屹立不倒的城墙。木头的作用如同现今的钢筋，至今城墙侧面可见木头腐朽遗留的洞孔。

平陵这一地名起源比较早，在春秋时期，就有平陵的记载。到战国时期，平陵已经有了城市。大概谭国被灭后，由于该地地理位置的重要，其中心移至平陵城了。到西汉，平陵城一带为吕台的封邑。吕后死后，刘氏剪除诸吕势力，济南郡复回齐国。汉文帝十六年（公元前154年），文帝接受贾谊“众建诸侯而少其力”的主张，分齐为六国，封齐悼惠王子辟光为济南王，平陵城始为王都，并大兴土木，修筑宫室城墙。其辖县十四，首列东平陵。东汉初年，光武帝又恢复济南国，封其子刘康为济南王。西晋初年，郡治西迁历城，东平陵县废；后魏亦置平陵县，仍属济南郡，北齐废；唐武德二年复置，属谭州。贞观初谭州废属齐州；元和十年（815年）并入因历城县。至此，东平陵经历三置三废。

平陵城最为兴盛的时期是两汉，从刘辟光封济南王就在此大兴土木，之后又经过多次的大规模修筑，已为考古资料所证实。它是汉代东方地区一个非常繁华的城市，其中最重要的当属冶铁手工业。近年来，在济南地区有许多与东平陵城有关的发现，其中最重要的是洛庄汉代墓葬及危山兵马俑坑的发掘，这两处墓葬都是西汉早期分封至济南国的王侯墓葬。

通过对东平陵城长时间、大面积的考古勘探及试掘工作，对城内布局、城墙结构、城墙的修筑年代有了初步的认识，对研究汉代城市、经济、文化有着重要意义。

北墙远景

北墙夯5外皮木骨

依山傍水统一方——费县故城

费县故城位于费县上冶镇毕城村、古城村、宁国庄及其周围。据《续山东考古录》记载，费县故城为“周、鲁费邑”、“战国，费盖自为小国”、“汉费县，即周之费邑”、“晋、徐州琅琊郡费县”。这里周、鲁为费邑，战国为小国，汉代为费县县城，晋时迁至今费县县城。

2002年夏天至2003年春天，为配合日照—东明高速公路建设，山东省文物考古研究所、费县文物管理所对故城进行了重点勘探和试掘。在故城南、西城墙各解剖探沟一条，北墙解剖探沟2条，小城东墙解剖探沟一条。在城内解剖东西向古代道路2条。另对城内2处遗址进行了试掘。发掘面积1000余平方米，在城北外侧清理汉代墓葬72 余座。通过勘探、试掘工作，基本弄清了城址的布局及物质文化面貌。

费县故城东、南临浚河，西、北凭依丘陵高地，依自然地形、借地势之险构筑而成。 城为不规则的南北长条形，南北长2000余、东西宽约1000米。城墙除东墙北段、北墙东半部及周代北墙的东部保存较差，地面不好辨认外，其余部分保存较好，有的地方城墙残存高达5米。东墙南段外侧现存宽深的沟壕。城门情况还不太清楚，根据目前调查，城的四面可能各有一门。根据解剖情况，城内遗存分为两个大的时期，东周时期的城墙南北距离1500米左右，北墙、西墙依山岭之势修建，城的西北部筑有小城（宫城），基于防御需要，周城西北角筑台防守。到了汉代，对周代的东、南、西墙在原基础上加宽增高，重新修建。北墙向北侧外移，在岭子北侧地势低平的地方重新修建，使城的范围扩大，南北城墙距离2000米。不同时期城墙的构筑方法有差异，周代城墙在夯土内铺垫与城墙垂直的长木，然后垫土夯打，这时期用成捆的棍棒进行夯打，夯窝直径小而深。汉代夯筑城墙时，有的部位也用木构勾连加固，其夯具为金属夯，直径七八厘米，夯窝较平。

夯土台位基于古城村北部，东周小城东墙的内侧，东距小城东墙仅20米。台基南北长48. 5、宽12.6~14米，现存台基高20厘米左右。夯土台基平面呈“日”形。有两个下凹式内庭，夯土台基的中部有一条石头砌筑南北向的排水沟，排水沟的南端

南墙

伸出台基3米左右，台基南侧由排水沟引出陶排水管一条。排水沟废弃后，在北侧内庭、石排水沟之上，夯打宽约2米的东西向夯土，可能在上面又修建了其他的建筑。南侧内庭发现大量的板瓦等。根据构筑方法、内庭出土物、夯土包含物，这片夯土台基使用的年代约在春秋晚期至战国晚期。

在毕城村西侧墓地共发掘墓葬72座。这些墓葬保存完好，均为小型墓葬。墓葬为长方形竖穴土坑墓，有的有龛或生土二层台。有的墓前发现有烧坑（祭祀坑）。葬具为单棺、一棺一椁，有的椁外有器物厢。葬式为仰身直肢葬。南区多为南北向墓，除一例头向南，余者头向北。北区有南北向和东西向墓。墓中随葬有陶器、铜器、铁器、石器等，陶器有罐、壶、鼎、樽、甑、釜、盆、灶、厕所、猪圈等，多放在棺椁外侧或台上，有的放在器物箱内。铜器有镜、刷、铜钱等，铁器有剑、环首刀等，石器有璧、口含、环、研磨器等，铜器、铁器、石器放在棺内。墓葬时代为西汉中期到东汉中晚期。

墓地的发掘，特别是烧坑的发现及清理，为研究鲁东南地区的丧葬习俗提供了新的材料。城墙的解剖与古代道路的揭露，对于确定周代城墙、汉代北侧外城的范围及城内的布局有着重要的意义。大型夯土台基的发现及其性质的确定，对于研究故城的结构有着重要地意义。与其他汉代城址一样，费县故城经历东周、汉代两个时期，由于目前对汉代县城做的考古工作较少，因此该城址的勘探发掘及取得的成果就显得十分重要。

西城墙

南墙探沟

北墙探沟

钟鸣鼎食王者风——章丘洛庄济南国王陵与殉葬坑

洛庄汉墓位于章丘市枣园镇洛庄村西1公里处，西距东平陵故城约6公里。1983年被公布为章丘县文物保护单位。墓葬现存封土最高处距原地表不足4米，有近三分之一的面积因取土过多，已低过原地表2米多。从残存封土堆范围推测，原封土面积约1万多平方米，高近20米，可见原来墓葬规模之宏伟。

1999～2001年，济南市考古研究所、章丘市博物馆、山东大学、山东省文物考古研究所等单位联合连续两年对墓葬进行了勘探、试掘工作。通过勘探、试掘，已清理陪葬坑和祭祀坑36座，出土各类文物3000余件。该墓葬陪葬坑和祭祀坑的发现，引起了考古学界的高度重视，在社会上也造成了很大的反响，受到社会各界的广泛关注，被评为“2000年全国十大考古新发现”之一。

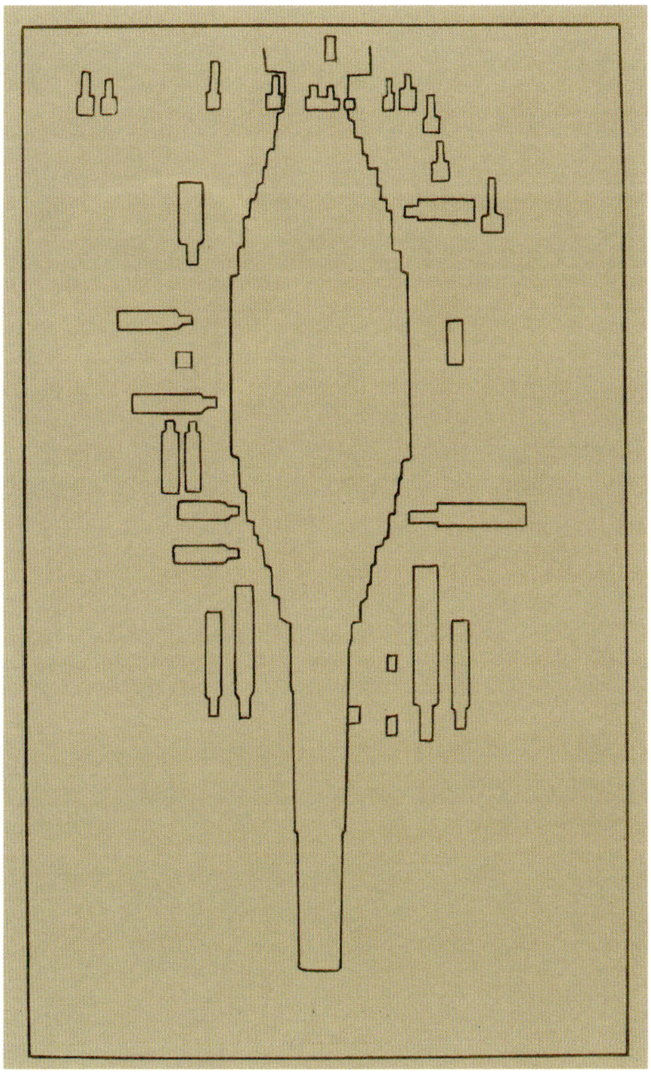

墓葬及俑坑平面图

经勘探，该墓主墓室呈东西向，平面结构呈“中”字形，有东西两条墓道，东墓道长80米以上，西墓道长约40米。墓室平面略呈方形，由地上和地下两部分构成，其中地上墓室长约37、宽约35米。墓葬封土夯筑而成，残存最高处距原地表3米左右。

发现的36座陪葬坑和祭祀坑分布于墓室周围。1999年发现的9座陪葬坑位于墓室和墓道南侧，成列或成行分布。陪葬坑平面均呈“凸”字形，窄而凸出的部分为台阶状入口。整个陪葬坑的结构为坑道式，坑底四周铺有木地龙，其上每隔一段有一立柱，立柱之上用木梁相连，再在其上用圆木横向封顶。有4座陪葬坑被破坏殆尽，其余陪葬坑虽也有不同程度的破坏，但仍出土各类文物400余件。陪葬坑的种类有出行仪仗坑、兵器坑、仓储类陪葬坑等。其中在5号坑的北部出土铜器90余件，种类有鼎、盘、匜、勺等，多带有“齐”字铭文，该坑的其他部分还出土大量的漆器和陶器。

青铜鼎

青铜勺

青铜錞于

2000年又在墓室北侧和东西墓道两侧及墓道上部发现陪葬坑和祭祀坑20余座，其中以大型车马坑和乐器坑的发现最为重要。

11号坑为车马坑，它的全长已超过30米，开口部宽度近5米，是所有已发现的陪葬坑中规模最大的。根据发现的木桩痕迹，粗略算了一下，为了建这座陪葬坑，用了100多根长约4米的木柱密集排列作顶梁，约60根直径30厘米的木柱作两侧立柱，还有总长度超过110米、直径30多厘米的木柱作地龙骨、顶部纵梁，加上10余根封门柱，此坑所用木料也可称不菲了。坑内发现3辆实用真车，其中一辆立车，车马器具齐全；1号马车的形制和结构几乎与秦陵1号铜车完全相同。

14号陪葬坑为乐器坑，位于主墓室东北部，南北向，入口朝南。通长22、宽4、深2.8米。坑内随葬品由北向南可分为三区。A区为弦乐区，主要发现7件瑟，这些瑟南北向横置于圆木支成的架子上。B区主要为敲击乐器，发现建鼓痕迹一件，悬鼓及支架两套，扁圆形小鼓4件。特别重要的是，在B区东侧南北向竖立着一架由錞于、钲、铎组成的乐器架。C区绝大部分为打击乐器，主要是编钟1套、编磬6套，另有3件瑟钥和极为罕见的8件球形铜铃。坑内随葬乐器分为弦乐器、敲击乐器和打击乐器，其中出土的6套编磬共107件，相当于已发现西汉编磬的总和。

发现的祭祀坑全部位于东西墓道的上方及其南北两侧，其中大部分位于西墓道南北两侧，共分为二层。第一层在西墓道南北侧较远处，坑的平面均呈“凸”字形，随葬品主要是陶器和木俑；第二层位于东西墓道的南北两侧，形制结构与第一层基本相同，随葬品种类较多，有漆器、木俑、兽骨、朱砂等，其中东墓道的4座小坑各埋一匹马。

洛庄汉墓的陪葬坑中有4个陪葬坑内发现了“吕”字开头的30余枚封泥，绝大部分保存较好。印面内容有“吕大官印”、“吕内史印”、“吕大官丞”和“吕大行印”四种。据《史记》、《汉书》中记载，汉代只有吕后执掌实权时分封过吕国。高后元年（公元前187年），吕后以济南郡封吕台，都东平陵，辖济南郡。吕国存在时间仅有8年，而以东平陵城为都只有7年的时间。这8年中先后共有4位国王，其中吕台为第一位国王。发掘者认为，洛庄汉墓的年代可以较为准确地定在公元前186年或稍后，其墓主便是第一代吕王——吕台。

尽管该墓葬的主墓室尚未发掘，但已发现和发掘的36座陪葬坑和祭祀坑为目前汉代诸侯王陵中数量最多的一座。发掘工作引起了社会各界的关注，许多媒体对发掘工作做了大量的报道。墓葬陪葬坑和祭祀坑发掘后，济南市博物馆对发掘的文物进行了陈列展示，其中最引人注目的是墓葬中出土的钟鼎礼器。一些音乐学者对出土的乐器进行了研究，并利用钟、磬演奏各种音乐。悠悠汉乐，涤荡着洋洋洒洒的汉代之风。

金当卢

青铜辕饰

青铜兽饰

青铜马镳

石磬

青铜轭角

青铜钮钟

青铜甬钟

车马威仪显声赫——章丘危山王陵与俑坑

危山汉代墓葬与陪葬坑，位于章丘市圣井镇政府所在地的南侧海拔200多米的危山北坡山脚下。危山地处平原与山区的交接处，明代诗人李开先章丘八大景诗中有“高耸危山圣井清”的诗句，将危山列为章丘八景之首。据当地老人回忆，抗战以前的危山古木参天，庙宇成群，碑碣林立，有“小泰山”之誉。传危山的古建筑始于汉代，盛于明清时期，据残存的石碑记载，宋代、明代曾多次维修。

俑坑全景

2002年，胜井镇政府在对危山风景区进行绿化时，发现一陪葬坑。山东省文物考古研究所、济南市考古研究所、章丘市博物馆对危山汉代陪葬坑进行了清理发掘。共发现陪葬坑三座（其中一座遭破坏），汉代小型墓葬一座。墓葬的发掘被评为“2003年全国十大考古新发现”之一。

一号坑南北长约9.5、东西宽1.9、深0.7~0.9米。有生土二层台，台上搭盖板。坑内摆放的车马、兵俑自南向北排列，应是反映汉代贵族出行的队列形式。在陪葬坑的南侧，有4个站立俑；东西两侧，各有10个站立的陶俑。这24个立俑均面向骑兵队列；紧挨南侧立俑的是5个骑俑，各骑一匹带红色彩绘的马。第一排骑兵的后面是第一辆陶车，陶车前有四匹拉车的马，上施白色的彩绘。陶车有陶质车盖，车盖背面有红色的彩绘。在车厢内，有一陶立俑，当是乘车者或御者（赶马车的人）。由于车厢塌陷，立俑移位而面向后。车的两侧是骑兵。

立俑

骑马俑

俑坑局部

建鼓清理场景

在第一辆车的后面，是两排骑兵。前一排骑俑的身体较大，后一排骑俑形体相对较小。两排骑兵后是第二辆车，车前有四匹彩绘成红色的马。车有车横、车轭、车辕、车厢、车轮等部分组成。车厢上有红色的彩绘，前侧有扶栏，从车厢内构件看，应有其他质料的车棚。第二辆车的后侧是一排骑兵。骑俑的形体相对较小。

骑兵队列后是第三辆车。第三辆车由四匹黑彩马拉车，马身上有红色彩绘线条。车的形制与第二辆车大致相同。

第四辆车紧随其后，是一辆双辕车，拉车的是一匹白色的马。第四辆车由车辕、车轭、车厢、车轮、车盖等构成。车厢上有红色的彩绘，用细刻划双线在车厢画出方格网以表示车厢的结构。在车厢内发现一个跪姿陶俑，应是御者，形态及姿势与前三辆车中站立的陶俑有明显的区别。

在第四辆车的后侧是鼓乐队伍。放在突出位置的是一个建鼓和击鼓俑。建鼓由底座、大鼓和四个小鼓组成，表面有鲜艳的多色彩绘，鼓的后侧有一击鼓俑，击鼓俑的右手后摆，左手摆至胸前，造型生动，神态逼真，呈击鼓状。击鼓俑的后侧是一排立俑，由四人组成。这四个陶俑较后面的兵俑形体高大，衣着也有不同，在他们身前发现有陶磬，因此判定他们应为击磬俑。

鼓乐队伍的后面是一个由100个陶俑组成的步兵方阵。这些步兵俑在陶俑中形体最小，高度大致在40厘米以上。步兵俑的身前多摆放着盾牌。

一号坑内共出土172个陶俑、55匹陶马、4辆陶车、60余件盾牌，另有车、马、俑的构件和鼓、璧、珠等。

二号坑位于一号坑的西侧，南北长3.3、宽2.6、深1.4米。有砂岩二层台，台上用东西向原木铺成盖板。坑底东南角有一辆双辕车，车前4匹彩绘马，马东侧及车厢内分别有一立俑和跪俑。车北摆放5立女佣。坑底部发现12个木箱，箱内遗物无法分辨。

陶马

立俑

击鼓俑

俑坑清理场景

一号墓位于二号坑的南侧，长3.3、宽3.1、深2.85厘米，为二人合葬。葬具为木棺。东室为石椁墓，石椁长2、宽1.14米、高1.06米。石椁外侧有壁纹，内有木棺。石椁两侧有边箱，东边箱随葬兵器，有弩机、箭、弹丸等；西边箱随葬生活用品，有陶罐、陶壶、漆壶、漆盘等。墓葬可能与发现的陪葬坑有一定的关系。

为了解危山车马坑的性质，2003年春天，对危山的北坡进行了详细的勘探，弄清了危山顶上墓葬的规模，发现了三座烧制车马俑的陶窑及部分陪葬墓，并对其中的一些遗迹进行了发掘工作。

山顶大墓，应为王陵的主墓室。封土现存部分呈圆形，高7米，封土直径约50～60米。墓室为"甲"字形竖穴岩坑墓，墓道向北。墓室大致为方形，边长约24米，四周或有台阶。墓道宽12、长40余米。墓葬没有发掘。

车马俑制作区，位于危山的半山腰。共发现烧制车马俑的陶窑三座，窑内及周围发现的残破陶俑与一号坑基本一致，说明危山兵马俑是在这几座陶窑内烧制的。在半山腰发现大量陶俑、车、马的残片，有的还保留有彩绘，这些残片成堆放置，应是从不同的陪葬坑中挖出的（20世纪五六十年代，人们在平整土地时破坏了许多车马俑坑）。因此，在山北坡的中部，除陶窑外，还应有多座车马俑坑。

根据勘探发现的种种迹象分析，我们认为，危山王陵为西汉早期济南国国王刘壁光的墓葬。据《汉书》记载，汉文帝时封刘壁光为济南国王，汉景帝三年，刘壁光参与七国之乱，兵败被迫自杀。此后，济南国除。清道光十三年修《章丘县志•古迹考》载："平陵王墓在县西南四十里危山之巅，墓旁有祠。"当地民间传说，刘辟光自杀后，汉景帝命人将之葬在危山。

烧造陶俑陶窑

金光银色玉安魂——长清双乳山济北国王陵

双乳山汉墓位于济南市长清区归德镇双乳山村的东南侧，是西汉济北国诸多王陵中的一个。双乳山，以前谓之双乳峰山，是一座较为孤立的石灰岩小山，其自然形状就像是一座巨大的半球状封土坟头，相对高度20多米。在双乳山山顶上，东西并列两个大封土堆，形状极似成熟女性之双乳，由此民国以后取名双乳山。

1995年10月，山东省文物局、山东大学考古学系与长清县文管所联合组建双乳山考古队，对墓葬进行了长达10个月的抢救发掘，编号为M1。出土了一大批珍贵文物，受到社会各界关注，并被评为“1996年全国十大考古新发现”之一。

墓葬位于双乳山顶部的东侧，由封土、墓室、墓道等几部分构成。

封土为覆斗状，由夯土、石块、石子、石碴等构成。中心部为夯土，周边为石块或土石混杂，或石子、石碴等。封土底边呈正方形，边长65米。高度不详，但据村民曾在其上开挖过地瓜窖的深度推算，应有10米左右。

墓室位于封土的正下方，墓道位于其北侧，朝向汉代济北国的都城——卢城。墓室、墓道平面大致呈“甲”字形竖穴式结构，但都有一较大的二层台，似双甲相套。墓室南北长25、东西宽24.3、深5米。靠近墓室北壁居中的墓室底部以下，为放置棺椁的椁室，椁室南北长10.6、东西宽9.3、深17米。墓道南北长60、东西宽14、深4米。与椁室内对应的墓道南北长60、东西宽6.8、深14米。墓室、墓道总面积1447.5平方米。墓室、椁室总深度22米，墓道最深处为18米。

葬具为二椁三棺。两椁之间由内椁向外延伸部分象征性分别间隔成头、脚和左右器物箱，但其间又相互连通。三棺相套，置于内椁之中。外椁的高度为4米，顶与墓道底相水平。靠近墓室的墓道底部，为外藏椁。外藏椁由木板构成，南北长31.55、东西宽3.4、高1.2~1.5米。所有葬具都经过油漆。人骨架一具，腐朽严重，已成粉状。从迹象观察，头向南，与墓道方向相反。骨架长1.8米。仅据腐朽的骨架是难以断定其性别的，根据身高尤其是其阴部的阴茎玉套看，墓主无疑是一位男性。

正藏椁、外藏椁的上部均为夯土，而且夯土极为纯净，都是拉线夯打、夯窝排列均匀。墓室、墓道内的其他空隙，均填以石子、石碴或石块，局部还填充黄土并用水浇灌过。

随葬品都集中在正藏椁和外藏椁之内。正藏椁的内外椁之间主要随葬日常生活用具和食物等，内棺中主要是玉覆面、玉璧等玉器和金饼等。外藏椁内则主要是放置车舆与马匹。共清理出土文物2000多件，种类有铜器、玉器、陶器、铁器和金饼等等。其中铜器1000多件，数量最多，铜器主要是日常生活器具和车具马饰两大类。生活器具有鼎、豆、壶、钫、盘、盆、勺、熏炉，等等。车具马饰除错金错银外，都经过鎏金处理。器形有车軎、车轭、马镳、马衔，等等。玉器有玉覆面、玉枕、玉璧、玉握、肛塞、耳塞、阴茎套，等等。陶器6件，器形只有罐一种。金饼20枚，重量共计4260多克。钱币20枚，均为西汉五株。漆器数量非常之大，可惜都已腐朽，只能辨其器形，其具体数量已难以统计。此外，还随葬有大量的家畜、家禽。

从双乳山汉墓墓葬形制及随葬品分析，墓葬的年代为西汉

青铜鼎

玉覆面

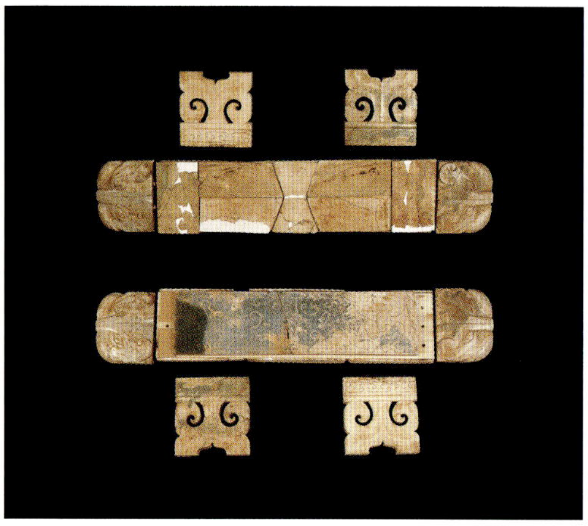
玉枕

玉璧

玉塞

玉罩塞

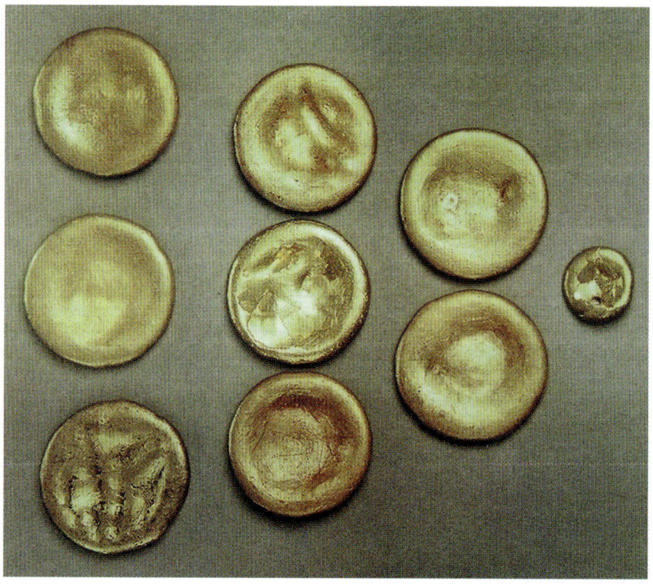
金饼

时期。从随葬的三辆大车、二辆小车及二椁三棺之制来看，墓葬显然是使用了西汉诸侯王之葬制，而墓主又是一位身材高大魁梧的男性，因此墓葬应是西汉汉王陵，墓主是西汉某位诸侯王。发掘者根据墓葬的具体特征及文献资料分析，认为墓葬的主人是西汉济北国国王刘宽的墓葬。《汉书•淮南衡山济北王传》载："子宽嗣，十二年，宽坐与父武王后光，姬孝儿奸，悖人伦，又祠祭祝祖上，有司请诛。上遣大鸿胪利召开，王以刃自刭死。"墓葬中的许多特别迹象，如墓葬尚未完全竣工，没有较多的玉器随葬、墓主颈下有意放置二件被打碎的玉剑等等，都与这一记载刘宽非正常死亡的情况十分吻合。刘宽自杀于汉武帝后元二年，即公元前87年。这一年代，与墓葬的年代也相一致。

双乳山1号墓葬，是我国目前发掘的少数未被盗掘的墓葬之一。墓葬规模宏大，保存完整，为研究汉代的王陵制度及汉代济北国的政治、经济、文化提供了宝贵的资料。目前，当地政府正积极采取措施，对1号墓的墓室进行保护，使该墓葬成为展示汉代王陵的重要遗址博物馆。

欲享千年富与贵——临淄大武西汉齐王墓

大武汉墓位于淄博市临淄区大武镇窝托村,东北距临淄故城13公里，是山东省重点文物保护单位之一。其封土规模宏大，虽经历年侵蚀仍高达24米，占地面积约6.25万平方米。

1978年11月至1980年11月，为配合胶济铁路东风站扩建工程，淄博市博物馆对大武汉墓外围的五个随葬器物坑进行了发掘。1983年9~10月，又对墓室之上的封土进行了发掘和勘探。

勘探资料表明，大武汉墓的封土系承袭战国之制，为方基圆坟。方基长宽各约250米。墓周围及封土之上原来应有寝园及祭祀建筑，现已荡然无存。墓圹平面布局呈“中”字形，中间有浩大的墓室。墓室近方形，南北长约42、东西宽约41米，中间经勘探深约20米。墓室南北各有一条墓道，墓道平面略呈梯形，与墓室相接处宽约35米，墓道口宽约15米。南墓道长约63米，北墓道长约39米。规模如此宏大的墓圹结构在发掘的汉初诸侯王墓中是罕见的。

共发现五个随葬器物坑，依次编为一至五号坑。器物坑四壁均用枋木构筑木椁，椁盖及椁底均用圆木密集排列而成。椁内底部铺一层席子，席子之上放置器物，椁顶部也铺一层席子，主要用途应是为了防止掩埋时碎土从椁顶缝隙落入坑内。五个随葬器物坑大小不一，埋藏器物各不相同。一号坑主要放置礼器，二号坑葬狗，三号坑以兵器和仪仗器为主，四号坑为车马坑，五号坑随葬兵器和少量生活用具。显然，五个随葬器物坑各具有不同的含义，这对于研究西汉齐王墓的形制及有关问题具有重要价值。

陪葬坑保存完整。在五个陪葬坑中出土各类遗物总计12000余件，其中陶器79件，铜器6751件，铁器约410件，银器约131件，铅器994件，漆器约163件，骨器311件，泥器约3000件，其他文物311件。器类有礼器、生活用具、兵器、乐器、车马器、仪仗器及其他。出土的铜器有鼎、壶、钫、罍、盆、匜、勺、炉、鎏金熏炉、釜、骰子、铜镜、淳于、甬钟、剑、矛、戈、戟、弩及铜车饰件、仪仗器；银器有银盘、银盒等；铁器有兵器、工具、生活用具、车马器等；陶器有鼎、壶、钫、罍、盆、罐、盘、匜、钵、釜、甑、瓮、勺等。银器有其出土数量

齐大官鼎

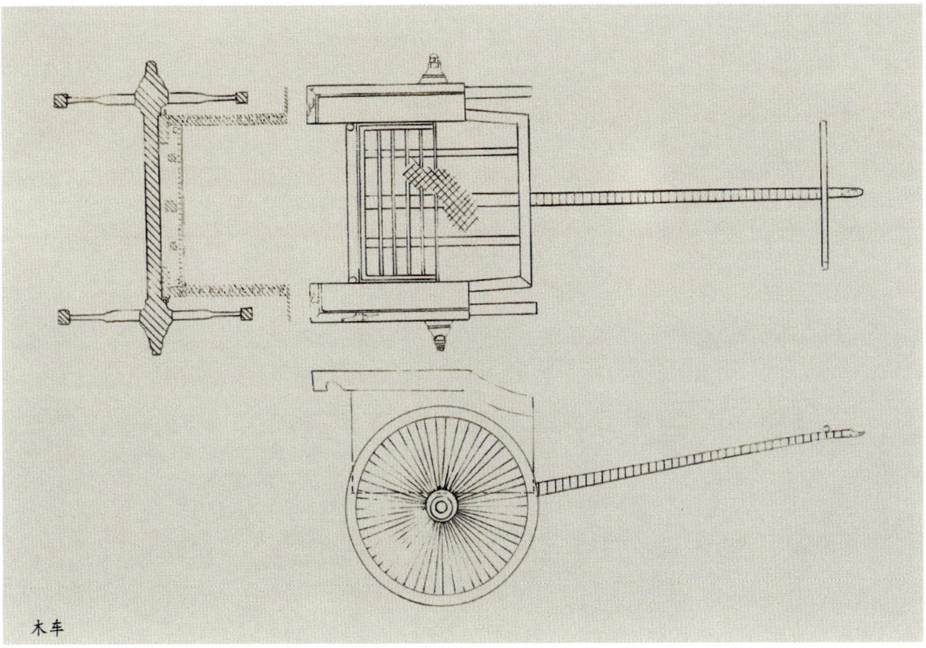

木车

之多，制作之精美，种类之丰富，在我国秦汉考古中少见。

虽然大武汉墓的主墓室没有进行发掘，但其规模宏大，随葬品中出土大量的银制器皿、成组刻铭器物、配套的各种兵器。根据墓葬所处地望、墓葬规模、出土器物及器物铭文等各方面的情况，发掘者推断随葬器物坑的年代为西汉初年，墓主人很可能是汉初第二代齐王刘襄。这五个陪葬坑的发掘不仅充分反映了汉初齐国的厚葬之风，同时又反映了汉初齐国强大的经济实力和较高的手工业发展水平。大量的兵器，是齐王墓随葬器物坑的一个显著特点。其数量之多、种类之全，为汉墓发掘中少见。该墓葬的发现，是我国汉代考古的重大收获。对研究汉代早期齐国的物质文化、埋葬习俗等具有重要的意义。

铜骰子

鎏金车器

鎏金铜熏炉

银豆

铜豆

铜戈

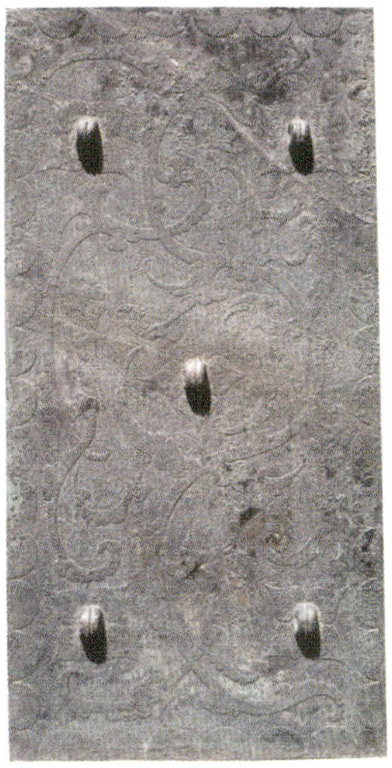

铜镜

铜戟

银盘

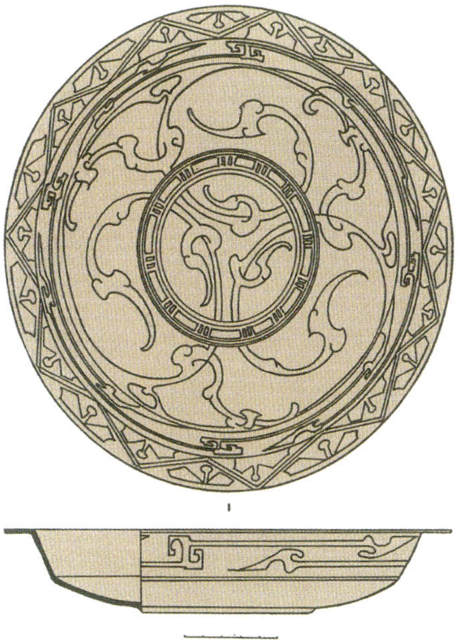

银盘

台阁楼榭永相伴——临淄金岭一号东汉齐王墓

金岭一号东汉墓位于淄博市临淄区金岭镇以南的乙烯厂区之内，东北距齐故城约15公里。1984-1985年发掘。该墓葬由封土、墓道、甬道、东西耳室、前室、主室（后室）及围绕主室的三面回廊构成，墓向南，是山东迄今发掘的最大的一座砖室墓葬。

发掘前，封土残存形状为圆台状，夯筑而成，夯层清晰，土质坚硬。斜坡状墓道，两侧呈阶梯状内收。底部平铺一层苇箔，仅存灰痕。在墓道北端近墓室部分，有封门砖两道。依据墓道坡度推算，墓道全长大约40米。

封门砖以内至前室间为甬道。甬道平面呈长方形，顶部已塌落，从残存情况分析，应为券顶。甬道的两侧各有一耳室，保存较好，结构相同。平面皆呈长方形，周砌砖墙。券顶，底部铺砖。墓葬主室与甬道间为前室，前室呈横长方形，券顶，墓底铺砖。后室为墓葬建筑的主体部分，平面为长方形，券顶。前后室券顶，皆为三层砖起券。围绕后室左右及后面有三面回廊相连通，左右回廊的进口都与前室相通。回廊保存基本完好，全长32.8米，双层砖起券。

墓葬用砖有楔形砖、长方形砖两种，前者主要用于券顶和铺底，后者主要用于砖墙和铺底，部分砖上还有朱书文字，内容主要为人名及尺寸等。砖墙下面有基石，少数基石之上刻“中”、“吕”等字样。总起来看，该墓建筑规模宏大，但平面布局并不十分复杂，主要采用了墓葬形制中常见的前堂后室之制，而在构筑方式上却是十分讲究的。建筑材料除砖、石之外，还使用了大量白灰、黄沙和木炭。

该墓遭多次盗掘，残存随葬品较少，出土遗物有陶器、铜器、铁器、玉石器等160余件。陶器主要出自两个耳室之中，其中仓、灶、楼、享堂、井、碓磨、厕所猪圈等一套模型明器不仅组合完整，且规模宏伟、造型优美，为其他地区同期墓葬中少见；出土的9件陶鼎似可视为有周以来用鼎制度的孑遗。残存铜器有灯、带钩、承弓器等，大多出自墓葬前室。铁器大部分为农具和兵器。玉器除银缕玉衣片外，还有璧、环、璜、塞及剑格、剑首、玉佩等物。另外还有少量的钱币。

关于此墓的年代，发掘者根据墓葬的形制、结构、随葬品的组合并结合其他墓葬资料推断，应属于东汉时期的明帝或章帝时期。又从墓葬规模宏大、构筑方式考究、建筑工程浩繁、墓葬所在地望以及出土银缕玉衣等遗物判断，推测墓主人很可能是东汉第三代齐王刘石。

陶享堂

陶仓

筑椁造棺享太平——青州西辛大型长墓道石椁墓

墓葬位于山东省淄博市临淄区和青州市交界处，青州市东高镇西辛村西，东南距青州市约13公里。此地为田齐王陵的分布区域，著名的田齐王陵四王冢距离墓葬仅约3公里，距离二王冢仅仅2公里。2004年4~12月，为配合老济青公路改造工程，山东省文物考古研究所和青州市文物局联合组成考古队对墓葬进行清理发掘。其发掘成果被列入2004年中国重要考古新发现之一。

墓葬为一座大型竖穴土坑墓葬，该墓原有高大封土。整座墓葬呈“中”字形，南北向，由南北两条斜坡状墓道和墓室组成。墓道填土经夯打，两侧墓壁呈台阶状内收，表面加工平整，并抹一薄层草拌泥或白灰。南墓道清理部分上口宽16.2米，下部宽12.5米，与墓室相接的北端底面与墓室二层台齐平。墓道底部平整，并发现10条长短不一的东西向沟槽。各沟槽西端基本平齐，东端则参差不齐。沟槽的底面和两侧壁十

木质棺椁

墓葬全景

分平整，却没有任何包含物。推测这种沟槽大概是砌筑椁室时为运送石头放置枕木使用的，只是椁室建好之后，又将枕木取出，因此只留下了沟槽痕迹。

在墓道靠近墓室的中间部分，又下挖一条通向椁室底部的台阶式墓道，可能由于墓葬建筑施工踏踩的原因，墓道的台阶显得并不规整。

北墓道情况与南墓道大体相同，唯没有如南墓道的沟槽现象。其南北全长21.75米。在靠近椁室的地方同样又下挖一条通向椁室底部的台阶式墓道通向椁室。在这条墓道的东侧与椁室东北部二层台之间，有供上下的台阶。椁室的东北部二层台面上还发现有与建筑有关的遗迹，可能与筑墓临时的建筑有关。另外还有炼铁的遗迹现象，有大量的炭灰、炉渣、铁器残块和炉壁残块等等。这种情况在以前发掘的墓葬中是十分罕见的。

椁室位居墓室中部，东西两侧为二层台。椁室也是先挖成土圹，然后用巨大石块垒砌。土圹与石椁之间，则以河卵石和土相间夯填。椁室土圹平面呈长方形，南北长11.3、东西宽10.3、深达8.68米，直壁平底。椁室的南北各有自己的墓道，在椁室土圹的四角还各有两两对称的三角形脚窝。石椁用加工过的巨石砌筑，整个椁室建筑显得十分规整，而石缝之间全部采用熔化的铁汁或铅汁浇灌，使椁室建筑成为一体。以石椁内壁计算，椁室内南北长6、东西宽5、深4.7米。石椁的顶部用一层巨石覆盖，只残存周围的部分。石椁的底部用厚0.27米的大石板平铺一层，其下为厚0.4米的卵石层，卵石层下则填有深达3米的青膏泥。

石椁中央为木质的棺椁，保存较好。木椁南北长3.75、东西宽3.15、高2.5米，用宽0.6、厚0.25米左右的枋木构建。木椁四壁两端各有一上下贯穿的卯口，内插枋木使上下及底板成为一体；侧板与挡板之间亦以榫卯相结合。底板之下铺一层东西向木板，再下为四根南北向的枕木，枕木之间的空间填以卵石，枕木之下方为石椁底面。

木棺位于木椁中央，长2.7、宽1.9、内高0.92米，板厚0.24米。表面贴有一层麻布，麻布上髹黑漆；棺板内侧则涂一层朱砂。侧板、挡板及底板间均以榫卯扣合。木棺下面另有棺床，棺床由四块横向的木板及两块侧板组成，侧板与棺立板厚度相同。棺床与棺也用榫卯连接成一体。

二层台上及南墓道与墓室连接处，共分布5个陪葬坑，南北排列。除一个被盗空无一物外，其余4个保存完好。陪葬坑内都有一个大木箱盛放随葬器物，但均已腐朽，仅存灰痕，但其形状和大小还比较清楚。

椁室东侧的二层台面上没有陪葬坑，却发现与建筑和冶铁、铸钱有关的遗迹、遗物。

在接近北墓道的地方为建筑遗迹，南北长6.2、东西宽4米。靠近北壁有东西一排6个柱坑，填土内有草拌泥、板瓦等等。西侧有规整的台阶与墓道连接，相接处也发现有两个柱洞。这可能与筑墓时的临时建筑有关。建筑地面及其南部较大范围内，地面上铺有一层灰渣，内含碎木炭、炉渣、铁块、残碎的炉壁等与炼铁有关的遗迹现象。在靠近台阶墓道的地方有一堆杂乱放置的碎砖，分为两种，一种泥质灰陶，形体较大，烧制火候较低；另一种浅灰色，掺有均匀的细沙，形体略小，背面有手指捺窝，每排三个，3~6排不等。这里的填土中发现了十几块由这种砖制成的“齐法化”刀币钱范的残块，是发掘的意外收获。

银盒

骨骰子

在石椁东壁与土圹之间填土的最下面，发现了一个侥幸保存下来的器物箱，木箱长1.2、宽0.4、高0.35米，里面放置了鼎、钫、灶等铜器、银盒、银盘、金环首、玉器、骨质博具等精美的随葬品，另外还有漆器和木器。这些不同质料的随葬品，集中放置于同一个小木箱之类。

此墓葬被多次盗掘，但墓葬形制十分清楚，特别是木质棺椁得以保存下来。陪葬坑仍然出土了较丰富的文物。有陶器、铜器、金器、银器、玉器，也有漆器、木器、竹编织器以及骨器、角器等等，其中不乏精美之器。陶器主要是灰陶壶。铜器则有鼎、壶、钫、灶、釜、甑、车马器、杖首，等等，部分鎏金，多属于明器。银器有盒、盘、器柄诸类，其中两件银盒外侧有金箍，保存基本完整，皆有铭文；银盘虽然破碎，但底部铭文十分清晰。出土的金器只有刀的环首一件，整体呈变形龙样，雕刻精细。出土的玉剑珌、玉剑璏形体之大十分罕见，不仅保存完整，而且玉质精美。角质的十四面博具和成套的骨质博具都刻有数字。漆器多数保存较差，但仍然可看出器形和清晰的花纹，也是这一带出土漆器中保存最好的一批。

该墓规模巨大，墓葬的修筑十分考究，从墓壁的加工、墓室填土方格网状的夯筑方式到以加工规整的石块筑成的巨大石椁和以铁汁灌缝的现象，以及下挖的台阶状墓道，都是同期墓葬中罕见的现象。这对于墓葬结构和建筑方式的研究无疑具有重要的意义。从墓葬形制、建筑方式和出土器物的特点综合分析，该墓葬的年代大约属于战国末期，下限或许可到西汉建国之际。由墓葬所处地望分析，墓主的身份可能是齐国的贵族甚或是齐王室成员。

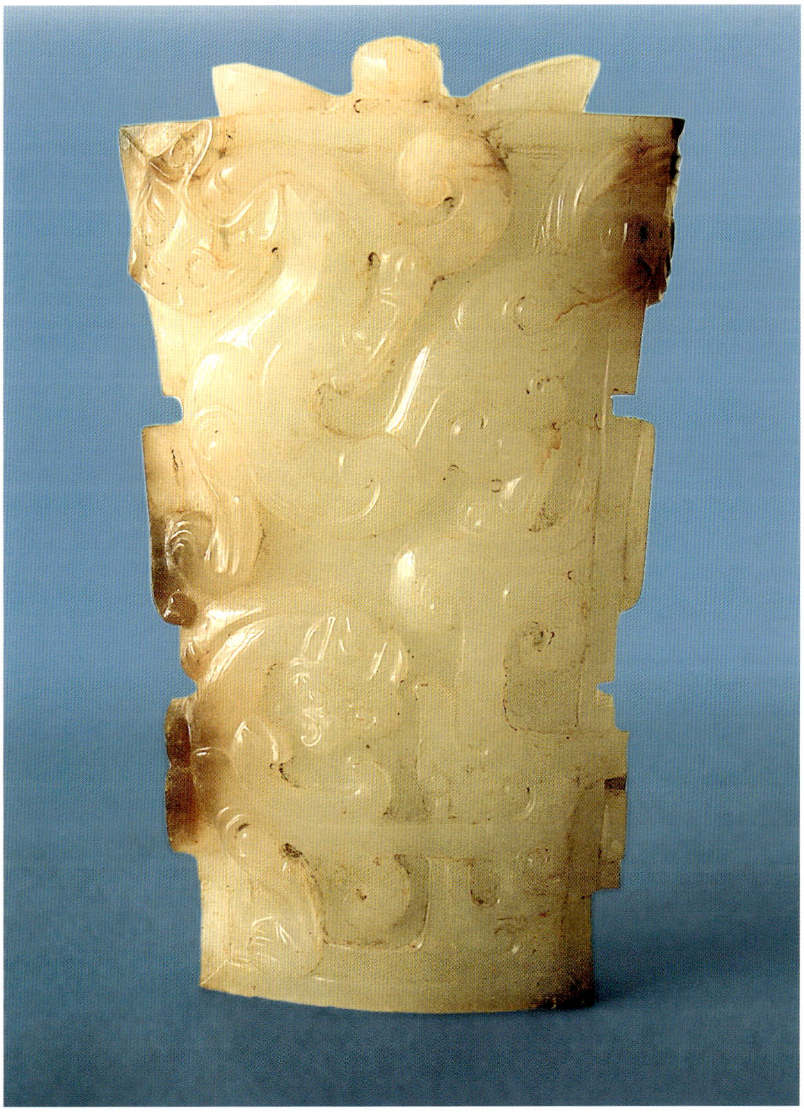

玉剑珌

铜杖首

色彩艳丽显辉煌——日照海曲汉代墓地

2003年4月，山东省文化厅、山东省交通厅、日照市政府在山东省文物考古研究所驻地——济南道院，隆重召开“2002年中国十大考古新发现——日照海曲墓地发掘成果发布会”。发布会向新闻和社会各界介绍了日照海曲汉代墓地的发掘的基本情况，展示了发掘工作取得的重要成果，在社会上引起了很大的反响。

海曲墓地位于山东省日照市西郊西十里堡村西南约1公里，日东高速公路的南侧。为配合同三高速公路建设，2002年4~6月，山东省文物考古研究所对日照市海曲墓地进行了考古发掘。墓葬的发掘，发现了数量众多，保存完好的精美漆器、漆衣陶、木器、铜器、玉器、丝织品等，被评为“2002年中国十大考古新发现”之一。

共清理墓葬90座，其中砖室墓17座，其余墓葬都属于长方形竖穴土坑墓，大部分墓葬保存完好。墓葬分为四区，其中1、2、3区墓葬各有高大封土，呈三角形分布，每区墓葬分别在同一个封土之中；4区的墓葬根据残存情况，原来也存在高大封土，现已夷平。1号封土残存呈台状，面积约2000余平方米，残高6米，清理墓葬31座；2、3号封土小于1号。

发掘的墓葬全部为中小型墓。砖室墓葬有单室、前后室和前后室附带耳室不同形制，墓顶有券顶和穹隆顶两种形式。竖穴土坑墓多属于木椁墓形制，除个别墓葬被盗之外，绝大部分保存较好。一般在棺椁四周和椁室顶部封填青膏泥，椁室顶部的膏泥厚0.2~1.8米。绝大部分墓葬葬具为一棺一椁，也有一棺重椁、一椁重棺、一椁双棺和个别无椁单棺墓葬。墓葬中盛行设置器物箱的做法，一般设置头箱、脚箱或边箱，也有的墓葬头箱、脚箱、边箱全都齐备。个别墓葬有壁龛，还有的墓葬墓底铺设木炭。

在以往山东地区发现的墓葬中，随葬品往往仅保留陶器、铜器、铁器、玉器等不容易腐朽的东西。海曲墓地由于在墓葬棺椁的周围封填青膏泥，加之当地的地下水位较高，许多棺椁长期浸泡在水中，所以墓葬的各种随葬品保存较好。除棺椁等木质随葬品保存完好外，漆器、丝织品甚至墓主人生前吃的瓜果种子都完好地保存下来，因此我们说，海曲墓地是山东汉代墓葬中保存最完整者。

墓地远眺

发掘工作现场

在这批墓葬中，以一号封土内的M106、M125保存最为完整，棺椁基本完好，随葬器十分丰富。M106为一棺一椁，椁盖板两层，有头箱、脚箱和边椁，出土大量的漆器、铜器、陶器及竹简等。M125为一椁双棺合葬墓，共用一头箱，椁盖板也是两层，棺顶之上还有一层盖板。除出土大批漆木器、陶器外，北棺内还出土了精美的丝织品。

墓地出土遗物十分丰富，共出土陶器、铜器、玉器、漆器、木器、铁器、角器等1200余件，其中仅漆木器就近500件，为山东目前发现数量最多、保存最好的一批。漆器有奁、盘、耳杯、杖、盒、虎子、木佣、剑鞘、案、筑、壶、尊、砚盒、瓢、钵、勺、匕、毛笔、简牍等，有夹纻胎和木胎两种，不仅做工精细，而且纹饰流畅，部分器物还嵌金、嵌银，镶嵌的动物造型栩栩如生，显得十分华丽壮观。少量漆耳杯、漆盘之上书写有文字，具有较高的研究价值。木器有杖首、梳篦等。出土陶器500余件，器类主要有壶、罐、尊、鼎、茧形壶、瓶、盒、耳杯、灯、盘、勺、匜、案、马、牛、鸟俑和人俑等，其中尤以50余件漆衣陶和240余件施釉硬陶为重要，大部分施釉硬陶已与瓷器十分接近。铜器主要有鼎、钫、洗、灯、镳壶、炉、镜、带钩、印章等等。其中仅铜镜有60余件，部分铜镜仍然光鉴照人，5枚铜印章对确定墓主身份具有重要意义。玉器有玉璧等。M106出土的部分竹简和其他墓葬出土的木牍字迹依然清晰，其中竹简上有武帝“天汉二年”的明确年号。从竹简记载内容初步看，可能与历谱有关。M125北棺内出土的丝织品仍具有一定的柔韧性，大部分为平纹素面，取到最大的一块长2.6、宽0.96米，并刺绣精致的花纹，是山东迄今发现保存最好的汉代丝织品。

海曲墓地北约1公里即为汉代海曲县城遗址，从墓葬的规模和所在位置分析，该墓地与海曲县有关。从墓葬结构和出土文物初步观察，木椁墓葬的时代约从西汉早期到东汉时期；砖室墓葬时代较晚，约属东汉晚期到魏晋时期的墓葬。海曲墓地的发掘，为研究山东地区汉代墓葬提供了非常完整的资料。

铜灯

刻划陶壶

鸠杖首

漆盒

漆衣陶猪形盒

漆勺

五子奁

漆方盒

小梳盒

小圆盒

小漆盒

小圆盒

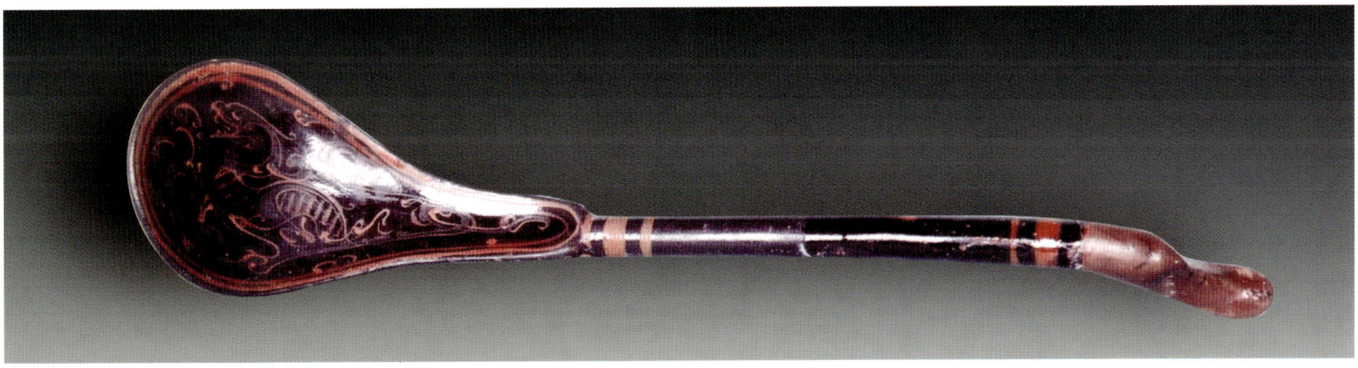

漆勺

镜奁盒

丝织品局部花纹

玉璧

漆衣陶壶

多彩描就美画卷——东平县物资局东汉壁画墓

墓地位于东平县城汽车站对面，东平县物资局院内，地处山前低矮土岭上，东侧有南北延伸的低山，南北两侧地势低洼。墓地西距宿城仅4公里。东平商城施工过程中发现。2007年10~11月，山东省文物考古研究所、东平县文物管理所对墓地进行了联合发掘。2008年1月，山东省文物事业管理局对东平物资局壁画墓的重要发现召开了新闻发布会，东汉壁画墓的发现在全国引起轰动。

这次共清理带墓道的中型墓3座，小型墓15座。其中三座中型墓皆发现有壁画。出土丰富的随葬品，有陶器、铜器、铁器等。

中型墓葬皆为西向斜坡墓道。其中两座为多室石室墓，用石板铺地、构建立壁和顶盖。皆由墓道、墓门、前庭和墓室构成。M1东侧为并列四墓室，墓室西侧门楣、立柱和墓门外侧刻有画像，有三角纹、菱形纹和宽条带纹。前庭的南北立壁、西侧立壁及墓门门楣内侧及顶板彩绘画像，顶板上绘朱雀、云纹；门楣上为直立人物；立板彩绘人物、鸡狗与建筑，画面分上下三层。M13东侧为双墓室，墓室周围有回廊。墓室门楣及天庭立板上用墨线勾勒画像。M12为砖、石混合结构墓葬。单墓门，砖券顶前庭。东侧为二墓室，北侧墓室为石椁，用石板铺底、构筑立板和顶部，西端立板将北侧墓室门挡住；南侧室为砖室墓，用砖铺底，构筑立壁，砖券顶部北侧搭在石椁顶上。南侧室为向南掏挖洞室构筑而成。从墓葬结构及清理迹象确定，这座墓首先修建并埋葬北侧石椁墓，后来再次埋葬时找出它的位置，在西侧挖建墓道和前庭，在南侧掏洞室并修筑砖券顶砖室墓。反映了南北墓室的主人关系紧密。墓室门楣上用墨线勾勒画像，为神人、白虎。

发现的小型石椁墓，皆为单椁室墓葬。用石板铺地、构筑立板和顶板。椁室内有木棺，皆埋葬一人。铜镜、铜钱、印章及铁刀、铁剑等多随葬在棺内。多在西端墓壁的底部向外掏壁龛，龛内随葬大量陶器，壁龛口部用石椁端板封堵。

墓顶壁画局部

西侧南门楣画像

南壁壁画全景

南壁壁画局部

少量小型墓葬用砖铺底、垒砌四壁，顶部用石板搭盖，形成砖石结构椁室墓。该类墓葬在墓葬西端用砖筑有器物箱，内存放陶器。

所发现的木棺外侧多涂抹较厚的白石灰，底部保存高十几厘米的石灰痕，棺的立壁、拐角形状清晰可见。墓内散落棺顶板、立板上的石灰残块。

该墓地的墓葬保存较好，墓葬很少被盗掘，墓中随葬品保存完好。共出土器物140余件。墓中出土陶器较多，多者十几件，有鼎、壶、罐、豆、陶熏炉、仓、灶、鸡、狗等。陶器流行泥质红陶或釉陶，灰陶的器物组合有一定数量。从器形上看，灰陶与红陶的器物组合基本一致。少量墓葬仅出土二三件陶罐或陶壶。另出有铜镜、铜印章、铜钱及铁剑或车马饰件。

由随葬器物分析，发现墓葬的时代为西汉中晚期到东汉早期。壁画墓的时代属东汉早期。壁画墓的发现，是山东汉代考古的又一重大收获，为我国早期壁画的研究提供了一批极为重要的考古资料。大量墓葬及随葬品的发现，特别是棺外侧多涂抹有较厚白灰的迹象，对鲁南地区汉代埋葬习俗的研究具有较为重要的意义。

陶狗

釉陶壶

陶厕

陶鼎

陶猪圈

陶熏炉

陶仓

保存完好的大型汉代墓地——费县西毕城

墓地位于费县上冶镇西毕城村北，南距县城所在地约15公里，系一低矮的丘陵。其南为古费城。

墓地为日（照）—东（明）高速公路建设工程确定的取土场所在地。为配合日照—东明高速公路的施工建设，山东省文物考古研究所、费县文物管理所于2001年4~12月对墓地进行了联合发掘。该墓地面积很大，在公路征地280亩范围内，发掘墓葬近1660座，出土各类随葬品5000余件。墓地的发掘被评为2001年中国重要考古新发现之一。

墓葬均属于中小型墓，全部为开凿岩石形成的长方形岩坑墓，墓葬形制以竖穴土坑墓葬为主、另外有少量的石椁墓、砖椁墓及瓮棺葬墓。竖穴土坑墓都有二层台，一般在四周墓壁的底部留有生土台。部分墓葬挖有壁龛，内置随葬器物。墓葬一般在长3、宽2约米；较大者长4、宽约3米；深度多数在3~5米，部分墓葬深达7米。大部分墓内填土掺杂大量的碎石块，少数墓葬的填土系从它地运来，比较纯净，墓葬填土多经夯打，分布十分密集且很有规律，墓葬成排排列，两两成组现象普遍，也有的三座一组并存在打破关系。绝大部分墓葬都有木质葬具，葬具一棺或一棺一椁，均仅存板灰痕迹。但从残存情况来看，木质葬具的制作较为考究，有些镶嵌有鎏金的铜质棺饰。墓内骨架保存情况较差，大部分朽成粉末。

墓地保存十分完整，所有墓葬均未遭破坏，墓葬保存完好。出土遗物十分丰富，随葬品以陶器为主，另有铜器、铁器、玉器、石器等等，其中仅陶器一项就近3000件，不仅数量巨大，器类也十分丰富，有壶、罐、鼎、盒、扁壶、釜、甑、灶、井、盘、尊、鐎壶、耳杯、盆、碗、案、洗、熏炉、厕所猪圈、俑等，部分陶器上有刻划纹饰或施以彩绘，少量陶器上还刻写有文字，标明其用途；铜器有鼎、钫、甗、镜、带钩、镜刷、镞、铺首、四叶饰等等，仅铜镜就出土了180余件，大部分保存较好，镜面漆黑闪亮，光可照人；铁器有剑、锸、夯具、镢、削、镇等；玉器中有玉璧、玉璜、玉塞、玉含等，玉质精美，保存完好；石器有环、塞、黛板、研子等；另外还出土有大量的铜钱及部分印章。从这批墓葬的墓葬形制和出土随葬品的器类、形态初步观察，主要应属于汉代墓葬，少量墓葬属于战国时期。墓地紧邻古费城城址，当与古费城有关。这是山东近年来发掘面积最大的一处汉代墓地，发掘墓葬数量多，出土器物5000余件，墓地的发掘为汉代考古学的研究提供了丰富的资料。

M2060

M5651

铜镜

铜镜

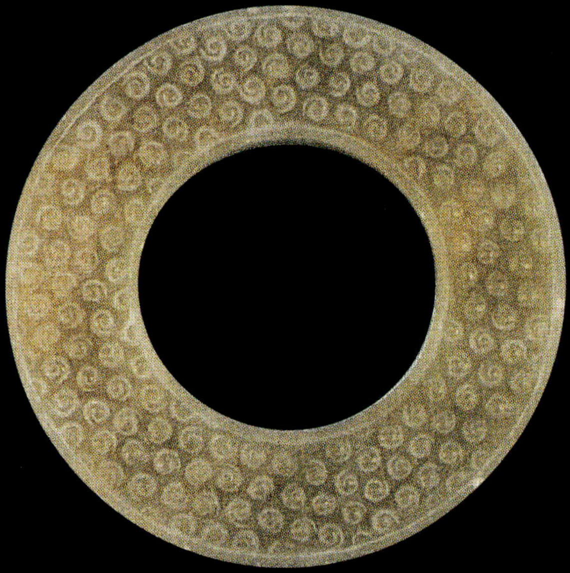

玉瑗

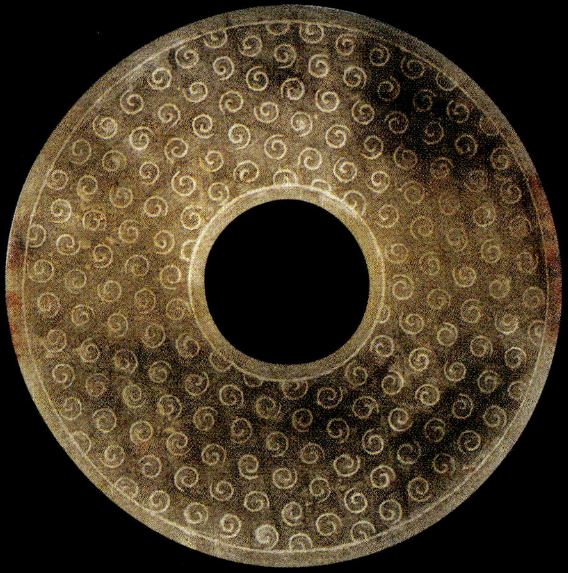

玉璧

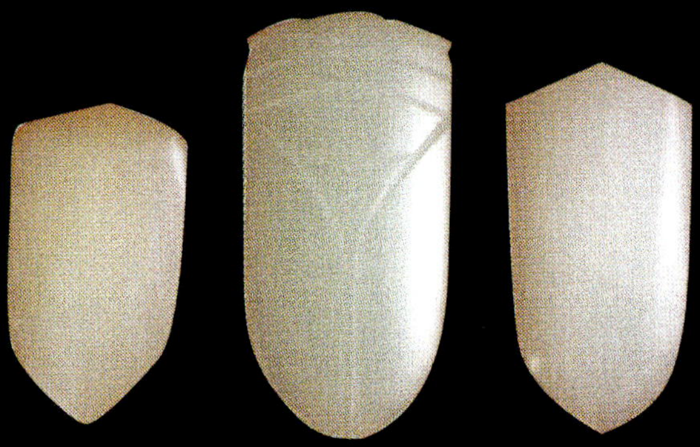

玉蝉

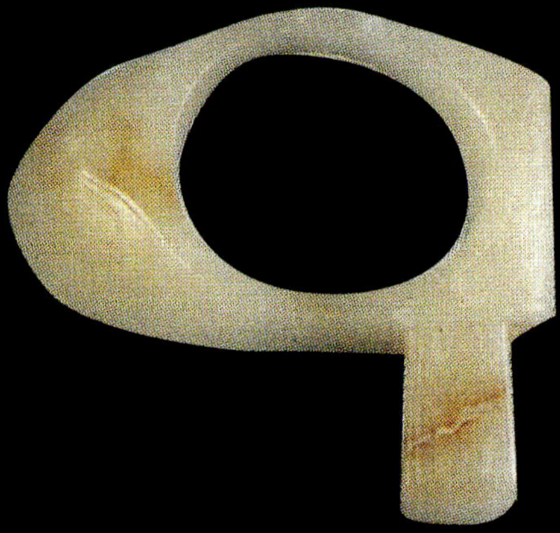

玉韘

陶灶

陶猪圈

曲阜柴峪汉代墓地与彩绘陶器

墓地位于曲阜市息陬乡柴峪村西南2公里西山的东坡上，南北长约300、东西宽100多米。墓地地处曲阜与邹城交界处。2000年4~7月，为配合菏（泽）—兖（州）—日（照）高速公路的施工建设，山东省文物考古研究所与曲阜市文物局共同对柴峪墓地（曲阜部分）进行了全面的考古钻探与发掘。清理汉代墓葬243座，发现了丰富的陶器、铁器、铜器、漆木器、玉石器、布织品等。

墓葬依山坡开挖，由于发掘的墓葬分布在山前黄土台地上，墓葬多为土坑墓葬，少数墓葬的底部向下深挖山石中。皆为长方形竖穴，有的为并穴墓葬（二墓并排排列），部分墓葬存在打破关系，有的为人为打破，这种墓葬可能存在亲属关系。有的墓葬头端或一侧有壁龛，个别壁龛大而深，个别墓葬壁龛较小，仅能放置一两件陶器。有些壁龛口外用石板封堵。部分墓葬存在生土二层台。个别墓葬，在一侧长壁下部向外开挖一部分，底部微加宽，形成侧室墓葬。葬具多用长而厚的石板砌筑石椁，多为单椁室，少量为双椁室。有的墓葬在立板口槽中搭盖横向木板，形成木盖顶板，盖板上绘彩色纹饰；有的墓葬在二层台上盖石板，起到保护木棺的椁室作用。部分墓葬用木椁。墓中皆有木棺，有的为重棺。存在部分无石椁的土坑墓，用木棺或木椁作葬具。由于墓地特殊的埋藏环境和水土状况，木质葬具保存较好，而墓葬骨架保存较差。部分墓葬在椁外有存放器物的石砌或木制边箱，少量器物盛在木匣内。

柴峪墓地出土了丰富的文化遗物，有陶器、玉器、铜器、铁器、漆木器等。陶器皆为泥质陶，未见夹砂陶。多为灰陶，少量为灰褐陶或红褐陶。多为素面，有的饰有刻划纹或弦纹。陶礼器的表面多饰有彩绘纹饰，多为白色或褐色底彩，上面绘

漆棺画

有红彩或褐彩，纹饰有弦纹、波折纹、曲边波折纹、柿蒂纹、三角纹、曲边云纹等。器形有鼎、盒、壶、盘、匜、豆、罐、瓶等。另出土有彩绘陶俑。铁器有铁兵器和工具，铁兵器有刀、剑、削等，铁工具有锸、镢、夯具等。铜器，有铜矛，带钩、铜钱、铜镜、铜族等。石器有口含、耳鼻塞、石缀等。漆木器有耳杯、木匣等

发现的画像石刻在石椁的立板或顶板上。部分墓葬为单调的竖线或斜线凿痕；有的墓葬仅立板和端板刻有画像，侧立板为竖线或斜线凿痕，两端板刻有十字穿璧纹或社树；部分墓葬顶板刻有圆形或穿璧纹，立板凿刻较为复杂的菱形纹，端板刻十字穿璧纹或社树。

墓地的时代从西汉早期以至东中晚期，延续时间长，发掘墓葬数量多，随葬品丰富，对研究鲁南地区汉代墓葬的演变及器物发展的序列有重要的意义。墓地的大面积揭露发掘，对于我们研究墓地的布局以及埋葬习俗具有重要的参考价值。

彩绘陶匜

陶鼎

彩绘陶盒

彩绘陶壶

陶匜

彩绘陶盘

彩绘陶壶

济宁长直集汉代墓地与釉陶器

墓地位于嘉祥县卧龙山镇长直集村南，东南距县城4公里。地处坨山北坡，长直集村南部占压了墓地的北部。墓地东西长600、南北宽500、海拔高度60米。1980年文物普查时发现，现为县级文物保护单位。2000年，为配合曲—菏高速公路的工程建设，山东省文物考古研究所与济宁市文物考古研究室、嘉祥县文物局组成考古队，对墓地被高速公路建设工程取土场所占范围内的墓葬进行了勘探和发掘。共发掘清理墓葬316座，出土了一批陶器及铜、铁、石、玉质类随葬品。

清理的墓葬多数为小型竖穴土坑墓，平面呈长方形。根据有无石椁可以将墓葬分为土坑墓、石椁墓两大类，其中以石椁墓为主。此外还有少量砖椁墓。土坑墓均为单室墓，形制简单，长方形墓圹内放置木棺，部分墓室内有二层台，有的在二层台上盖以石板，少量墓葬有壁龛。石椁墓有单石椁墓和双石椁墓之分。单石椁墓的椁室由底板、立板和盖板构成，立板又有侧板和端板之分。立板和底板多用整块石板组合而成，而盖板则用2～4块或更多的石板拼合而成，个别墓盖板为整块石板。石板厚度在14～25厘米不等。部分墓葬的石椁制作精致，侧板上凿有“L”形凹槽，用以嵌扣薄盖板；侧板端头凿出“凹”字形槽用来插嵌端板。双石椁墓数量较少，一般一椁室用4块石板扣合，另一椁室用3块石板，借用相邻ā室的一壁组成ā室，也有一个为石椁墓，一个为土坑墓合葬的情况。画像石墓较少。画像石图案均刻在石椁墓的椁室立板内侧。画像雕刻技法基本上采用粗线条的阴线刻。主要图案有穿璧纹、社树、夔龙等。

墓中随葬有陶器、铜器、铁器、石器、玉器、骨器等。陶器以罐最多，其次为鼎、盒、壶，其他有钫、ā、盘、釜、仓、盉、熏、勺、灶、楼、俑、马、车轮、猪、猪圈等。陶器以素面为主，少数有纹饰，主要是绳纹，大都饰于罐的腹部与底部。其次是彩绘陶，图案以红、白、黄、褐诸色绘制，主要为卷云纹、弦纹，还有三角纹、圆点纹、水波纹、网纹、鱼纹等。彩绘陶主要器形是鼎、盒、壶、钫。还有划纹、附加纹、水波纹、铺首衔环、乳钉及鱼、鹤、人面、象面等纹饰。人面、象面饰于鼎足。在一些器物的肩部及腹部，还有许多刻划的文字或符号。陶器放置位置不一，设壁龛或腰坑者，陶器则放置壁龛或腰坑内，无壁龛或腰坑者，土坑墓则置于头前或足下，石椁墓则置椁室内。铜器有铜镜、盆、釜、铃、镞、带钩、印章、环、钱币等。铁器有锤、夯、锸、斧、剑、刀。有砚、石器有纺轮、石球等。玉器有镯、玦、珠、蚀等。骨器有骨管、骨珠等。

嘉祥长直集墓地范围大，墓葬数量多，此次发掘的范围主要集中在墓地的西南部。根据出土器物及墓葬形制分析，墓地的时代从西汉早期延续到东汉早期。出土陶器上的文字和刻划符号与文献记载相结合，对于考证墓主人身份及行政区划的演变有参考价值。墓地的发掘与整理研究，对研究鲁中南地区汉代文明具有重要的意义。

釉陶鼎

釉陶鼎

铜带钩

陶罐

陶罐

陶仓

釉陶灶

彩绘陶钫

铜镜

釉陶壶

铜印章

铜盆

第六章　千年风云——魏晋南北朝至隋唐时期考古成就

一、魏晋南北朝至隋唐时期考古概述

自220年曹魏建国后，整个北方地区除西晋有过短暂的全国统一的局面之外，三国两晋南北朝时期基本上处于分裂状态。西晋初年，山东属于青、徐、兖、豫、冀五个州。晋怀帝永嘉年间以后，山东先后为后越、前燕、前秦、南燕所占据。东晋安帝义熙五年，刘裕平定南燕后，又在山东地区设置青、兖、徐三州。其后，山东地方为北魏所有，北魏灭亡，属北齐，后又为北周兼并。南北朝时期，州和郡数量大大增加，辖区相对变小。直至589年隋灭陈统一全国后，山东地区才结束频繁更换统治者的局面。这一时期社会的正常生产、生活受到了极大的破坏。尽管如此，手工业生产和文化艺术等方面仍然获得不同程度的发展，尤其是在南朝和北朝对峙时期，南朝和北朝各自内部均有相对稳定的时期，山东地区遗留下了一批具有明显时代特征的遗迹和遗物。隋唐是我国历史上的鼎盛时期，社会经济空前繁荣，文化艺术昌盛发达。隋统一后，山东地区行政区划上分属于青、徐、兖、豫四州。唐贞观初，又归属河南、河北二道。统一之后，山东地区的政治、经济、文化都有了较大的发展。但由于种种原因，山东地区隋唐时期的遗迹、遗物目前发现得较少。

与秦汉以前的考古工作相比，山东地区魏晋南北朝至隋唐时期的考古工作相对薄弱。但1978年改革开放以来，随着国家

临朐崔芬壁画墓屏风人物鞍马图

青州龙兴寺北齐贴金彩绘石雕佛立像

经济建设的大发展，这一时期的考古工作也取得了较大成果，比如发现了一批三国两晋时期的墓葬；调查和发掘了一批北朝时期的窑址、墓葬及大量的佛教遗存；发现、发掘了一些隋唐时期的重要窑址、墓葬及较多的佛教遗存；出土一批兼具南、北方和本地区特色的遗迹、遗物。其中经过正式发掘或测绘的文物点有40多处。

此时期发现的城址多是周、汉设置，沿用至魏晋北朝或隋唐。重要的有临淄齐国故城、章丘东平陵城等故城址。大量佛教遗存的发现是魏晋南北朝至隋唐考古的一大特色。济南黄石崖石窟、东平白佛山石窟、理明窝摩崖造像发现，以及博兴龙华寺遗址、青州龙兴寺遗址、济南神通寺遗址、长清灵岩寺鲁班洞、般舟殿遗址等寺院遗迹的清理，反映了这一时期佛教发展的盛况。此外，各地还流散出大量的单体铜石佛教造像、造像碑以及摩崖刻经等。瓷窑遗址主要发现在泰安、济宁、枣庄、淄博、临沂五个地区，其中此阶段1978年以后经过正式发掘的重要窑址有枣庄中陈郝窑址、宁阳西太平窑址等。墓葬考古是魏晋至隋唐时期考古工作的重要内容，此阶段已发掘的重要墓葬有诸城晋墓、苍山晋墓、滕州晋墓、临沂洗砚池晋墓；临淄北朝崔氏墓群，临朐北齐崔芬壁画墓，济南马家庄北齐道贵墓，济南东八里洼北朝壁画墓；章丘隋代周皆墓、济南隋代吕氏墓；嘉祥唐代徐师謩墓、青州郑母镇唐墓、宁津纪年唐墓、张店范王村唐墓、临淄后李唐墓、桓台李寨唐墓、章丘城角头唐代墓地等20多处。其中临沂洗砚池晋墓被评为2003年全国十大考古发现之一，临淄北朝崔氏墓群是迄今发掘的比较完整的一处北朝家族墓地；临朐北齐崔芬壁画墓发现了一批保存较好的珍贵墓室壁画，济南东八里洼北朝壁画墓出土了一批种类丰富的器表施彩绘、形象逼真的陶俑。

山东地区魏晋南北朝至隋唐时期的考古研究工作主要分三大方面：一是对佛教造像、石窟寺、石刻、寺院遗迹等佛教遗存方面的研究，从佛教造像的形制特点、艺术形式、题材演变、北朝线刻艺术、青州佛教造像、单体铜佛造像、石窟寺的开凿年代与题材考证等多个角度进行了专题研究，以及结合寺院遗迹和其他方面资料的综合研究；二是对瓷窑与瓷器方面的研究，主要是对瓷窑的分布与分期、窑炉的结构与装烧技术、山东古代瓷器的发展历程及艺术风格、淄博地区古代瓷窑等方面进行了研究；三是对魏晋南北朝至隋唐时期墓葬的研究，除已发表的发掘简报或报告中对各墓葬作了分期与年代推断外，其他较系统的研究主要是对山东北朝墓人物屏风壁画、南北朝墓室壁画和拼镶砖画、青州北齐画像石与入华粟特人关系、随葬的群俑、陶质动物模型和庖厨用具等模型明器、唐代墓室壁画屏风画等进行了研究。

东平白佛山石窟1号窟主佛

济南东八里洼北朝墓陶俑

济南东八里洼北朝墓女俑

中陈郝青釉六系罐

新泰刘官庄隋代青釉双系盘口壶

章丘城角头墓地唐代三彩壶

二、佛教造像与石刻

佛教在东汉末年传入山东，由于统治者大多提倡和崇奉佛教，南北朝时期得到迅猛发展，至隋唐时期达到全盛，表现为佛僧活动大大增加，建寺、造像、造塔等活动遍及全省各地。佛教的极为流行，在山东境内遗留下大量的佛教遗存。截至目前，山东地区南北朝时期的佛教遗存，在威海、莱芜、日照三市之外的14个地区均有发现，其中尤以济南、淄博、青州、博兴等地分布最多、最为丰富，计有寺院遗迹、石窟造像、单体铜石佛教造像、摩崖刻经等。隋唐时期的佛教遗存目前也发现近百处，石窟寺数量较北朝时期大大增加，并存在大量的寺院遗迹、石刻造像和古塔等。

南北朝时期寺院遗迹以博兴、青州境内为多，据地方志记载博兴有20多处，目前已发现龙华寺、乡义寺等近10处遗址。青州境内已发现龙兴寺遗址、兴国寺遗址等重要寺院遗迹。隋唐时期的寺院遗迹，重要的有济南神通寺遗址和长清区灵岩寺的鲁班洞与般舟殿遗址等。

灵岩寺般舟殿遗址（西南—东北）

山东佛教石窟最早始于6世纪的济南黄石崖石窟的开凿，其后稍晚的北朝石窟造像中，比较重要的有济南龙洞造像和青州驼山石窟。已发现的10余处北朝石窟主要分布于济南、潍坊、临沂、淄博等地区。窟平面多略呈长方形，微弧顶或两面坡顶。造像龛多为拱形或尖拱形。隋唐石窟或摩崖造像山东境内发现近30处，主要分布在济南、泰安、济宁、潍坊、青岛等地区。窟规模较北朝明显扩大，并出现大像窟。造像龛的形制也更多样化。重要的有济南千佛崖造像、大佛寺石窟，东平白佛山石窟和理明窝摩崖造像，青州云门山石窟等。1978年以后进行正式调查测绘的主要有济南黄石崖石窟、东平白佛山石窟和理明窝摩崖造像。

山东发现北朝、隋唐单体造像近40处，较为集中在长清、临淄、广饶3处。造像题材以佛教占绝大多数，道教和其他内容仅有一小部分。北朝、隋唐造像碑发现20多处，分布较为分散，以滕州市发现较多。造型稚拙，风格古朴，不重装饰，是研究佛教发展史的重要资料。

摩崖刻石包括摩崖题刻和摩崖刻经两部分。山东地区是我国北朝摩崖刻石的重要分布区，尤其是大字榜书为主。摩崖题刻主要集中分布在莱州市的云峰山、大基山，平度市的天柱山和青州市的玲珑山。现存北朝石刻40处，时代多属北魏，个别刻石时代为东魏和北齐。著名的有《郑文公下碑》、《郑文公上碑》等。摩崖刻经最早出现于北朝末期的北齐时代，主要分布在泰山经石峪及其周围的新泰市徂徕山、汶上县水牛山、邹城铁山、岗山、峄山、葛山和尖山、护驾山、东平大洪顶等。刻经的内容或为某部佛经的全部，或为其中的一个章节，是体现佛教文化传播的形式之一。已发现隋唐五代碑刻和摩崖题刻20余处，主要分布在济南、泰安、济宁等地区。这些刻石所表现出来的文化内涵在中国历史、书法、艺术史上占有重要地位。

龙兴寺北魏永安二年韩小华造弥勒像

灵岩寺般舟殿周围出土北齐佛头像

灵岩寺辟支塔塔基（战争）

龙华寺隋蔺铁造像

佛光再现——青州龙兴寺佛教造像

龙兴寺遗址位于青州市古城西门、现在的青州市博物馆南侧。遗址上曾多次发现北朝时期的彩绘贴金石造像。1996年10月，青州市博物馆在寺址北部龙兴寺中轴线大殿后7米处，又发掘出大型佛教窖藏。该窖藏造像出土数量多，跨越年限长，造像品种丰富，雕刻技法精湛，贴金彩绘保存完好，在我国佛教考古史上极为罕见。因而出土后引起轰动，受到海内外新闻媒体广泛关注，引起学术、宗教、艺术与社会各界的高度兴趣，被评为1996年中国十大考古发现之一。

青州为我国古九州之一，西汉至明代一直是山东的政治、经济、军事、文化中心。在两晋南北朝至隋唐时期又逐渐形成佛教中心。城南修造有著名的驼山石窟和云门山石窟，城内在西晋太安二年（303年）就建有宁福寺，东晋隆安二年（398

北魏晚期贴金彩绘石雕佛菩萨三尊像

年）慕容德在此建立南燕国后，又大兴佛教。龙兴寺在青州属南朝时就已经开始修造，从出土的造像分析，至少创建于北魏永安二年（529年）以前。清光绪版《益都县图志》记载龙兴寺从兴建到兴盛再至被毁有近千年历史，在其最兴盛的魏晋隋唐时期是青州地区规模最大的一个寺院。

佛教窖藏开口在原龙兴寺的地面上，平面呈长方形，东西长8.7、南北宽6.8、深2米。窖藏中部有一个为运放石造像而设置的南北向生土斜坡。窖藏内出土各类佛教造像400多尊，均为遭到严重毁坏后埋进的。造像在坑内排放有序，除少量坐姿造像呈立式摆放外，其余造像大致按上、中、下三层，呈东西向摆放在坑中。其中较完整的造像放置在窖藏的中部；各种头像存放在窖藏壁边沿，残碎的造像上部用较大的造像残件覆盖；陶、铁、彩泥塑、木质造像放置在窖藏底部。造像顶部有腐烂的苇席痕迹。窖藏中零星出土一批铜币，似乎为有意识撒放。

这批造像包括佛头像153件，菩萨头像51件，带半身或全身造像头36件，其他头像10件，残头像1件，造像残身200余件，残经幢3件。造像的时代包含北魏、东魏、北齐、隋、唐、北宋等几个时期，其中以北魏、北齐时期的造像数量最多，形体

北魏晚期贴金佛头像

北魏晚期贴金彩绘石雕菩萨立像

最大。造像质地可分为石灰石、花岗岩、汉白玉、铁、陶、泥塑、木七大类。其中以前3种造像保存较好，绝大部分造像颜色保存完好。造像题材主要为佛、菩萨、罗汉、供养人、飞天、天王等。造像形制计有背屏式造像、造像碑、单体圆雕佛像、单体圆雕菩萨像、单体圆雕罗汉像、单体圆雕供养人像等。其中单体圆雕造像占很大比重，有坐姿、立姿两种，部分佛和菩萨有圆形头光；背屏式造像有一尊、三尊、五尊之别，以三尊像为主，个别为带弟子的五身像，多数在本尊与胁侍之间雕刻飞龙。北齐时期的部分佛造像的袈裟上彩绘人物故事画即“卢舍那法界人中像”。这批造像以平直刀法和圆润刀法雕造，线条流畅，雕刻精细，形象逼真。造像大部分保留有原来的彩绘或贴金。这批石造像中有的有纪年，最早为北魏永安二年（529年），最晚为北宋天圣四年（1026年），时间跨越近500年。龙兴寺佛教造像的出土，为山东地区北魏到北宋时期的石刻佛教造像提供了一批珍贵的断代标本，为研究佛教在我国的传播、发展及雕塑、绘画艺术的发展提供了珍贵的实物资料。

窖藏发现后，山东省文物考古研究所又对该遗址进行了勘探，基本弄清了龙兴寺寺院遗址的基本布局：其最南端有东西宽30米的砖铺地面，应属于大门内的某种建筑遗迹，往北有三条南北向轴线，中间和东侧的轴线由三座大殿组成。西轴线则由南北贯通的大型僧舍基础组成，与中轴线之间还有部分较大的建筑基础，估算遗址原来建筑面积近1万平方米。

遗址上原有北齐武平四年（573年）《临淮王像碑》，后移入偶园。碑首中部篆书“司空公青州刺史临淮王像碑”，碑阴刻“龙兴之寺”四个大字。此外，1987年曾在现龙兴寺遗址上出土一件东魏彩绘菩萨像和一件北齐彩绘释迦造像。造像彩绘和贴金保存完好，亦为不可多得的珍品。

北魏晚期贴金彩绘石雕佛立像

东魏彩绘贴金石雕右协侍菩萨像

北齐贴金彩绘石雕菩萨立像

北齐贴金彩绘石雕佛立像

北齐贴金彩绘石雕菩萨立像

北齐贴金彩绘石雕思惟菩萨像

北齐彩绘贴金石雕佛坐像

佛教艺术的繁华——博兴龙华寺

龙华寺遗址位于博兴县陈户镇张官、冯吴与崇德村之间，西南距县城十公里。面积约120万平方米。1992年山东省人民政府公布其为省级文物保护单位。多年来，这里出土了数量众多、种类丰富的铜、石、陶、佛教造像及陶瓷器、砖瓦建筑构件，引起了国内外研究者的重视。自1984年以来，文物部门多次做了大量的考古调查、勘探和发掘工作，基本弄清了遗址的布局，对遗址的埋藏情况也有了进一步的了解和认识。

龙华寺遗址始建年代不详，历次考古调查和出土遗物证实，至少在北魏中期孝文帝时已经建立了寺院，在北周武帝灭佛时被毁，又在隋仁寿三年（603年）重建。遗址上出土遗物以北朝至唐代的最为丰富，宋代以后的较少，说明北朝至唐代是龙华寺的繁盛时期。

自20世纪70年代以来，龙华寺遗址上不断出土佛教遗物。1976年，在遗址东南张官村出土一批佛教造像，文物人员收回72件，有青石、白石、素烧瓷等多种质地。形制有造像碑、单体造像两种，其中单体造像占绝大多数。遗物类型有造像碑、石造像、模制白瓷素烧造像、佛头、菩萨头、模制白瓷素烧菩萨头、造像座、模制白瓷素烧造像座、带足榫等。雕刻技法主要有圆雕、高浮雕和线刻，部分单体造像采用几种雕刻技法相结合。造像采用平直刀法和漫圆刀法，造型优美，雕刻精细，个别造像局部还残留有彩绘或贴金，表现出较高的雕刻技艺。造像中9件铭刻有东魏或北齐的确切纪年。

1983年9月，在该遗址西南部的崇德村，即东距1976年出土石造像地点1200米处，发现一批北魏至隋代铜造像，李少南在1984年《文物》第5期介绍时数量为101件，但在此后清洗保护时发现101件造像中有些是造像部件，经拼对组合实为94件。其中有确切纪年的33件。造像中最大的高28厘米，最小的高7厘米。除一件老子造像外，其余均为佛教造像。确切纪年自北魏太和二年至隋仁寿三年，历北魏、东魏、北齐、隋四朝约125年之久。无纪年铜像与有纪年者造型、风格、铸造工艺、雕刻技法大同小异，时代应为同一时期。其埋藏时间可能为隋末。

1990年6月，在遗址东南的张官村又出土了一批石、素烧瓷造像，博兴文管所仅收回20余件青石造像座及造像，其中一件有“天保五年”的确切纪年。1993年春，张官村第三次出土素

龙华寺遗址远景

隋仁寿元年（601）张见造观世音像

北魏永平四年（511）明敬武造观世音像

烧瓷造像，文管所仅收回一件素烧瓷菩萨立像。

龙华寺遗址大量出土佛教造像引起了文物部门的高度重视，并多次组成考古队对遗址进行调查、勘探和试掘工作。

1984年，当地文物工作者对该遗址进行了全面调查，基本确定了龙华寺遗址的分布范围。发现有砖墙基、灰坑等遗迹，并清理断崖剖面一处。采集有莲花纹、忍冬纹、兽面纹瓦当、滴水、板瓦、筒瓦、砖等建筑构件，北魏永安三年（530年）、隋开皇三年（583年）等铜造像，隋大业四年（608年）等残石造像、造像碑，以及双系罐、碗、钵等瓷器和石臼。

2001年冬，博兴县文管所在遗址西北部发现一处裸露于地表的砖基并进行了清理。出土了6件造像残件及部分建筑构件，其中一件造像上有“大齐河清二年”铭文。2002年冬，山东省文物考古研究所在该处钻探出一处夯土台基。

2003年秋冬，北京大学考古文博学院、山东省文物考古研究所、博兴县博物馆组成联合考古队，对龙华寺遗址南部做了普探，探得分土台基2处。

2005年冬、2006年春，山东省文物考古研究所和博兴县博物馆对遗址进行了两次长达3个月的考古勘探。通过这次全面勘探，确定了遗址上的4条古代道路、大型夯土台基、大面积垫土、冶炼作坊区等，进一步弄清了龙华寺遗址的分布范围和平面布局。并试掘探沟一条，发现房址一座，水井一眼，及一批陶瓷标本。

2007年9月份，为了配合大遗址的申报工作，山东省文物考古研究所和博兴县博物馆联合组队，在龙华寺遗址上试掘探沟5条，对遗址内涵有了进一步认识。在冯吴村前发现了隋代的夯土台基。出土了较为丰富的陶器、瓷器、骨器、建筑构件等，其时代主要为北朝至唐代，小部分遗物属宋代。

截至目前，龙华寺佛教寺院遗址出土金、铜、石、瓷、陶质的佛教造像400余件，其中相当部分带有题记和年号，为北朝至隋代佛教造像的分期与断代提供了标尺。经过考古调查、勘探、发掘发现的许多与寺院相关的遗迹、遗物，对研究寺院的年代和结构，以及北朝至隋唐时期该地区的佛教文化、佛教流传及寺院兴废等都具有重要的价值。

北魏太和二年（478）落陵委造观世音像

隋开皇十一年（591）孔钺造老子像

北魏普泰二年（532）孔雀造弥勒像

北齐天保五年（554）薛明陵造像

东魏兴和四年（542）项智坦造像

北齐倚坐佛像

北齐河清三年（564）孔昭俤造弥勒像

灵岩寻踪——长清灵岩寺考古发现

灵岩寺地处泰山西北支脉灵岩山之阳，始创于东晋，后经历代扩建重修，至今仍为一方巨刹。1995年文物部门在寺院的中部和西北部分别清理出隋唐至宋代的建筑遗址鲁班洞、般舟殿和辟支塔塔基，2007年又在寺院东部清理了三处宋代至明清时期建筑遗存。

鲁班洞遗址位于灵岩寺大雄宝殿西侧，《长清县志》载寺内五花阁为鲁班所建，鲁班死后葬于此，故俗称“鲁班洞”。1995年考古发掘证实为一座石砌拱券式门洞，是早年进入寺院的山门，建筑年代可能早到隋代。券洞北端有七级台阶，阶上为一平台，上方为ā顶覆罩的方室，方室辟东、西、北三门。北门半圆形门楣上浮雕一人物头像，西侧石门柱前有一挺胸蹲坐的石狮，东侧门柱及石狮已残失。东西两门均有石阶可通顶部的山门殿。殿后为一石拱桥，桥面浮雕四组精美的莲花纹饰。券洞内石壁上嵌有唐天宝元年（742年）大书法家李邕撰写的《灵岩寺碑颂并序》残碑等。该石砌券洞是目前我国发现的时代最早的拱券式门洞。

辟支塔塔基浮雕

鲁班洞台基上建筑遗址

辟支塔位于千佛殿西侧台地上，现存塔为北宋淳化五年（994年）重建。塔基原淤埋于地下，1995年清理后，发现八角形塔基一周的青石板上有浮雕和线刻，用分幅的连环画形式来表现孔雀王朝第三世国王阿育王少有慧根而后从暴虐无道到皈依佛法的经过。塔基八面，每面5幅，应为40幅，后世重修时存37幅，且次序已经打乱。每幅画面中间用雕刻有天王力士、净瓶卷草、龙凤等图案的蜀柱来间隔；塔基每个角柱上浮雕铠甲力士。这些雕像堪称中国美术史上罕见的艺术精品。

般舟殿遗址位于千佛殿北约50米的台地上，为唐、宋时期的建筑遗址。遗址上清理出高大的唐代须弥座台基，平面呈长方形。台基上部的柱网等主体遗存为宋代遗迹，据之可判断宋代该殿为面阔五间，进深四间，南侧有月台，四面有墙体，地面铺方砖；殿内中后部有放置三尊佛像的佛台，而殿两侧及后部砌罗汉台，地面布石质柱础。殿前出土一座唐开元二十三年（735年）建造的龙虎纹楼阁式石佛塔的散落残件，拼对为一座“小龙虎塔”；塔南石雕残件还分别拼对为一座唐天宝十二年（753年）与一座大中十四年（860年）的精美经幢；台基周围淤土中还出土有数件佛教造像，其中以一尊北齐时期的菩萨头像和佛头像最为精美。

2007年发掘共清理出两座明清时期院落和一座始建于北宋的大殿，以及与这些建筑相关的水池、甬路等众多遗迹。

一号院落位于卓锡泉东，面南背北。该院主要建筑物分为

般舟殿周围出土北齐菩萨头像

三期，但三期院落中轴线一直未变。二号院落位于大雄宝殿东临。此处地势东高西低，落差较大，形成此院落背东面西的布局，这在整个灵岩寺已知院落布局中都是仅有的。从主殿西部铺地砖向下2.6米处，有疑为宋代的地面和一座小型砖塔基座。

F9位于一号院落南侧，是一座单独的大殿。该殿坐北朝南，面阔三间。殿北有四根北宋修殿时留下的石柱。殿周围有砖石砌成的护台、散水，散水外是庭院地面，殿后庭院中有片岩铺设的甬路。从殿内出土的残碑中可见有“重修转轮”等字样，故不排除该殿为“转轮藏”的可能。

此次发掘出土的一块浮雕石板较为特别，为壸门内浮雕与阴线刻配合雕画一舞者的形象。另外出土的多方石碑中，包括一方“□盟功德殿又金大佛三等十□”和一方宋代宣和年间的石碑等，不见于前人志书，为研究灵岩寺历史再添新的文字材料。

辟支塔塔基浮雕（升幡）

灵岩寺发掘一号院落（北向南摄）

2007年灵岩寺发掘宋代石柱局部拓片

2007年灵岩寺发掘舞人浮雕

三、瓷器与瓷器制造

山东地区是北方瓷器手工业生产较早的地区之一，但因各地发现的古窑均是民窑，文献记载极少。20世纪50~60年代以来，山东省博物馆等单位对各地窑址陆续进行了调查和发掘工作，证明至少在北朝晚期，瓷器手工业已经在山东开始兴起，之后历经隋、唐、宋、金、元、明、清各代相沿不断。目前确定的北朝时期窑址仅有淄川寨里、枣庄中陈郝、临沂朱陈、兖州东漕庄等数处。隋唐时期的窑址发现较多，已确定有近60处，主要集中在泰安、济宁、枣庄、淄博、临沂五个地区。其中1978年以后进行正式考古发掘或重点调查的重要窑址有：枣庄中陈郝窑址、曲阜宋家村窑址、宁阳西太平窑址等。1993年在淄川寨里窑址出土一件隋代青釉瓷瓶。

在田野考古发掘的魏晋南北朝至隋唐时期的墓葬中，也出土了不少这一时期的瓷器精品。1984年，苍山东高尧粮管所内发掘一座西晋墓中，出土盘口壶、鹰首壶、四系罐、碗等青瓷

临沂湖台遗址青釉狮形插器

淄川和庄墓出土北朝青瓷莲花尊

寨里窑隋青釉瓶

唐代青瓷兽足砚

器11件。2003年临沂洗砚池1号晋墓出土了瓷器41件，2号墓虽经盗掘，也残存瓷器5件，其中大部分为青瓷器。因目前尚未发现山东本地的魏晋窑址，山东魏晋墓葬中出土的瓷器应与瓷器的交流有关。此外，1981年在临沂市湖台遗址上也出土了1件精美的西晋青釉狮形插器。淄博、临朐、济南等地的北朝墓中也发现有青瓷器。1982年在与淄川寨里窑相距不到10公里的淄川区龙泉镇和庄一座北朝晚期小型石室墓中，出土了1件青瓷莲花尊和1件青釉瓷碗，其中的青瓷莲花尊是一件难得的艺术珍品。经与寨里窑址同类器对比，已经确认这一青瓷莲花尊为寨里窑址生产，代表了山东地区北朝时期高超的制瓷工艺。另外在临淄北朝崔氏墓、寿光东魏贾思伯夫妇墓、高唐东魏房悦墓、临朐北齐崔芬墓、济南北齐道贵墓等北朝墓葬中均出土有北朝时期的瓷器。济南、淄博、济宁、青州等地的隋唐时期墓葬中也多有瓷器出土。1986年在张店沣水镇范王村一座唐墓中出土的黑釉瓷碗，为唐代黑釉瓷器的典型代表。2004年在济南章丘城角头墓地出土了青釉钵、酱釉瓷瓶、青瓷兽足砚等一批唐代瓷器。章丘隋代周皆墓、青州郑母镇唐墓、张店沣水镇范王村唐墓、临淄后李遗址唐墓、桓台李寨遗址唐墓等隋唐墓葬中均见瓷器出土。此外，在博兴龙华寺等寺院遗址及古船遗址的发掘中也多出土有北朝至唐代瓷器。

唐代青釉钵

桓台县田庄镇荀召村砖厂隋代青釉四系罐

兖州邢村南北朝青釉六系盘口壶

兖州夏村南北朝青釉贴花龙柄鸡首壶

从考古发掘资料断定，至少在北朝晚期，山东已经出现北方地区始烧年代较早的青瓷窑址，并烧造出较为成熟的青瓷制品。这一时期器形较为简单，主要为日常生活用具，器物造型厚重浑圆，胎质粗糙、疏松，胎色青灰或青褐，釉色多为青褐或青黄，釉汁厚薄不均。多器内施全釉、器外施半釉。部分器物有简单的划花、贴花装饰。窑具多手制。器物装烧采用叠式裸烧法。使用柴为燃料。隋代瓷器均为青釉，常见器类有生活用具和文房用具等。器物造型规整，胎质细腻；釉色纯正，施釉均匀，器物或有脱釉、垂釉和积釉现象；装饰技法出现水平较高的刻花、贴花和模塑工艺；装烧技术以叠式裸烧法为主，出现个别匣钵烧制的先例。唐代瓷器以白釉、青釉、黑釉为主，也有黄釉和酱釉，磁村窑址在唐代晚期新出现茶叶末釉。器类主要有碗、罐、盘、盆、钵、盏、瓶、执壶、水盂、杯托、注子等。窑具形制种类繁多，瓷器烧造方法多样化，在大量使用叠装裸烧和匣具烧的同时，新出现垫板层层隔烧、对口套烧。器物造型在唐代初期较厚重粗笨，釉色浑浊驳杂。唐代中晚期，造型趋向稳重大方，胎薄质细；釉色纯正，光洁晶莹，施釉厚薄均匀；器物装饰多素面无纹，以前流行的堆塑贴花为釉面的多种色彩所代替，常见白釉绿彩、白釉红彩等瓷器。

兖州市小孟乡李海村唐代黄绿釉绞胎枕

唐白釉深腹碗

新泰市楼德镇西村唐代青釉敛口罐

滕州隋代青釉蒜头壶

新泰刘官庄青釉双系盘口壶

济宁市军分区工地唐代茶叶末釉凤首壶

章丘电场唐代黑釉瓶

瓷器在这里延续——枣庄中陈郝瓷窑遗址

位于枣庄市西北10公里的薛城区邹坞镇中陈郝村及其周围方圆3平方公里的范围内，蟠龙河自北向南从遗址中部流过。1978年6月枣庄市文物管理站考古调查时发现，1987年9、10月，山东大学历史系考古专业和枣庄市博物馆联合对该遗址进行了考古发掘。

因遗址面积较大，1987年的发掘分南北两区进行，共开5米×5米探方11个，实际发掘面积198平方米。窑址堆积厚薄不均，北区堆积厚而复杂，南区堆积薄而简单。根据地层、遗迹之间的相互关系和出土遗物的特征，发掘报告将该窑址遗存分为六期，第一期约是北朝晚期；第二期为隋代，下限可能到唐代初期；第三期为唐至五代；第四、五、六期分属宋代、金代和元代。发现隋至元代的房基、料池、窑炉、灰坑、墓葬等遗迹14处。

发掘中没有发现北朝时期的遗迹，但首次明确发现山东地区北朝晚期的地层堆积。遗物主要是窑具和瓷器。窑具多手制，有三足支钉、筒状支具、不规则支具等。瓷器有瓷碗、胡人头像等。瓷碗数量最多，均为青釉，胎体厚重，胎质粗糙，含有较多的砂粒和铁质。内底多有支烧痕，多数内施全釉，外施半釉。胡人头像亦施青釉，高鼻深目，口呈椭圆形。装烧技法流行底层用筒状支柱支撑，上部叠放器物，器物之间垫三足支钉的裸烧法。

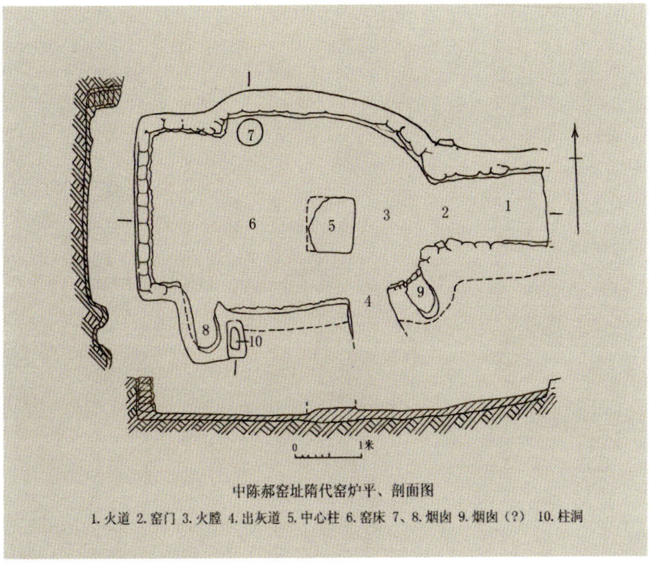

中陈郝窑址隋代窑炉

中陈郝隋青釉钵

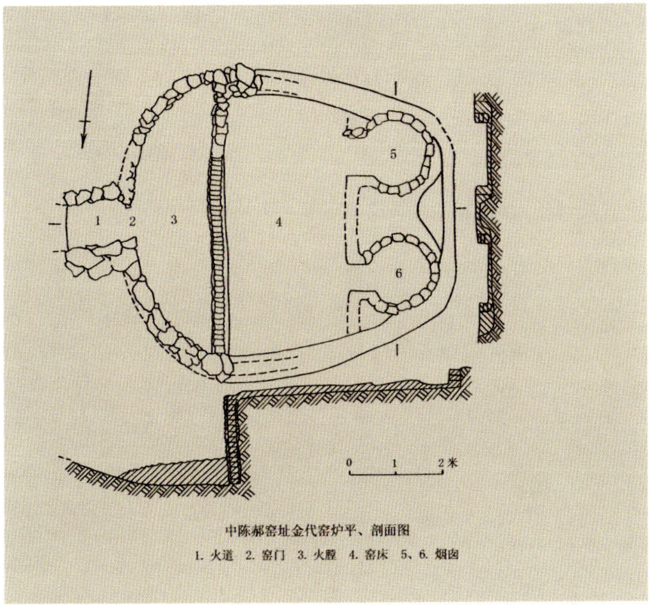

中陈郝窑址金代窑炉

中陈郝隋代青釉盖罐

隋至唐初遗迹有瓷窑、料池、灰坑各1座。隋代瓷窑平面略呈椭圆形，东西向，半地穴式，由火道、窑门、火膛、出灰道、中心柱、窑床、烟囱等组成，全长6.44米，最宽处3.8米。窑室四壁用土坯和石块砌成。火膛和窑床基本处在一个平面上，为直焰式柴烧窑。此期遗物主要有窑具、瓷器和铜钱。窑具有三足支钉、支柱、托座、匣钵、垫圈、五齿支具、蹄形印模等，以三足支钉最为常见。瓷器种类有碗、杯、罐、盘、盆、高足盘、钵、盘口壶、器盖、砚等，多造型规整，胎质细腻，厚薄均匀。施釉有青绿釉和青黄釉两种，青绿釉釉层较厚，釉面较洁净光亮，多有垂釉和积釉现象；青黄釉釉层较薄，多有脱釉现象。装烧方法仍为叠式裸烧。铜钱仅见隋“五铢”铜钱一枚。

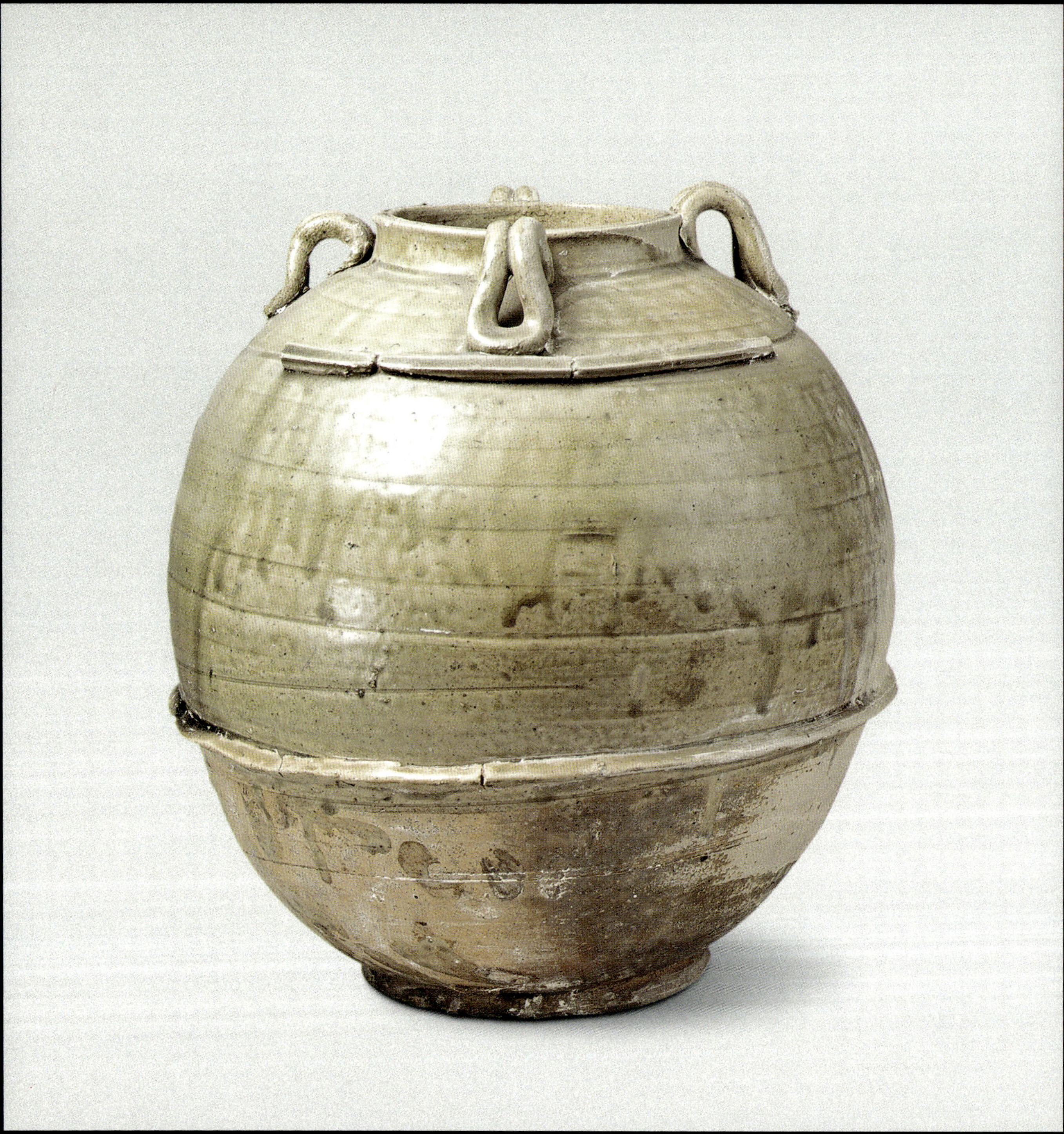

中陈郝青釉四系罐

唐代至五代遗迹发现瓷窑1座，灰坑3个。瓷窑亦为半地穴式，破坏严重。遗物有瓷器和窑具两类。瓷器仍以青釉为主，胎体厚重，胎质较粗，含细砂粒，出现少量褐釉；器类有碗、罐、盘、盆、瓶、执壶、水盂等。窑具形制趋向粗矮、宽肥，有三足支钉、支柱、托座、匣钵、垫饼等。

此外，遗址上还发掘出一批宋、金、元时期的遗迹、遗物，尤其是在遗址南区发现的一座结构比较完整的金代窑址比较重要。该窑平面呈椭圆形，长约8.9米，最宽处7米，建于生土之上，由火道、窑门、火膛、窑床、烟囱组成。在火膛的底部发现有厚约0.5米的炉渣沉积，是一处典型的煤烧窑。窑内出土有碗、罐、盆、盘、缸、鸡腿瓶、灯等残瓷器和匣钵、托座、垫饼等窑具。

考古调查和发掘表明，中陈郝窑址是一处烧造年代久远、烧造规模宏大的民间瓷窑厂。其烧造年代自北朝晚期至宋元，延续近千年，地层、遗迹叠压打破关系清楚，采集和出土遗物丰富，各期瓷器和窑具特点明显，为山东地区瓷器和窑具断代提供了可资对比的资料，为中国北方古代瓷窑和瓷器研究增添了重要内容。

中陈郝白釉黑花四系瓶

中陈郝宋代白釉黑花瓮

中陈郝宋代白釉黑花双耳罐

中陈郝隋代青釉四系盘口壶

四、考古发现的墓葬

三国两晋时期的墓葬考古工作做的较少，确认为这一时期的墓葬多经过正式发掘，有近10处，以西晋墓居多，不少有明确的西晋纪年，并伴出精美的瓷器。1978年以后发掘有临沂洗砚池西晋墓等4处，多为规模较大的双室或多室墓，主墓室多券顶；墓内随葬一批瓷器精品，以精美的青瓷居多。南北朝时期墓葬发现20余处，主要集中在潍坊、济南、淄博、德州、泰安等地，1978年以来，陆续发掘了临淄北朝崔氏墓群、临朐北齐崔芬壁画墓等一批重要墓葬。墓葬均由墓道、墓门、墓室组成，大多数还有较短的甬道，多石砌单室墓。北魏、东魏墓室平面形制多圆形和椭圆形，北齐则多为方形；墓顶以穹隆顶为多，四角攒尖顶次之；墓葬形制以单人葬为主，偶有夫妇同穴合葬墓。墓葬内发现一批精美的北朝壁画，有的墓随葬大量的陶俑、陶禽、兽和生活器具模型；墓中的青瓷器大多胎骨坚硬，釉色光亮晶润，呈现出与南方青瓷器显著不同的特点，可能为山东本地瓷窑烧制。隋唐时期墓葬发现80余处，分布遍及全省大部分地区，1978年以后经过正式发掘的有济南隋代吕氏墓、章丘城角头墓地等10多处。多为小型墓，有砖券或石砌单室墓、土坑墓等；单室墓平面多圆形，穹隆顶。墓内出土了一批较好的瓷器。

临朐崔芬墓壁画墓屏风树石图

临沂洗砚池晋墓青釉双系罐

章丘城角头墓地唐代三彩印花长方形枕

济南东北里洼北朝墓子母猪

备受宠爱的夭折者——临沂洗砚池晋墓

洗砚池晋墓位于临沂市区洗砚池街北侧、王羲之故居公园东北部。2003年4月在王羲之故居公园扩建工程施工中发现，山东省文物考古研究所与临沂市文物管理委员会、临沂市博物馆联合组队进行抢救发掘。共清理规模较大的砖室墓两座。首先发现的是1号墓，6月初又发现了2号墓。发掘工作取得重要的收获，被评为“2003年中国十大考古发现”之一。

两墓东西相距30米，其所在地原为临沂市老城区内的最高点。1号墓在发现之前曾残存直径约40米、高度约2米的封土。两座墓均南向，石质墓门，1号墓为砖砌双室墓，2号墓为砖砌单室墓。

1号墓东西宽7.55米、南北长4.6、高3.4米，砌筑在夯筑形成的墓圹之内，墓底夯筑的厚度达1米以上。分左右两个墓室，平面皆为长方形，券顶，墓顶抹一层白灰封护。墓室底部铺砖，铺底砖中部呈龟背状凸起。墓室均有双扇石质墓门，墓门外侧砌筑封门砖墙，门前东西两侧还各砌筑一道南北向挡土砖墙。封门墙中部的上面放置青瓷罐、酱釉兽形水注、五铢钱等物。墓室内淤泥较多，棺木已腐朽，仅有灰痕及棺木表面的髹漆可辨。西墓室一棺，已漂移至墓室门口，内葬一人。骨架保存较好，金簪、金钗仍插在发髻之上，11个金指环套在指骨上，金手镯套在上肢骨上。东墓室埋葬两人，各有长约1.2米的小木棺，也漂移至墓室两角。经初步鉴定：三具骨架均为未成年人，其中西墓室墓主年龄在6～7岁，东墓室的两具人骨，一具为一岁多的幼儿，另一具为2～3个月大的婴儿。

1号墓未经盗掘，出土随葬品十分丰富，有铜器、瓷器、陶器、漆器、铁器、金器及其他质料的器物250余件（套）。其中瓷器主要有盘口壶、鸡首壶、罐、弦纹钵、印花钵、胡人骑狮插器、水注、烛台等，主要为南方风格的青瓷。陶器有盘、高足盘、釉陶瓶等器类。铜器有熏炉、鼎、魁、鐎斗、熨

1号墓全景

青釉印花瓷钵

金珰

青釉盘口鸡首壶

青釉鼠形瓷塑

铜神雀负雏熏炉

煤精雕刻小兽

青釉胡人骑狮狮插器

斗、灯、碗、弩机、带钩等。金器主要为手镯、钗、簪、铃、串珠、牌饰、指环等装饰品。铁器有刀、灯、镜诸类。墓葬随葬漆器多腐朽严重，可辨器形有奁、壶、耳杯、盘、勺等类，部分漆器底部有清晰的朱书文字。随葬品中造型最为优美的当属青釉胡人骑狮插器、铜神雀负雏熏炉、铜仙人骑兽器等。铜弩机上铭刻“正始二年”等30余字的铭文，部分漆器底部朱书“太康七年”、“太康八年”等纪年，均为该墓的断代提供了直接依据。

2号墓位于1号墓之西，为南北向的单砖室墓，由甬道和墓室组成，墓前有斜坡状墓道。甬道和墓室南北全长13米，其中墓室南北长6.64、宽4.1、高2.87米。甬道位于墓室南，甬道南有石门，门外用砖封堵，门外两侧有高3.3米的砖垛。甬道和墓室间也有一道厚重的双扇石门。墓室和甬道皆券顶。墓底铺砖，也呈龟背状凸起。墓室内有棺木两具，也亦腐朽仅存灰痕，发现两具已散乱的人骨架，初步观察均属成年人，是一座合葬墓。2号墓葬曾遭两次盗掘，出土各类文物20余件，其中瓷器5件，另有铜虎子、玛瑙珠、金钉、金饰等。

综合两座墓葬的形制结构、构筑方式、随葬品的器物组合特点和随葬出土的纪年资料，初步断定临沂洗砚池墓葬的年代属西晋。两座墓葬规模较大，构筑方式考究，出土文物精美，特别是在同一墓内埋葬3个未成年人，且随葬如此高规格的随葬品，这是以往考古发掘中极为罕见的现象。墓主应具有较强的经济实力或一定的政治势力，或与当时的名门望族、达官贵族有一定关系。

瓷灯

M2全景

地下的达官士族——临淄北朝崔氏墓地

崔氏墓地位于淄博市临淄区大武镇窝托村南约400米，依黄山北麓，北濒乌河。1973年冬辛店电厂施工过程中被发现，山东省文物主管部门获悉后，随即派人进行调查，并在工程部门配合下发掘了14座墓葬。1983年，淄博市博物馆和临淄区文管所又在该处清理了墓葬5座。两次共发掘19座墓葬，时代跨越北魏、东魏、北齐三个时期，是山东地区目前已发掘的北朝墓葬中规模最大的一处。

这批墓葬均为石块砌筑的石室墓，墓均为西北向，由墓室、墓道或甬道组成，多数墓为一个墓室，个别墓附有一个耳室。墓室平面多呈圆形或椭圆形，墓顶内收成穹隆状，有的穹隆状墓顶中心呈方口形，上覆盖一石板。19座墓葬中多是埋葬一个人，也有夫妇同穴合葬在一个墓内的。因早年盗掘和毁坏，这些墓多顶部坍塌，葬具和尸骨无存，随葬器物摆放凌乱。出土随葬品近300件，以陶器为主，还有铜器、铁器、瓷器、钱币、陶俑等，并出土纪年墓志7块。

1号崔鸿夫妇合葬墓，出土北魏孝昌二年（526年）崔鸿墓

临淄北朝崔鸿墓志拓本

志和东魏天平四年（537年）张玉伶墓志两块及其他遗物40件。其中绝大部分为陶器，有武士俑、女仆俑、文俑、侍卫俑、镇墓兽等各类俑，骆驼、马、牛、猪、羊、狗、鸡等畜禽模型，以及碓、灶、盏、碗、奁等生活用具或模型；另有铜帽饰、铁棺具等。

3号东魏元象元年（538年）崔混墓，出土墓志一块和陶器、瓷器、铁棺钉等60余件，其中各类陶俑、陶镇墓兽、家畜、家禽及生活用具模型40件，形象生动，造型各异。

重要的是，在12号北齐武平四年（573年）崔鸿之侄崔博墓内发现了墓室壁画。壁画绘在墓门内两侧的白灰泥面上，每侧各彩绘武士一尊，腰似佩剑。这种彩绘武士像，是山东墓室壁画的首次发现。该墓随葬的跪拜俑、连体俑、人首蛇尾俑等陶俑造型也很独特。

10号墓出土了6件很有特色的生肖俑，皆灰陶，带有龛台，个别生肖俑还涂朱，并出土云母金箔、镇墓武士俑等。

瓷四系罐（73辛店电厂M3:1）

3号墓镇墓俑

3号墓女仆俑

10号墓蛇俑

10号墓猴俑

10号墓虎俑

10号墓武士俑

此外，5号墓、14号墓、15号墓分别出土北齐天统元年（565年）崔德墓志、东魏天平四年（537年）崔鹔墓志和北魏延昌元年（512年）崔猷墓志各一块,为墓葬的断代提供了依据。未出土墓志的7号墓、10墓、16号墓、17号墓，发掘者根据其墓葬形制和出土遗物的特征，分别将其时代定为：7号、16号墓为东魏时期，10号、17号墓为北魏时期。其他9座没有墓志土的墓葬，随葬器物残存极少，埋葬的绝对年代难以确定，仅依其墓葬结构、形制和出土遗物分析其属北朝时期。

临淄北朝崔氏墓地是山东地区首次发现的集北魏、东魏、北齐三个时期的家族葬墓地，为研究北朝时期墓葬形制与典型器物提供了珍贵的实物资料。7方墓志的出土，提供了墓主人之间的血缘关系，尤其是年代最早的崔猷墓志，为进一步考证崔氏家族崔猷、崔光以上辈系提供了依据。墓志详细记载了山东清河豪门世家崔光、崔敬友、崔猷家族的势力发展，及其子孙死后归葬祖茔的情况，对研究汉代以来，尤其北朝世家大族势力的发展及其族葬制度提供了弥足珍贵的资料。

瓷碗(辛店电厂M5:1)

瓷灯(73辛店电厂M5:01)

7号墓白陶螭柄壶

壁画艺术的完美体现——临朐北齐崔芬壁画墓

崔芬墓位于临朐县城南11.5公里的冶源镇海浮山南坡，1986年4月在城南建县丝织厂厂房时发现。同年山东省文物考古研究所、临朐县博物馆联合组队进行了清理。

墓葬为一带壁龛的石砌方形覆斗式顶单室墓。平面呈“甲”字形，由墓道、甬道和墓室组成。墓道斜坡状，甬道为石板砌筑，平顶。墓室平面呈方形，四壁微外弧，覆斗顶，以条石错缝叠砌，石灰抹缝，墓底铺石板；墓壁边长3.58米；北壁和西壁中下部各辟一石砌平顶大壁龛。墓葬有双扇石门两道，第一道石门位于墓道与甬道之间，门外以10块不规则的毛石块平排封堵，墓门朝内一面线刻或浅浮雕忍冬纹、莲花纹以及菱形或椭圆形装饰；第二道石门位于甬道与墓室南壁相接处，门框上阴线刻缠枝忍冬纹，门框及门槛上有“□ 统”、“大”字样。甬道两壁和墓室四壁、室顶彩绘壁画。

墓室西部置石砌棺床，东壁下置彩绘陶俑，西南角置“魏威烈将军行台府长史崔公之墓颂”石墓志一盒。棺床左右前侧放置青瓷器、陶器、铜器等，主要有青瓷罐、青瓷鸡首壶、青瓷豆、青瓷碗、瓷胎碗、泥钱、铜神兽镜、铜铃、铜环、铜钱、银簪、石研磨器。另外，墓室东壁下原有武士俑、骑马

甬道西壁壁画武士图

甬道东壁壁画武士图

俑、侍吏俑、侍女俑等各种陶俑，惜已破坏，仅残存十个头梳双髻、脸施红彩的侍女俑头。

据墓志记载，墓主崔芬是清河郡东武成人（今山东德州市武城县），出身于秦汉以来的山东豪门世家大族清河崔氏。北魏时曾任郡功曹、州主簿。东魏末年官任本州别驾、威烈将军、南讨大行台都军长史等职。北齐初年卒（天保元年即550年），终年48岁，次年葬于“浮山之阳”。

墓室壁画是崔芬墓的重要发现。该墓壁画是山东目前发现墓室壁画中保存最为完好的一座。壁画彩绘在甬道两壁、墓室四壁和室顶，程序都是先在石墙上粉刷一层白灰，然后绘制壁画。甬道的东西两壁上各彩绘一武士，均头戴盔胄，身披铠甲，一手按盾牌，一手握拳或张掌，并在手腕上悬挂长剑；貌甚威猛；武士的身后和周围，绘有槐树、假山和云朵。墓室室顶的下部和墓室四壁彩绘星相、四神、墓主夫妇出行及十七扇屏风。墓室顶部壁画为用墨点绘制的星象图，根据北京天文馆陈晓中先生认证，星象图为二十八星宿图，分别为东、西、南、北方七宿，其方位分别与墓室四壁上栏的四神图相对应。墓室四壁的壁画分上下两栏，上栏按方位分绘有神人驾驭的四神图像，东部为青龙，西部为白虎，北壁为玄武，南壁为朱雀（但朱雀图绘在南壁西侧下部，位置相当于下栏，且无神

东壁上方壁画青龙图

西壁上方壁画白虎图

南壁墓门左侧壁画朱雀图

北壁玄武图

东壁上方南侧壁画日象图

西壁上方南侧壁画月象图

人），在青龙和白虎像前分绘日象和月象，四神图像后侧各绘有人形神兽（南壁例外），并衬以山峦树木。墓室四壁下部绘十七扇屏风，屏风除南壁东侧的两扇空白外，余十五扇均绘有物像，其中八扇是以树木、假山为背景的人物屏风画，屏面上分别绘坐于树下席上的男像，多数衣冠不整，呈形骸放浪之状，侧后多有侍女，另七扇屏风绘有舞蹈、备骑、系马、树木、假山等图案。西壁壁龛横额上绘墓主夫妇在婢仆簇拥下出行的图像；画面绘有三男十三女，左（南）向行；左起第三人是墓主崔芬；右起第四、第七两人是崔芬的夫人；墓主前后，有婢仆多人簇拥。

壁画绘制线条流畅，物象比例恰当，造型生动活泼。八扇人物屏风画，与南朝大墓中发现的“竹林七贤”和荣启期拼镶砖画内容极其相似，画风也极相近，可能是受东晋南朝的《竹林七贤图》的影响。西壁壁龛横额上的墓主夫妇出行图，画面主从分明，人物顾盼多姿，构图繁而不乱，勾线流利挺秀，是不可多得的上乘之作。

临朐崔芬壁画墓的发掘，为研究山东北朝的墓室壁画增添了宝贵的实物资料。该墓壁画精美，保存比较完整，对于研究当时的社会生活、风俗习惯、服饰制度、绘画艺术等具有极其重要的价值。

北壁壁龛西侧壁画屏风人物图

西壁壁画出行图

群俑荟萃——济南东八里洼北朝墓

位于济南市南部、北距老城约4公里的东八里洼小区内，三面环山，地势低平。1986年4月，济南市城市建设开发公司在八里洼开发区19号楼进行基础建设时发现，同年山东省文物考古研究所进行了清理。

东八里洼北朝墓是一座石砌单室墓，由墓道、墓门、墓室三部分组成。墓道开在墓室南侧，由前后两部分组成，前部分呈斜坡状，后一部分与墓门水平相接。墓门底部以条石铺砌，其上用条石砌筑8层，顶部已塌，从残存部分推测为券顶。墓门与墓室相接处以乱石填充。墓室平面呈圆角长方形，南北长3.9米，东西宽3.4米，四壁微外弧，穹隆顶，以不规则石块垒砌，墓底以不规则石块铺平。墓室东、西、北三壁绘有壁画。墓室内破坏严重，葬具及葬式不详。

墓内出土各类陶俑、陶动物、陶模型以及陶、铜、铁器等器物98件。其中绝大部分为陶俑、镇墓兽、陶动物及陶模型，出土时彩绘鲜艳。陶俑及镇墓兽均泥质灰陶，火候较高，质地坚硬，模制加彩绘。陶俑有镇墓武士俑，持盾甲胄武士俑、持盾武士俑、披两裆甲俑、背箭箙俑、戴风帽胡俑、男侍俑、牵马俑、女侍俑、女仆俑等。镇墓兽两件，一件人首兽身，蹲坐

墓室壁画拓本

持盾甲胄武士俑

于底座上，人首以墨笔绘出头发、须、眉，头发在头顶打结，表情平静，兽身绘红、黑、赭色纹饰，背竖三根粗大的鬃毛，最上一根呈戟形；另一件为兽首，面目狰狞，其余部分与上件同。陶动物俑有马、驴、牛、骆驼、卧猪、子母猪、子母狗、卧羊，陶质和制作工艺与陶俑同。陶模型有仓、灶、井、碓、厕、车等。日常生活用陶器较少，仅见双系罐、碗等器物。另出土有鎏金铜灯盏、永安五铢铜钱、铁铲等。

东八里洼北朝墓壁画绘在墓室东、西、北三壁上。壁画系先抹一层白灰膏，然后再在其上绘制。其中东、西两壁上因白灰面斑驳脱落，画面已漫漶不清，隐约可辨出每壁上有墨笔勾画的两个侍女。北壁的壁画保存比较完整。在北壁和北壁与东壁的转角处，可以清楚看出壁画的内容为八扇赭石色的屏风。八扇屏风的下部绘有三个足，上部绘一些垂帐，垂帐的上部绘有花草。八扇屏风的两侧绘有帷幕。在中间的四扇屏风上，每扇绘一个人物，都是宽袍大袖，袒胸跣足坐在树下席子上，旁边摆放着壶、盘、杯，似悠然自得、饮酒作乐状。其中有一个主人旁边还有一个小童侍候。壁画的内容和绘画技法与南朝大墓中的砖刻壁画基本相似，应是受到了南朝社会风尚和绘画技法的影响。该墓壁画以屏风作装饰，屏风的上部画垂帐，这在山东之外地区的同期壁画墓中尚不多见。

根据墓葬形制和随葬器物以及与邻近地区这一时期墓葬出土器物比较，此墓的陶俑、陶动物及陶模型等都体现出比较典型的东魏、北齐的时代特征，许多器物的特征，与河北、山西等地东魏、北齐墓出土的同类器物极为接近，而其随葬镇墓兽背上的戟状鬃毛特征，表明此墓的埋葬时代可能为北齐。

东八里洼北朝墓出土的大量造型生动、比例准确、色彩鲜艳的陶俑、陶动物及陶模型，为研究山东地区北朝晚期的社会生活和埋葬制度增添了实物资料。其壁画内容明显受到南朝的影响，表现了这一时期南北文化交流的特点。

男侍俑

卧猪

女仆俑

陶碓

女侍俑

骆驼俑

陶马

镇墓武士俑

第七章　文化传承——宋元明清考古成就

一、宋元明清考古概述

宋元明清时期，是中国历史上中华各民族逐渐融合最后形成大一统的时期。在这一千多年的时间里，汉族、女真族、蒙古族、满族等先后成为中华大地的实际统治者，政治、经济、文化各个方面在不同的朝代各有不同的发展与变化。山东在北宋时分属于京东东路，京东西路。金大定八年设山东东西路统军司，“山东”一名始正式为地方行政区划。元朝设山东东西道肃政廉访司及山东东西道宣慰司，直接隶属中书省。明洪武元年，置山东行中书省，后改为山东承宣布政使司。清初，分全国为18行省，后增为23省，“山东省”至此成为地区与政区相统一的专用名称。朝代的更替与行政区划的变化，使得山东地区这一时期的物质文化面貌呈现多样化。不少地区物质文化，既有汉人的生活习俗，也有其他少数民族的烙印。

济南县西巷宋代罗汉像发掘现场

济南县西巷40号窖藏坑局部

山东地区这一时期的考古工作，主要包括山东境内古代京杭运河的调查与试掘，古代城址的调查与发现，佛教遗存的调查、发现与清理，瓷窑遗址与重要瓷器的调查、发现与发掘，墓葬的调查、钻探与发掘，以及碑刻、木船、铜权、官印、铜铳、铜盔等的发现与清理。

古代京杭运河由河北省景县桑园西南进入山东省德城区二屯镇第二店村北，沿途流经临清、汶上等16个县（市、区），由台儿庄镇新赵村东南出境，全长560公里。元、明时期在汇入运河的各河道上设立许多闸、坝，运河沿线设有许多码头、栈铺，并在运河重要地段设立官府管理机构。现运河沿岸尚存东平堽城坝、戴村坝，聊城明代东关小码头和临清三元阁码头、台儿庄码头，临清明代户部榷税分司等重要遗迹。2008年上半年科学发掘了汶上南旺分水枢纽工程遗址。

宋元时期的城址发现6处，大部分夯筑城墙，外砌青石或甃砖。明代在胶东沿海地带出现了一种用于加强海防，防止倭寇入侵的卫（所）城、城堡等，共10多处。重要的如威海卫城、海阳所、蓬莱解宋营城堡等，这类城址面积一般不超过10万平方米，个别面积最大约30万平方米。其周围密集地分布着诸如军寨、烟墩等附属防御设施。

唐代以后的佛教造像以中小型的摩崖造像和个体石雕、木雕、泥塑佛像、菩萨像和罗汉像较多。山东地区已发现宋、金、元、明时期的石窟24处，主要分布在济南、泰安、淄博等地区和胶东半岛一带。规模一般都较小，这时期除了佛教

长清宋代地宫出土银酒盏

长清宋代地宫出土银棺盒

宋青白釉盖罐(济南市七家村墓地)

济南县西巷宋代地宫砖雕局部

石窟外，还新出现佛道共存石窟。此外还有其他造像窟，重要的有东平银山摩崖造像、济南佛惠山造像、莱州寒同山的神仙洞石窟、荣成槎山千真洞石窟、章丘赵八洞造像、平阴黄山顶石窟、东平白佛山第四窟等。宋代罗汉像以长清灵岩寺和青州龙兴寺窖藏出土的较有代表性。清理或发掘了一批佛教建筑基址，重要的有长清宋代真相院释迦舍利塔地宫、济南神通寺殿堂遗址、长清灵岩寺鲁班洞建筑遗址、长清灵岩寺般舟殿遗址、济南县西巷佛教遗址等。宋元时期，北方地区的瓷器烧造业已达到繁荣阶段，山东地区目前已发现这一时期的窑址有10多处，分布在淄博、泰安、济宁、枣庄、临沂等地区。其中1978年以后考古调查发现或进行科学考古发掘的有博山大街窑址、宁阳西太平村窑址、枣庄中陈郝窑址、临朐五井窑址、临清窑址等几处。这些窑址主要为民用窑，烧造年代大多始于北朝或隋代，金元时期兴盛，有些一直延烧到明清时代。烧造的瓷器以北方瓷窑常见的日常生活用品为大宗，但也有自己的特色产品，像油滴釉、绞胎瓷这些瓷器中的精品在博山大街窑等一些窑址也有生产。

宋元明清时期考古所做工作最多的是墓葬的发掘。1978年以后进行科学发掘的这一时期的墓葬有近30处，100余座，比较重要的有：宋代的招远市磁口村墓、栖霞市观里镇慕家店村慕伉墓、长岛邮电局墓地、临淄后李墓地、章丘宁家埠、女郎山墓地、龙口市阎家店墓；金代的高唐虞寅墓、沂水教师进修学校墓地、滕州苏禹金墓；元代的济南柴油机厂雕砖壁画墓、章丘清野壁画墓、济宁张营村墓、沂水双河村墓和前坡村墓、昌乐东山王村墓地；明代的长清德王墓群、章丘女郎山墓地、昌邑辛置村墓、沂水彭杰墓等。清代墓葬多有发现，但发表的资料较少，重要的有临淄后李、龙口阎家店、淄川区大邢村等处，其中淄川区大邢村墓地还发现了一座保存较好的清代壁画墓。其墓室北、西、东三面、顶部及墓门两侧均绘有壁画，北壁为男女墓主生前生活画像，东、西两壁各有三组孝子图，墓门两侧各绘一门神，墓壁上部绘制牡丹、红梅喜鹊图，券顶主要绘卷云纹。宋代的墓葬流行砖室或石室墓及土洞墓；砖室墓或石室墓的顶部多采用穹隆顶，有的墓壁采用仿木构或者绘有壁画；有的墓葬地面现存有石人、石兽、石坊、石碑、华表

宋白釉香熏(济南市七家村墓地)

北宋青白釉执壶(博山城区)

淄川大邢清代墓地M2北壁壁画全景

等。金代的墓葬以带墓道的圆形或多边形穹隆顶砖室墓为主，墓内流行砖雕仿木构梁、柱、斗拱、桌、椅、灯台等，多有棺床，有的前有仿地面建筑的门楼，有的内有彩绘壁画；另有部分长方形砖室、砖椁或土坑墓；其中圆形、多边形穹隆顶砖室墓多为合葬或二次葬，多数被盗掘，墓内结构多被毁坏。元代的墓葬主要分为带墓道的圆形或方形砖、石穹隆顶墓，长方竖穴石椁墓等。明、清墓葬各地发现较多，但资料发表较少，也没有进行专题研究。

除以上几个方面的考古工作外，1978年以后宋元明清时期其他的重要发现还有蓬莱古船的发现与清理，各地碑刻和摩崖题刻的发现，昌乐、茌平、沂水、益都、邹城等地元代铜权的发现，各地金代官印的发现以及郯城宋代铜盔的发现等。其中宋金元碑刻和摩崖题刻发现33处，主要分布在济南、泰安、济宁地区。曲阜孔庙、孔林、泰安岱庙、邹城孟庙也集中了这时期的较多碑刻。其内容丰富、广泛，具有一定的史料和书法价值。

山东高唐谷官屯金代壁画墓备车图

蓬莱古船三号船

二、宋元明清考古的重要发现

白银铸就有缘人——长清真相院释迦舍利塔地宫

位于长清县城内西北真相院旧址上，1987年6月，济南市文化局文物处和长清县博物馆联合进行清理。该塔塔基已遭破坏，结构不详。地宫位于塔基中间，地面经夯打实，为砖筑仿木结构。平面作“中”字形，方向10º，由宫室和两侧的甬道三部分组成。地宫高3.8、宽3、通长13.22米，全部用灰色条砖错缝砌筑，白灰抹缝。

宫室内平面作方形，南北长 2.63、宽2.53米，底部至藻井顶部高3.72米，地面用条砖横列错缝平铺。南北两壁中间有券门，与两侧的甬道贯通。券门处有封堵的泥灰痕迹。宫室四角上部用7层砖抹角叠涩上收，使室顶成八角形，其上用两层砖砌成普拍枋，上置转角铺作和补间铺作各八朵，转角铺作为六铺作三抄单拱造，补间铺作为五铺作双抄单拱造。补间铺作上端均施罗汉枋，左右拉扯与转角铺作相连。转角铺作上收作八边形藻井，再上用砖叠涩砌成方形。甬道平面为长方形，连接宫室的两侧，顶部为拱形券，宽度与宫室南北券门相同，每条甬道又分成两部分，靠近宫室一段甬道比外侧甬道低18厘米。甬道为夯土地面，没有铺砖。

地宫中出土银器13件，铜器1件，刻石3块。银器有椁盖、棺盒、罗汉、女供养人、酒盅等。其中最为出色的是9件银质罗汉和1件银质女供养人像。9件银罗汉均为立姿，高10.3~11.5厘米；上身着右衽长袍，左肩披袈裟，下身着裙裤，姿态各不相同。或面部端庄，双手置胸前拱揖；或愁容满面，双手置胸前合十；或右臂上举手持袖掩嘴，左手附膝，作哭泣状；或举臂作捶胸顿足、号啕痛哭状；或闭目呜咽，双手插袖内置胸前拱揖；或面部悲哀，右臂前伸，左手挽右袖于腹前；或面部呆滞，双手交叉置于腹前；有的身背刻有铭文。银女供养人亦立姿，头带花冠，面部端庄，身着长裙，足踩云头，云头已缺，高7.6厘米。三块石刻中，最为重要的当属苏轼《齐州长清县真相院释迦舍利塔铭并引》刻石。石呈长方形，长83、宽62.5、厚12.5厘米，原盖于地宫内的释迦舍利石函之上。刻工精致，字迹清晰。志文为阴刻楷书479字，文中有“（元丰）八年（1085年）……为砖塔十有三成……”，文末有“元祐二年八月甲辰”字。按《济南府志》、《长清县志》记载，及刻石款署“翰林学士朝奉郎知制诰”等印证，此石当为苏轼撰文并书，释迦舍利塔则建于北宋元丰八年。

释迦舍利塔地宫为砖砌仿木结构，独具一格，对于研究宋代建筑艺术有一定的参考价值。9件银罗汉和女供养人雕像铸造的比例适度，小巧精细，神态各异，形象动人，表现出匠人丰富的想象力和高超的制作工艺。以人物为主的成组银器，在宋代出土的银器资料中较为少见，是研究宋代金银器工艺技术的珍贵标本。

长清宋代地宫出土银罗汉

长清宋代地宫出土银罗汉

长清宋代地宫出土银罗汉

长清宋代地宫出土银罗汉

长清宋代地宫出土银罗汉

长清宋代地宫出土银罗汉

长清宋代地宫出土银罗汉

长清宋代地宫出土银罗汉

长清宋代地宫出土银罗汉

长清宋代地宫出土银罗汉

深藏地下的寺院——济南市县西巷佛教遗址

县西巷原是位于济南市老城中部的一条小巷，因在明清县衙西侧而得名。济南市考古研究所于2003年与2006年在此发掘出重要佛教遗存。

2003年5月，一个边长1.2米的窖藏坑首先被发现，出土18件残损佛教造像，并因此而引出7、8 月份的抢救性发掘。该次发掘收获极大，其中重要佛教文化遗存为T12中部发现的一座砖筑地宫和另外一座佛教造像窖藏坑。地宫旁的夯土台基中夹杂有残破石造像及墨书“西经”、“经藏”等字样的北宋白瓷碗底等。

砖筑地宫损毁程度比较严重，平面呈“甲”字形，由通道和宫室两部分组成。宫门朝南，出土时被砖封住。宫室为内边长1.74米的正方形，内部制作规整精良，下部墙体做成反向的须弥座式。地宫底部铺有方砖，但北部正中为一块平躺的石碑留出空缺，碑名《开元寺修杂宝经藏地宫记》，记载了北宋开元寺修造这座地宫的相关情况，据之可将济南开元寺的原始位置确定于县西巷一带。整个地宫的须弥座部分都由砖雕构筑，精美异常。束腰部分原有壶门19座，现存14座。壶门间隔以砖雕蜀柱，蜀柱上雕刻宝瓶莲花、宝瓶牡丹、缠枝卷草以及大叶

县西巷宋代地宫整体

植物等，无雷同者。每个壸门由左右对称的两块砖雕组成，刻同样的卷草纹，壸门内的砖雕内容则各不相同，分别有奔鹿、奔羊、卷枝莲花、宝瓶牡丹等。辅纹用在须弥座的上、下枭，分别是连续相接的仰莲、菱形纹、毬路纹、竹节纹、覆莲纹和卷草纹。

地宫南侧新发现的佛教造像窖藏坑编号为H40，为圆角方形土圹，直壁，南部有阶梯状入口。其南北长4.4、东西宽3.6、保存深度约0.9米；底部四周为凹槽，放置残损石刻造像及其构件计40余件（拼对后统计）和泥质造像等；中部为夯筑规整的方形土台，边长2.4米，比周围凹槽高出约7厘米，土台上面无任何遗物。H40出土的佛教造像等遗物年代最晚者属北宋时期，则其封存年代可能在北宋末年或稍后。

2003年县西巷出土造像拼对后计60余件，发现于两座窖藏坑及其周围的夯土层和水井中。巧合的是，有些出土于不同单位的造像碎块可以相互拼接，属于同一个体。这些造像时代涵盖东魏、北齐、唐代、宋代等朝代，而以唐代像居多。形象上可以分为菩萨像、佛像、弥勒像、弟子像、罗汉像、供养人像等，而以弥勒像、佛像和菩萨像居多。造像方式以单体造像为主，背屏式造像仅见于北朝晚期，另外还有造像龛、经幢造像和小龙虎塔形式存在。这批造像中带纪年的较多，如其中武定八年（550年）造像，将齐州开元寺的始建年代追溯到东魏时期或者更早。2003年9月，道路施工中又发现了一节浮雕“七佛一弥勒”的经幢，在佛教信仰中表现特殊的意义。

2006年夏，县西巷东侧再次发现佛教遗存，其中包括从一座北宋时期废弃的水井中发现的北齐时期菩萨头像和东魏时期的一铺三身造像。另有《解冤结真言》经幢，甚为罕见，似乎属于宋金时期制造。

40号坑出土北齐菩萨头像

县西巷宋代地宫局部砖雕

出土的宋代造像

县西巷唐代鎏金趺坐一号造像

博山窑系之代表——博山大街窑址

博山大街窑址位于淄博市博山区城内，东临峨眉山，西濒孝妇河。窑址沿河分布，长约1.5、宽约0.2公里，是一处北宋晚期至元代的窑址。1978年10月发现，1982年6月和10月，淄博市博物馆先后两次进行考古发掘，清理窑炉两座，出土了440余件颇具特色的陶、瓷器。

清理的两座窑炉南北并列，大小、形状相近。其中1号窑平面略呈椭圆形，长约4.5、宽约3米，由窑门、火膛、窑床、烟囱四部分组成。出土的瓷器主要有：碗、盘、罐、盆、执壶、灯、瓶、杯、盅、壶、盂、高柄炉、盒、钵、洗、枕等日常生活用具，牛、马、羊、狮、鹿、龟、象等动物模型，以及武士俑、侍女俑、骑马武士俑、文吏俑等各类陶俑，还有围棋子等。陶器主要有陶钵、陶球、弹丸、蛙范、枕范以及一些窑具，如匣钵、器皿状支垫具、垫饼、坩埚等。发掘者根据出土遗物的特征将窑址分为北宋晚期和金元两个时期，北宋晚期器物以白釉为主，金元时期器物以青釉为主，白釉、黑釉、酱色釉、油滴釉、低温三彩陶次之，绞胎瓷也有发现。烧造工艺北宋晚期不用匣钵，多用器皿状窑具支烧，器内底多有支钉痕，器外多施半釉；金元时期烧造工艺变化不大，仅有部分形体较小的器物采用小匣钵装烧，数量最多的青釉印花碗和印花盘，内底多刮釉一周再叠烧。在装饰工艺上，北宋晚期装饰单调，

元代青釉高足杯

元代青釉贴花双鱼盘

元代青白釉划花盘

元代青釉印花盘

釉色单纯，素面居多；金元时期釉色丰富多彩，普遍采用印花、刻花、划花、剔花等装饰技法，在器物上饰以缠枝牡丹、菊花、鱼、龟、鱼龙等纹饰。器类北宋晚期多为生活用具，金元时期虽仍以生活用具为主，但工艺品明显增多。

博山大街窑址是一处产量大、品种多的民间窑场。该窑址的试掘，对研究博山古代陶瓷的烧造历史、工艺水平以及与北方各大名窑的技术交流，提供了重要资料。对研究山东乃至北方地区宋元时期的瓷器与瓷窑研究增添了重要内容。

元代青釉蔗段洗

不为欣赏的彩卷——高唐虞寅金墓

位于高唐县城西北约5公里处，1979年6月清理。为仿木结构建筑的圆形砖砌单室墓。

该墓坐北朝南，由墓道、甬道和墓室三部分组成。墓道没有清理，甬道残存1米余，两壁用青砖错缝平砌，甬道外口用两排青砖立砌封堵。墓室平面呈圆形，直径5米，顶部塌毁，残存墓壁高1.29米，用青砖错缝平砌而成。墓室建造仿地面建筑的门、窗、柱等，六条象征性的砖砌立柱，把墓室周壁分为七部分，以墓门为基点，顺时针方向，第二部分有砖砌灯架一个；第三、第五部分各有彩绘花窗一个；位于正中间的第四部分彩绘假门一个，此门修砌精细逼真，两扇门一扇关闭，一扇半掩，门框上有黑、白、红三色构成的纹饰，门上有砖刻斗拱承托屋檐；第六间有砖砌屏风，上面画着彩绘牡丹。

墓室后部残存棺木和骨架，为一男三女合葬。墓内出有白瓷碗、瓷盘和碑形志石等。碑形墓志一盒，放在墓门的右侧，墓志盖呈碑形，上部篆书“金故信武将军骑都尉致仕虞公墓志铭”16个女真文大字；志石长方形，楷书1767字。据墓志记载，虞寅是高唐西房村人，生于北宋政和五年，官累迁至五品，积勋至骑都尉，特封陈留县开国男，食邑三百户，死于金承安二年（1197年）六月，享年83岁。

墓中壁画分布在甬道和墓室内，原绘有壁画16幅，现保存较完整的有12幅。甬道两侧绘车马出行图，墓室内绘室内生活情景。每个画面各为一个独立的画幅，具有一定的故事情节，相互衔接，构成墓主人生前活动的整体，显示了金代官宦人家的基本生活。画面结构严谨，构图自然，富有浓厚的生活气息。既有汉人的生活习俗，也有女真人的生活痕迹。金代虞寅墓壁画反映了一定的时代背景，壁画对研究当时的服饰和社会生活，提供了重要依据。

备马图

出行图

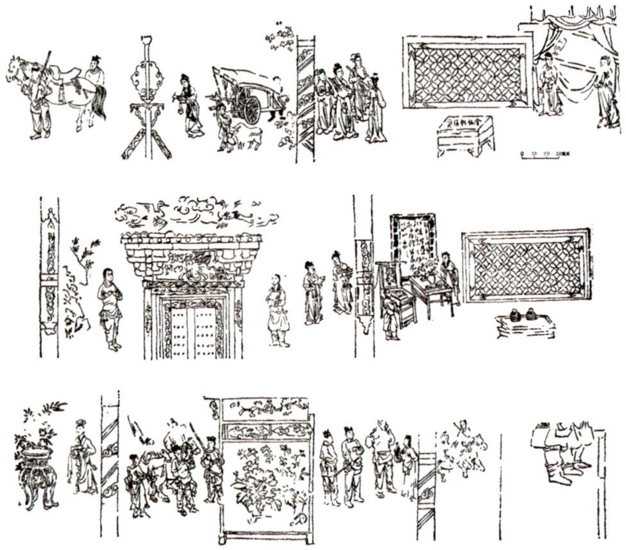

墓室壁画展开图

捧茶传膳图

侍女图

乐伎图

欲再乘风济沧海——蓬莱古船

蓬莱古船发现于蓬莱水城的小海内，在蓬莱市登州镇水城村西北部。1984年和2005年在蓬莱水城小海清淤中发现，共有元、明时期的古船四艘。

蓬莱水城为全国重点文物保护单位。水城又名备倭城，明洪武九年（1376年）在宋代刀鱼寨旧址上重建。依山麓地形构筑土墙，疏浚小海，引海水入内。万历二十四年（1596年），又在土城外砌以砖石加固。是明清两代的海防要塞。在我国海港建筑史上占有重要的地位。小海为水城中的内海，原为画河入海的河道，筑水城时将河道扩展挖深，引入海水而形成。小海南北狭长，水域面积8.6万平方米，周围用条石砌筑岸墙和码头。

1984年对小海进行大规模清淤过程中出土了明代木战船、铁锚具等重要文物。在小海的西部和西南部发现八处古船残迹。西南部两只船较为完整，两船东西相对。烟台市文物管理委员会、蓬莱县文物局当年清理了位于东部的一号船。该船残长28米，船体修长，制造精良。出土船具有石碇8件，木碇1件，铁锚5件。出土瓷器200余件，时代包括宋、元、明、清，其中以元、明瓷器最多。另有一些兵器和陶器。

2005年7~11月，为配合蓬莱水城小海新前年的第一次大规模清淤工程，山东省文物考古研究所、烟台市博物馆、蓬莱市文物局联合组队，对清淤过程中发现的古船再次进行考古发掘和清理，共发掘出大型海船三艘，分别编为二、三、四号船，三艘古船位于南小海的西南角，南为二号船，北为三号船，在1984年发现的一号船的西部，保存完整；四号船在二、三号船东北方向，仅存4块残底板。这些船船体大，船型及技术存在

蓬莱水城俯瞰

较多区别。二号船，船头朝东，船体呈瘦长的流线型，残存船底部，残长21.5米，船舯残宽5.2米。艉部和后面的舱壁板及船舷以上的船板已损坏掉，主龙骨和艏柱保存较好，为粗壮的圆方形。该船保留有12个水密舱，加上艉龙骨，推测该船约有16个舱。船艉、船舯、船艏的船板有多处人工砍削等断痕。其船体构造技术先进。三号船位于二号船北侧，船头朝西。船体宽短型，向南倾斜较重，残存底部，残长约17.1米，船舯残宽6.2米。艏部、艉部遭到扰乱，艉龙骨、船舷以上外板已损毁，主龙骨保存较好。保留有8个舱。根据舱板和桅座位置复原该船约有10个舱。该船采用了较原始的木作技术，但构造技术也很合理。四号船仅存几块船板。在这次的发掘过程中，除三艘古船外，另出土瓷器、陶器、石器等其他不同时期遗物96件，并发现瓜果种子和鱼刺。

发掘者认为，在蓬莱水城小海发掘的4艘古船，一、二号船相似，三、四号船近同。一、二号船制造和使用时代为明代中晚期，废弃时代为明代晚期；三号船制造和使用时代为元代，废弃时代为明代初期。四号船时代无法确定。一号船的性质普遍认为是战船，二、三、四号船的确切类型和功用有待更多的发现来判定。这些古船的发现和清理，对研究中国古代船类别及造船技术、海防史和古代海上交通工具有重要意义。

一号古船出土时全貌

二号船、三号船全景

二号船

一号船伴出明代盅

一号船伴出明代碗

2005年出土青花小碗

2005年出土青花小碗足

2005年出土青花小碗内底

第八章　不可分割的历史与现实——齐长城、运河与南水北调

为做好山东地区的文物保护和研究工作，山东省文物部门在做好工程建设中的文物保护工作的同时，积极将课题研究与文物保护相结合，在课题研究上取得了重要的成果。

砂石夯筑的齐长城

一、横跨东西的文化遗产——齐长城

齐长城始建于春秋时期，完成于战国时期，依山势而筑，西起黄河河畔，东至黄海海滨，迤逦山东13县，长达千余里，是我国历史上最早修筑的长城。由于战国之后该长城废弃使用，因此他不像秦长城那样闻名于世。长期以来，有的地段墙体毁坏，有的地带因为各种原因而被修整、利用，即使实地考察者也往往弄不清墙体的修建年代。与长城并存的还有许多不同时代与之相关的历史传说，因此长城是历史与文化的凝聚与结合，是横跨东西的历史文化长廊。 对齐长城的综合考察研究，一直是齐文化研究的重要课题。

1952年路大荒、王献唐先生曾对齐长城作过实地踏查，在此踏查的基础上王献唐先生对齐长城进行了全面研究，并著有专文。

山东大学张维华先生对春秋战国时期列国所置长城，从文献典籍所载进行了系统考证，1963年所著《中国长城建置考》一书，有专文考证齐长城。

1976年北京大学侯仁之先生在研究淄博主要城镇的起源与发展时，对齐长城做过实地调查，并进行了专题研究。

80年代以来，高思栋、蒋至静、华松、鲁海和鲁军、罗勋章等先生也对齐长城也做过实地考察和专题研究。

长清南部齐长城的一段剖面

1996～1997年泰安市路宗元等五位花甲老人对齐长城全线进行了实地考察，实测了齐长城的长度，考证了齐长城的起止

肥城与长清交界处长城蜿蜒不断

点，调查了齐长城的关隘、城堡、烽燧、建筑形成及特点，是历年对齐长城考察最完整的一次。

2002年3～4月，为配合同三高速公路工程，山东省文物考古研究所、胶南市博物馆对胶南市铁山镇苗家河东周长城进行调查发掘，考古领队燕生东同志调查了20公里。该段长城墙体均为砂土夯筑而成，大部分宽20米左右，残高5米。考古队对工程占压部分进行了试掘，试掘面积130平方米，时代为东周。这次试掘为了解明长城的结构和建造方式提供了科学资料。

2007底～2008年初，为配合京沪高速公路建设，山东省文物考古研究所对长清万德镇曹庄村北部齐长城段进行了调查、勘探工作，并对暴露的断面进行了分析。勘探结果表明，该段齐长城为利用砂石土夯打而成，夯层均匀，墙体残存部分宽18～20、残高2米左右。

目前，山东省文物局正组织力量，开展对齐长城的全面调查与研究。

长清境内一段墙内站台下依墙建有32间石屋，应为后代所建

莱芜青石关关城北门

二、纵贯南北的历史长河——京杭大运河

大运河是世界上开凿时间最早、航程最长、气势最宏伟的一条运河。她和长城一样是中国古代劳动人民智慧和汗水的结晶，是我们祖先留给我们的宝贵遗产。京杭大运河山东段长约670公里，从其产生之日起，运河的改造与维修、沿岸城乡的产生和发展就一天也没有停止过。清代晚期漕运改道后，运河逐步走向衰落，大运河改道拆毁及毁旧建新的现象时有发生，一些河段甚至成为城市和乡村的垃圾场。

近年来，为做好山东运河文化遗产保护工作，在国家文物局的大量支持下，山东省文物部门围绕大运河保护主要做了以下工作。

德州码头

台儿庄运河

循河问源——山东运河资源调查

2007年，山东省文化厅启动了山东京杭运河资源调查工作。此项调查工作是国家科技支撑计划重点课题“空间信息技术在大遗址保护中的应用研究（以京杭大运河为例）”的重要组织部分。8月，山东省文化厅在济南召开了沿线德州、聊城、泰安、济宁、枣庄五市文化（文物）部门参加的工作会，会上谢治秀副厅长强调要从加强文化遗产保护的战略高度上来认识，并对做好调查工作提出具体要求。

2007年八九月间，沿线五市文物干部顶烈日、冒酷暑对本市运河进行地面考古调查。考古人员的足迹踏遍了运河沿线的闸口、桥涵、码头、堤坝、古建筑、古街区和村村镇镇，取得了重要的阶段性成果。据不完全统计，已发现文物点200余处，其中与运河功能相关点50余处，与运河历史相关点90余处。

在此基础上，山东省文化厅组织山东省文物考古研究所对重要的文物点进行了复查，现正在编写《山东京杭运河考古调查报告》。在调查工作期间，课题的主持单位清华大学、中国文化遗产研究院、中国科学院遥感应用研究所和中国水利水电科学研究院先后三次组织专家对我省运河进行重点考察，他们对我们认真扎实的工作给予肯定，也对山东运河卓越的文化遗产感叹不已。

发掘工地全景

汶上柳林闸

古代庙址今如何——龙王庙建筑遗迹清理和发掘

2008年3月经国家文物局批准，在山东省文化厅、山东省文物局的部署和组织下，在济宁市文物局、汶上县政府和南旺镇政府的大力支持下，山东省文物考古研究所与中国文化遗产研究院合作，对南旺分水枢纽工程和分水龙王庙遗址进行考古调查和发掘。

在发掘期间，山东省文物考古研究所邀请中国科学院遥感应用研究所利用航空遥感技术划定了水柜大致范围，并结合考古手段进行了地面确认；邀请中国水利水电科学研究院利用探地雷达对南旺分水枢纽工程进行地下探测；邀请清华大学利用精密GPS对河道和水柜进行测绘；邀请山东省石刻艺术博物馆对碑刻进行了拓印。可以说这是一次多学科、多单位、多层次合作进行文化遗产研究的尝试。

本次发掘面积3000余平方米，发掘清理了运河古河道、河堤、分水龙王庙建筑群等遗迹，取得了阶段性成果。

通过发掘基本搞清龙王庙建筑遗址三组建筑的平面布局。

龙王庙建筑基址从现存各组成单元来看，自北向南由牌坊、旗杆、山门、戏楼、钟楼、鼓楼、龙王大殿和关帝庙组成，其中除关帝庙框架结构大体尚存之外，其余建筑仅残存基址。

水明楼建筑基址从现存各组成单元来看，自北向南依次为水明楼、过厅、东西厢房、禹王殿和观音阁，其中禹王殿和观音阁整体框架结构尚存，其余建筑均仅存基址部分。从整体布局来看，以水明楼过道为中轴线分布，方向北偏东11°。

祠堂建筑群基址从现存各组成单元来看，自北向南依次为大门、过厅、潘公祠、白公祠、宋公祠、文公祠组成，其中宋公祠、文公祠整体框架结构尚存，其余建筑仅存基址部分。自大门至宋公祠有青砖铺砌的甬道一条，两侧有青砖竖砌的牙子砖。

分水龙王庙建筑群出土遗物有建筑构件、陶瓷器、铜钱、佛像、铜簪、木桩残件等，另有少量屋脊套兽和基座。另外，龙王庙建筑群遗址中共清理出明清时期碑刻20通。乾隆御碑与运河图碑现保存于汶上县博物馆。

潘公祠

分水龙王庙1964年照片

清理出的河堤

清理出的河堤上的带铭文的砖

运河河道寻踪——南旺段运河古河道调查与试掘

运河河道的寻找基本在龙王庙的周围进行。调查、勘探后，在龙王庙前布正南北向探沟4条，根据对地层堆积和残存遗迹的分析来看，该段石硎岸约长100、宽0.5～0.7、深5米。根据当地年长村民和当年拆除石硎岸的参加者所述和几幅旧照片来看，龙王庙、水明楼和祠宇前有一道宽7～8米，高约5米的坡岸，并有三道台阶状通道连接运河和分水龙王庙，在通道前端各放置一对头向运河的石兽。根据以上材料所提供的信息，大致可以复原该段石硎岸的原貌。

运河废弃后，当地在河道上建砖窑取土，暴露出若干段河堤，本次发掘清理了一段长约40米的运河北堤（龙王庙前这段运河大致走向为东西方向），该段河堤用青砖和条石筑成，底下为七层条石，中间为九层青砖，错缝平砌，形成约60°的倾斜角，砖与砖之间用白石灰作为黏合剂。上铺条石一层，错缝铺砌而成。在本段河堤的东端清理出一处石阶登岸口（俗称停船靠），用十一层条石错缝平砌而成，与河道成90°。

在距北堤南13～14米处，发现一排呈东西方向木桩，木桩用木板连接和固定，木桩间距离约为60厘米，木桩直径10厘米左右。在该排木桩南约50米处也发现木桩一排，其间距与北排木桩大致相同。从已解剖的两条探沟和跨古河道的乡村路东侧剖面来看，本段运河河道内的淤土堆积自北向南倾斜，推测河道应是自北向南移动。

清理出的河堤台阶

TG5内的北侧木桩

运河南排及河堤

引水补源的证据——南旺水柜的调查

为保证运河河道有充足的可供航运的水流，明代在运河沿岸采取许多引水补源的措施。南旺湖、马踏湖和蜀山湖及附近河流是运河南旺段引水补源的重要工程，对保证运河正常通航具有十分重要的作用。中国科学院遥感应用研究所利用1957年及近几年高分辨率影像图绘制了水柜范围图，此次龙王庙发掘的同时，我们根据影像图共同对南旺湖、马踏湖和蜀山湖进行了考古调查，三湖湖堤范围可以圈定。在不同时期的影像图（尤其是1957年的影像资料）上均有不同的反映。在1975年的地形图上，蜀山湖的湖堤清晰可见。

经调查，大部分湖堤有遗迹可考，多演化为村内道路，或成为田间地头，或成为良田。保存最好的湖堤是从曹村东至大沟村西的一段蜀山湖北堤，基本保存原貌。该段湖堤呈倒“U”型，蜿蜒曲折，残长约2000米。我们和清华大学一道，利用精密GPS对该段湖堤进行了详细的测绘，并制作出三维模拟图。

根据目前工作进展情况，今后我们将与测绘部门合作，利用航片，结合实地测绘，绘制运河河道沿线不同比例尺的地形图，为宏观全面了解运河的现状提供基础资料。根据新绘制的地形图，对河道进行更为详细的全面调查，查缺补漏，充实运河全线的不可移动文物点和运河河道本体基本情况，为编制大运河的保护规划提供数据支持。

蜀山湖曹村东部分尚存湖堤影像图

曹村东蜀山湖堤

三、现代工程与历史运河的结合——南水北调东线工程

南水北调东线工程大部分是利用京杭大运河，且大部分在承担着输水任务的同时，兼有水运功能，从某种意义上说，南水北调东线工程是一项现代运河工程。由于南水北调纵贯中华文明腹地，涉及地下、地上文物众多，因此它又是一项纵贯南北、沟通今古的工程。古代文明与现代文明在这里交汇，京杭运河与现代水利工程映辉。

南水北调东线工程在山东省呈“T”字形，分为南北干线和东西干线两部分。南北主干渠南起枣庄市台儿庄区，北至德州市武城县，途径枣庄、济宁、泰安、聊城、德州等地市，全长487公里。东西主干渠西起泰安市东平县的东平湖，东到滨州市的博兴县，途经泰安、济南、淄博、滨州、潍坊等地市，全长208公里。南水北调东线一期工程在山东境内总长度为695公里。工程建设分为韩庄运河段、南四湖段、南四湖至东平湖段、东平湖段、穿黄段、鲁北输水段、济平干渠段、胶东输水干线西段等六个工程段；另有武城大屯水库、章丘东湖水库、寿光双王城水库等三个库区。

山东是中华文明重要的发祥地之一，有着悠久的历史、光辉灿烂的文化和众多的文物古迹。南水北调工程所经过的区域，正是山东地区古文化遗址分布密集的区域。自2002年以来，围绕南水北调工程建设，省文化厅组织省直考古单位和沿线各市文物部门做了大量调查、勘探工作，在调水干渠及蓄水库区内共发现重要文物点80余处。

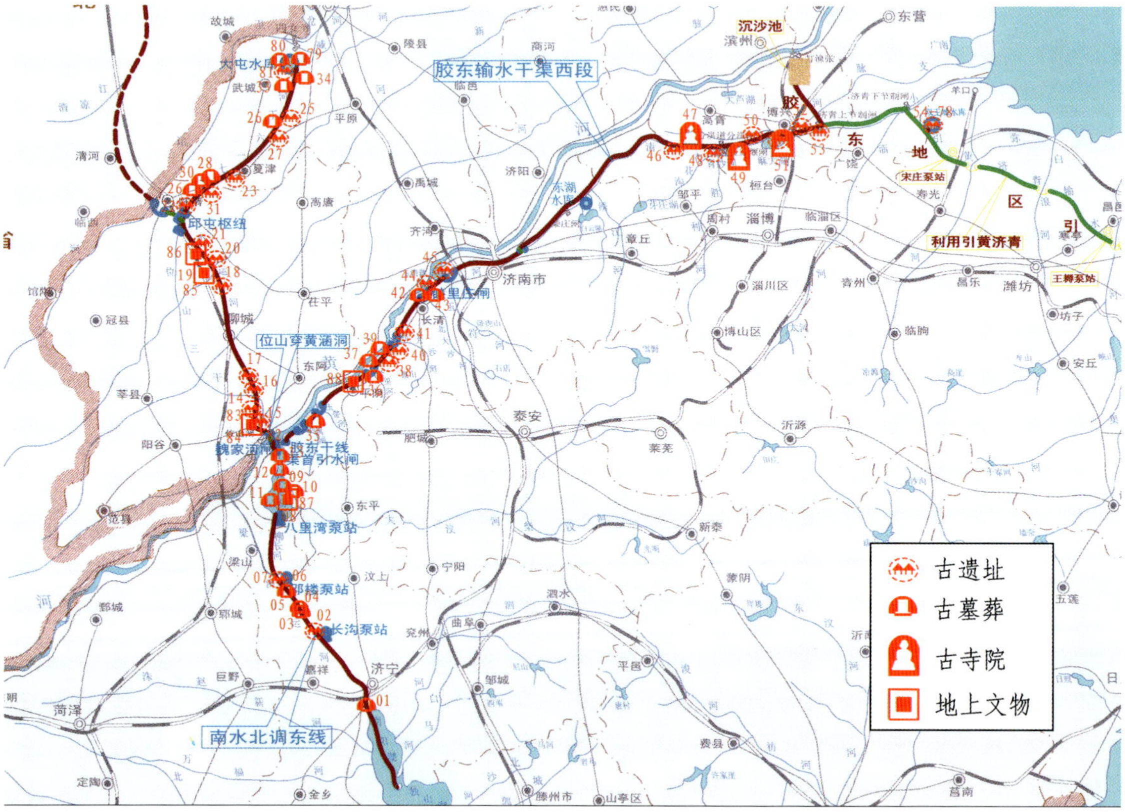

南水北调东线工程山东段输水工程文物遗迹分布示意图

山东是南水北调工程开工最早，文物保护工作开展最早的省份。从2004年下半年至2005年下半年，为做好济平干渠段的文物保护工作，在省政府的协调下，工程部门在没有预算经费的情况下，从预备费中先期拨付部分经费用于济平干渠段的文物保护工作。山东省文物考古研究所组织业务力量对比较重要的长清区大街村北部的墓地及遗址、大街南汉代画像石墓、卢故城墓地、小王庄墓地、归南遗址等6处地下文物点进行了发掘，发掘面积5500平方米，发掘墓葬200余座，出土各类文物1500余件。2006年3月，山东省文化厅南水北调文物保护工作办公室组织有关业务部门，开始梁济运河段和穿黄段的7个文物保护项目的发掘工作。4月13日，我们在济宁程子崖遗址举行了南水北调文物东线工程山东段文物保护工程开工典礼。在此后一年多的时间内，在水利部门的积极配合下，各项目承担单位、监理单位、协作单位密切配合，完成了田野发掘的工作，完成发掘面积约1万平方米。2007年底，为做好胶东地区引黄调水工程，山东省文化厅南水北调文物保护工作办公室组织业务开始对胶东调水工程沿线31处遗址进行了勘探，并对其中8处进行了发掘工作，完成发掘面积7000余平方米。

南水北调山东段开工典礼

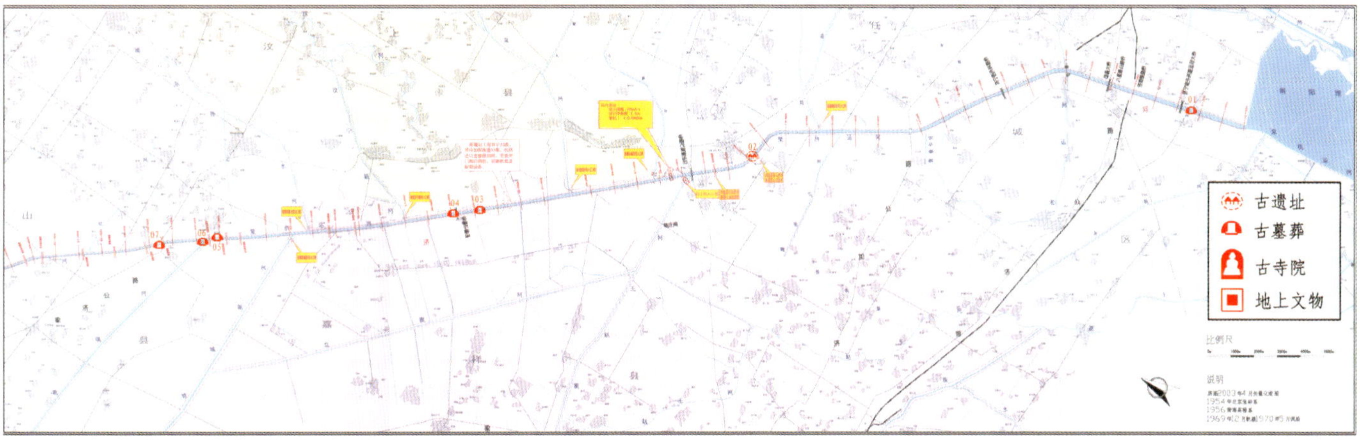

南水北调东线一期工程南四湖—东平湖段文物遗迹分布示意图

砖瓦制作有新证——长清大街遗址

位于济南市长清区孝里镇大街和四街村西100米，东北距长清区政府驻地约27公里，西去黄河约4公里，东距齐长城源头约400米。为配合南水北调东线工程济平干渠段的建设，2005年1～3月，山东省文物考古研究所、长清区文物管理所联合组队发掘。在工程占压范围内布5米×10米探方27个，实际揭露面积达1200余平方米，发现战国、唐、宋元时期的灰坑、沟、陶窑、井等遗迹190多个，获取陶、瓷器等遗物数百件。

陶窑及周围相关遗迹的揭露是这次发掘的重要收获。战国遗迹主要集中于发掘区西部的陶窑附近，由层位关系分析，这些遗迹应属同期。灰坑内的堆积包含有大量的红烧土块、木炭灰、残陶器及制陶工具等，有的坑较大且不规则，推测这些坑与陶窑有关。由窑室内遗物推测，Y1用于烧瓦，Y2烧青砖，它们与同期的周围遗迹可能反映了从取土到烧造的生产场景。由此推测，该发掘区当为战国日用陶器及宋元时期建筑材料的烧造区。它们均布局于聚落的边缘，规模不大，可能反映了当时社会手工业的组织形式，对推断发掘区的功能及其该遗址的整体布局提供了重要的参考信息，对探讨当时制陶手工业的发展亦具有较大价值。

该遗址紧邻齐长城源头，所获东周遗物与齐长城时代相当，故大街周围的东周遗存应与齐长城关系密切，若将二者结合起来做进一步的探索，对深化齐长城的保护和研究无疑具有重要的学术价值。

大街遗址发掘现场

窑北烟道

窑室

M18发掘场面

与齐长城共存的墓葬——长清四街墓地

四街墓地位于长清区孝里镇四街村西北侧的土岗上，南面与大街遗址为邻，墓地南部发现少量窑址、灰坑，当是大街遗址北部边缘延伸过来的部分。北部主要是墓地。2004年5月1日～22日，山东省考古所及济南市文物局、长清区文管所联合对该墓地进行的抢救性发掘。

共发掘清理墓葬45座，灰坑6个，窑址3个，其中砖室墓8座，土坑竖穴木椁墓2座，石椁墓34座，石室墓1座。时代跨越战国、汉、唐、宋元，汉代墓葬数量最多，其次为宋元。出土一批丰富的实物资料，包括陶器、铜器、玉器、铁器、滑石串饰、骨器等。最重要的发现是M18战国墓葬。

M18椁室内清理现场

M18战国墓葬位于土岗顶部稍偏南，是一座大型的“甲”字形墓葬。墓道在南，梯形斜坡状，长9.5米。墓室在北，略呈覆斗形，口宽12.8米、长13米，四壁略微倾斜，壁面修整得十分规整、平滑。墓室残深1.5米，底部正中向下挖出一长4.1米、宽3.6米、深约4米的椁室，椁室周围形成生土二层台。椁室被盗扰，并被放火焚烧，从残迹看木椁长约3米、宽约2.5米、高约0.8米。椁内可能为单棺并可能有器物箱，椁底部有腰坑。椁室北侧二层台上有一条殉狗，东侧二层台西南角处有一小坑，内有泥塑的猪、马、狗、虎动物俑及其他明器等，置于编织的器物箱内。二层台及墓道的坡面散布石圭残片及蚌壳。因早年曾经盗掘焚烧，仅残存部分遗物。出土陶器有壶、簋、盆、盘、豆、鼎等，部分器表还保留有鲜艳的彩绘。铜器有戈、箭镞等。以及玉环和大量的滑石、骨贝串饰等。由于该墓地规格较高，且与齐长城毗邻，发掘者认为墓主人或与齐长城的守卫有关。

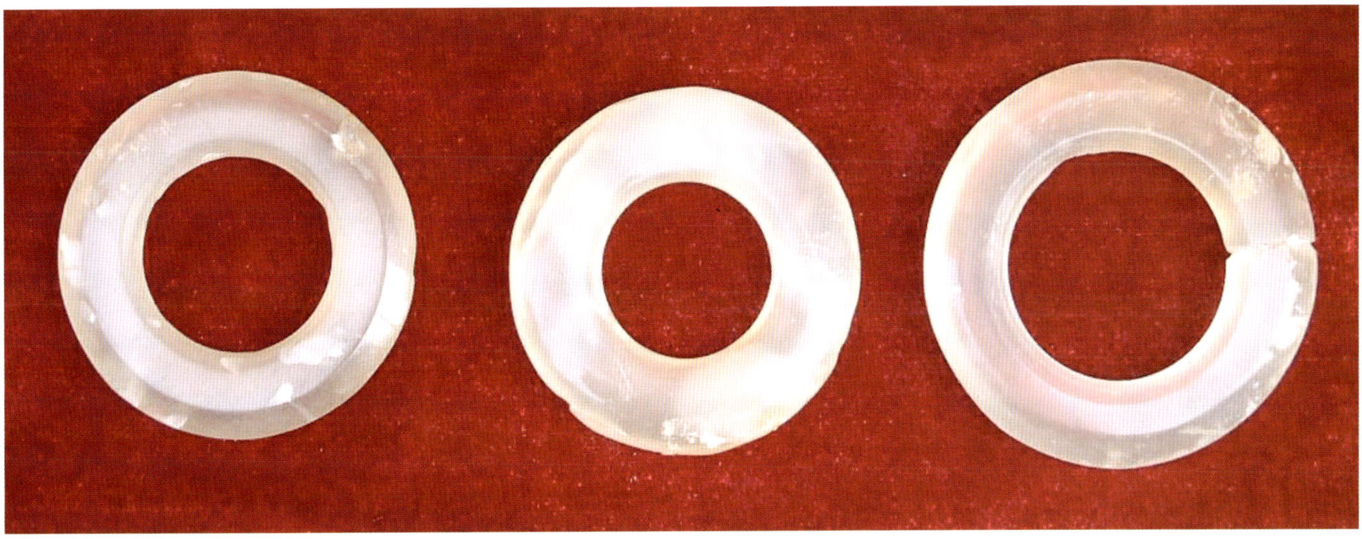

M18椁室出土石玉环

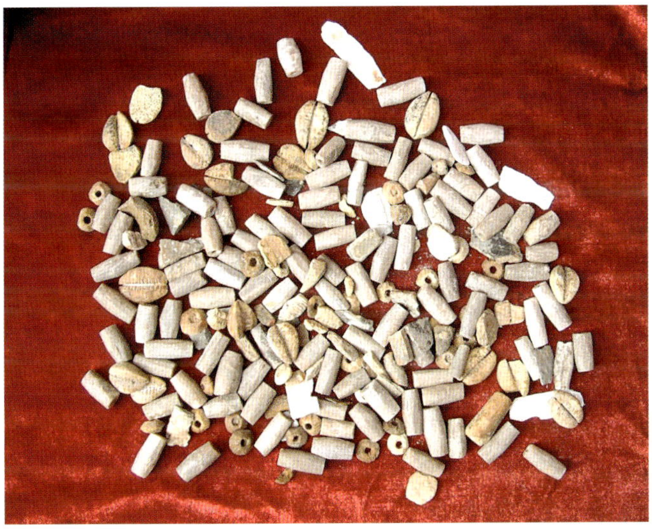

M18椁室出土石骨蚌器串饰

M18层台上散布的石圭残片

陶簋

陶盒

深藏水下的历史画卷——长清大街南墓地

墓地位于山东省济南市长清区孝里镇大街村西北，东依低山丘陵。2005年6～8月，为配合南水北调济平干渠工程，山东省文物考古研究所与济南市长清区文物管理所联合对墓地进行发掘，清理东汉晚期大型墓葬2座。

M1：两条南向长墓道，方向187°。墓穴东西10.12、南北10.68米，深3.20米。墓室平面略呈“凸”字形，由双墓门、双前室、四中室、三后室组成。前、中室为石筑，平面呈长方形。以过梁和立柱构成主体框架结构，立柱分长条形和八棱形等。过梁及门楣上刻有画像。顶部均由三角形和长条形石板构成叠涩顶，长方形石板封顶，以白灰抹缝。部分前、中室由方形或楔形青砖铺地。后室均呈长方形，以青砖砌券。在墓室的石梁上刻有大量画像。

M2：位于M1西部，破坏严重，仅存1块门楣和2块过梁，其上刻有画像。形制可能与M1相似。

随葬品70余件，有陶鼎、壶、扁壶、熏炉、钵、仓、耳杯、魁、勺、灯座、猪、狗等，个别耳杯底部印有阳文“用”字；并出有铜器残片、剪轮“五铢”铜钱及铁棺钉等。

清理的2座墓葬形制特殊，在山东发现较少，特别是其中的30幅画像，内容丰富，有胡汉战争、车骑出行、历史人物、历史故事、狩猎、庖厨、收租、四神等图像，“左交龙右白虎”等题刻，其雕刻技法为减地平面线刻，与嘉祥武氏祠相似。大街南发现的东汉时期的画像石墓规模宏大，画像精美，是目前发现的同时期最大的画像石墓之一。其中一些画像在以往的发现中少见，为山东汉代画像石研究提供了新的资料。目前我们已经将墓室整个拆迁至省博物馆，准备整体恢复展览。

M1(北－南)

陶仓

陶扁壶

陶灯

陶壶

M1号墓门楣画像石

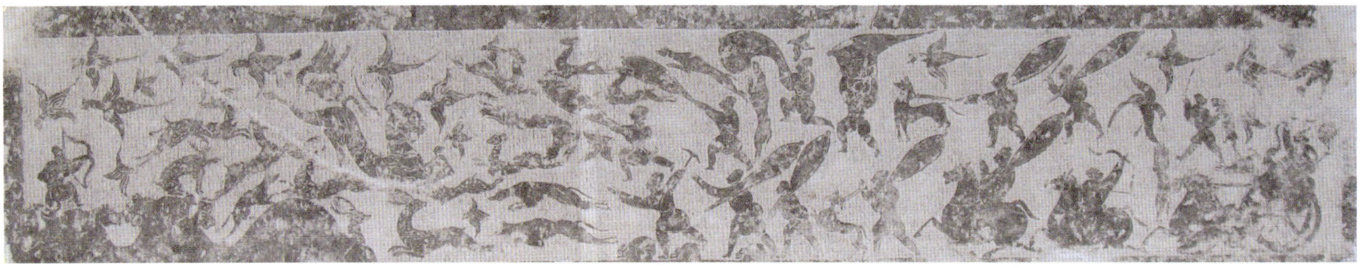

M2画像石

M2门楣画像石

水中“捞”墓——梁山薛垓墓地的发掘

墓地位于济宁市梁山县韩垓乡薛垓村西，呈东北至西南向分布，绵延将近2公里，1958年开挖的运河河道正好从墓地中穿过，据当地的村民反映，在挖掘运河的过程中就破坏了大量的古墓，既有石椁墓，也有砖室墓，而且墓葬呈多层分布。为做好南水北调文物保护工作，山东省博物馆、济宁市文物研究室对该墓地进行了发掘工作。共发现汉代及宋代墓葬200余座，墓葬随葬品有陶器、瓷器、铁器、铜器、玉器。由于当地地下水源较浅，发掘者必须用抽水机抽干墓室内的水，然后才能清理墓室部分。墓室内的淤土需在水内过筛，以便找到铜钱等随葬品。

薛垓墓地不仅面积大、分布密集，而且埋藏有序，很多汉墓的方向为正向，证明此地是汉代一处重要的家族墓地。在墓地北侧还发现部分北宋时期的砖室墓，特别是儿童墓在这里分布密集，反映出当时特殊的葬俗。汉代墓葬中，砖椁墓和石椁墓占据了绝大部分，但是墓葬被盗的情况很严重，在椁室内发现的随葬品很少，大部分器物出土于一端的器物箱中，在多数墓葬中，发现的陶器、五铢钱等都表现出西汉时期的特征，只有少数汉代墓葬即砖室券顶墓时代较晚，出土的陶器也表现出晚期的特点，应该是东汉时期的墓葬。薛垓墓地埋藏集中，墓葬排列有一定的规律，该墓地的大规模发掘为研究济宁地区汉代埋葬习俗提供了重要的资料。其中宋代墓葬出土许多精美的瓷器，填补了该地区宋代墓葬发掘的空白。

发掘现场

梁庄工地工作场景

发掘现场局部

出土汉代陶器

宋元墓葬出土瓷罐

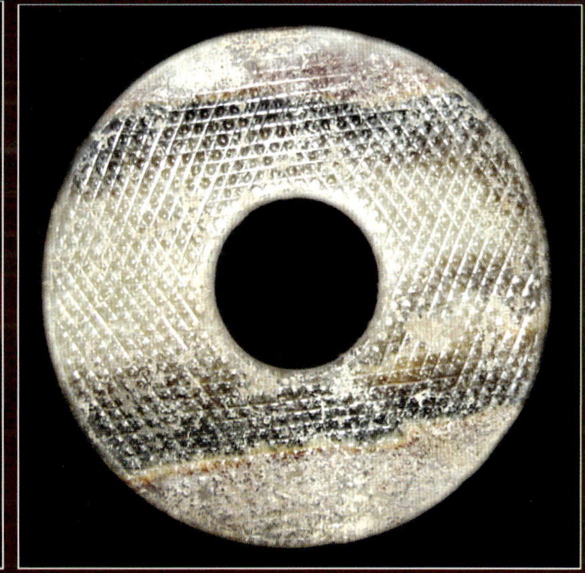
出土汉代玉璧

宋元墓葬出土瓷碗

宋元墓葬出土瓷碗

房基F101

宋元时期的乡镇——汶上县梁庄遗址

梁庄遗址位于汶上与嘉祥两县交界处的梁济运河内，东北距南旺镇的梁庄村约500米。周围地势低洼，为开阔的冲积平原。经勘探，遗址平面大致呈南北向延伸的长椭圆形，南北长约700、东西宽约300米，文化堆积普遍被厚约1～3米不等的水成堆积覆盖。南水北调东线工程需拓宽水道，为配合工程的建设，山东省文物考古研究所在工程占压范围内发掘3000平方米，共发现房址近30座，房屋之间有的存在明显的组合关系，可能为院落，另有陶窑、沟、灰坑、灶等遗迹百余个。

灶

出土遗物主要有陶、瓷、铁、石器等。陶器以残砖、瓦等建筑材料居多，发现精美的鸱吻残件、兽面瓦当及绿釉瓦等，其次有较多的罐、缸、盆等生活用具。瓷器以白釉碗、盘、碟为主，偶见炉及枕的残片，其中少量器物有白釉划花、刻花或白地黑花图案。黑釉盏、盘较多，黑釉器的内、外表常见呈“油滴”状的褐色斑。铁器主要为刀、镢、镰、钉等。石质遗物多为墙基或门枢、槛底部的垫石，还有少量的磙、杵、臼等工具及佛像的底座、莲花座刻石等佛教遗物。在房址内外的垫土中发现较多的铜钱，除个别属唐代外，其余均为北宋中、晚期铜钱，还有较多的铁钱，均锈蚀严重。另外，在灶或房基的垫土中，浮选出较多的炭化植物种子或果实颗粒，可辨的种属有小麦、水稻、小米等。

根据瓷器的形制特征及所出铜钱判断，目前揭露遗迹的年代约属北宋晚期至金代前期。宋、金时期聚落的大规模发掘，这在山东地区尚属首次，从全国范围看，所做工作也不多，无疑将为我国隋唐至宋金时期的考古研究增添新的资料。

瓷器

瓷器

瓷器

瓷器

陶砚

陶鸱吻

不同寻常的胶东人家——招远老店遗址

招远市市级重点文物保护单位。2007年4月，为配合山东胶东引黄调水工程，山东省文物考古研究所在招远市文物管理所的大力支持和协助下，对工程占用范围内的部分遗址开始进行考古勘探、发掘；同年11～12月进行了第二次发掘工作。

通过勘探，在遗址上发现龙山文化时期的环壕，壕沟现存西壕沟和北壕沟的大部，南壕沟大部遭到破坏，仅保留西南角部分，东部为诸流河，在遗址与河流之间通过多次勘探，均未发现壕沟。根据全站仪测绘，西壕沟全长276.46米，东壕沟现存长度为219.92米,南壕沟现存长度不到20米。据此通过现存壕沟的大部可对壕沟进行复原，从复原的状况看，壕沟平面大体呈方形或略呈长方形，复原面积在61600～73600米之间。

从对壕沟的三处发掘点的资料看，壕沟从始建到废弃大约经过了三个阶段。第一阶段是壕沟的始建时期，在使用一段时间以后，壕沟下部被淤土层逐渐淤平。第二阶段，在淤积层厚度接近壕沟的约二分之一后，又进行了清淤工作，只是在壕沟中部位置清除了少量的淤土，然而很快又被填平。第三阶段，在壕沟中部再次被淤平后，基本已经被废弃，从废弃后的两大层填土看，土质、土色、硬度都基本相同，土质均比较坚硬，可能填充时略经加工，而非自然废弃堆积。壕沟废弃后，其上部又有人们活动形成的地层堆积。

从壕沟内的文化堆积包含物看，出土的陶器残片有铲足型鼎、器盖、侈口中腹罐等器形，均属于龙山文化早期的遗物，因此，壕沟应始建于龙山文化早期。在壕沟废弃的堆积中，出土有凿形足鼎、器盖、方唇罐等器形，从器物形态看具有龙山文化早期到中期偏早的特征，未见龙山文化中期以后的遗物，因此，壕沟废弃的年代不迟于龙山文化中期。

招远老店是龙山文化时期重要的环壕聚落，该遗址的勘探发掘为胶东地区龙山文化聚落研究提供了重要的资料。

招远老店北环壕验收

老店环壕西北角

荣成市保存较好的石丘墓与该墓地的“圆形石丘墓”为同一类型的墓

大山深处的家族墓地——威海崮头集墓地

在山东省胶东地区引黄调水工程的文物保护工作中，山东文物考古研究所、威海市文物管理办公室联合对文登市米山水库的崮头集墓地进行了考古发掘工作，发现晚唐至明代墓葬40座，获重要收获。

米山水库是胶东调水的引水终端，四周群山环绕。墓地位于水库的西岸，界石镇崮头集村南约600米俗称“于家岚子”的山阳坡，海拔高度26～55米。由于历年破坏，北部梯田墓葬毁坏净尽，只剩下墓地东南部东西约200米、南北约20米的范围相对集中，岸边裸露着形状规则的石板。4～11月，山东省文物考古研究所、威海市文物管理办公室对墓地进行了发掘了两次发掘工作。

此次发掘的40座墓葬可分为四种类型：小型石板墓、圆形石丘墓、覆斗形积石石室墓、石椁墓。

根据地方志资料和口碑资料调查，该墓地为唐～明代当地居民的公共墓地，至少有于姓、宇姓等两个宗族墓地。

随葬品数量较少，以瓷器为主。出土的瓷器多为淄博窑产品。以往对淄博窑的研究只限于对窑址发掘品，此次为墓葬出土瓷器，且比较精美，填补了淄博窑墓葬出土资料的空白；以往认为淄博窑的生产到元代即结束了，M39出土白瓷碗，对淄博窑的适用范围、市场分配以及山东瓷器研究具有重要的参考。

成果鉴定会

画像石刻是此次发掘的主要收获。虽然石质粗糙，但线条简洁流畅，时代风格鲜明，而且题材丰富，有神兽动物（龙、虎、龟、牛）、植物（莲花）、人物以及服饰（帽饰、衣着）、家具（案、几、椅及帷帐等家具陈设）、日用器皿（壶、杯）等品类。宋元时期仿木结构的砖室壁画墓较普遍，画像石少见。四神中只有青龙、白虎，不见朱雀、玄武，有北宋以来的南方因素的影响。除M38外，一般墓室较小，不能平放完整的骨架，有两个墓葬（M25、M27）出土了烧过的骨渣，可能是火葬。

此次发掘的墓葬从墓葬形制到埋葬习俗均有明显的特点，为以往发掘中少见。为确定该墓地的年代、性质及意义，2007年12月18～19日，山东省文化厅南水北调文物保护工作办公室等单位邀请有关专家在威海召开崮头集墓地发掘成果鉴定和论证会。专家们对该墓地的性质、年代、族属以及墓葬特点表现出来的是文化传承还是外来文化影响等进行了广泛、热烈的讨论，对发掘的重要成果予以充分肯定。

覆斗积石墓

圆形石丘墓

墓内壁画像石

出土瓷器

出土瓷器

出土瓷器

出土瓷器

出土瓷器

出土瓷器

改革开放以来山东考古工作大事记

1978年

3月，山东省博物馆与沂水县图书馆对沂水县院东头公社刘家店子两座春秋墓和一座车马坑进行发掘。

3月，滕州姜屯公社庄里西村出土西周滕国铜器滕公鬲等。1982年又出土滕公簋、滕侯鼎、滕侯簋及春秋青铜乐器滕皇编钟、滕皇编镈等。

5月，临沂城北洪家店村附近一座汉墓中发现金镂玉衣。

6月，德州地区文化局、宁津县图书馆清理大柳公社庞家寺村汉墓。

9月，临沂地区文管会发掘日照尧王城遗址。翌年春再次发掘。

10月17日，中国社会科学院考古研究所山东队与滕县文化馆合作发掘北辛遗址。翌年春，又进行第二次发掘。考古界把这一类型的文化遗存命名为“北辛文化”。

11月～1980年月11月， 考古工作者对烟台、潍坊两地区进行广泛调查和典型发掘，逐步建立起山东半岛新石器时代文化的序列。

11月～1980年11月，淄博市博物馆配合铁道部门的施工，在临淄区大武公社窝托村发掘西汉齐王陵陪葬坑5个，其中器物坑、车马坑、殉狗坑各1个，兵器坑2个。出土陶器、铜器、铁器、银器、漆器等12100余件，其中矩形铜镜、鎏金花纹银盘、银盒等，均为难得的珍品。

12月，烟台地区文物组、莱西县文化馆发掘莱西县岱墅西汉墓。

1979年

3月，德州地区文化局文物组与济阳县图书馆发掘济阳刘台子西周早期墓。1980年冬、1982年冬又两次钻探发掘。

4月20日～6月30日，山东省博物馆对莒县陵阳河大汶口文化遗址进行抢救性发掘。

5月，聊城地区博物馆发掘阳谷县景阳岗春秋墓。

春，菏泽地区文物工作队发掘曹县莘冢集龙山文化遗址。

6月，山东省博物馆与聊城地区博物馆联合清理高唐金代虞寅墓。

9～10月，北京大学历史系考古专业、中国社会科学院考古研究所山东队、烟台地区文物组共同发掘福山邱家庄遗址。后将胶东该时期的遗存命名为邱家庄类型文化。

10～11月，山东省博物馆发掘莒县店子乡大朱村遗址。

10～11月，烟台市文物组、北京大学历史系考古专业、中国社会科学院考古研究所山东队发掘牟平县照格庄岳石文化遗址，出土大量遗物，后将胶东地区岳石文化命名为“邱家庄类型”文化。

秋，山东省文物工作队发掘临淄大夫观东周墓，同时发掘故城西北部排水道口并进行修复，建保护院墙。

11月，德州地区文化局、禹城县文化馆试掘禹城县梁庄公社邢寨汪遗址。

11月，惠民地区文物组、邹平县图书馆清理邹平大省庄春秋至汉代墓葬群。

1980年

5月，烟台地区文管会发掘相当于北辛文化的白石村遗址，后将胶东该类文化遗存命名为“白石村文化”。

9月， 潍坊地区文物组与北京大学历史系考古专业联合发掘诸城前寨遗址。

9月，山东大学历史系考古专业、聊城地区文化局、茌平县图书馆联合发掘茌平南陈庄遗址。

1981年

春，烟台地区文管会、荣成县文化馆在荣成埠柳公社梁南庄清理汉墓2座。

9月18日，临沂地区文物普查队于沂县土门公社芝芳村骑子鞍山的一个石灰岩裂隙中，发现一块猿人头盖骨及动物化石。

11月6日，北京大学历史系考古专业吕遵谔教授和山东省博物馆、山东省文物考古研究所又发掘附近的第二条裂隙，清理出6枚猿人牙齿，一块肱骨及伴生动、植物化石。

9～11月，山东省文物考古研究所、北京大学历史系考古专业及烟台地区部分文物干部发掘栖霞杨家圈遗址。

秋，北京大学教研实习队、烟台地区文管会、长岛县博物馆联合发掘长岛县大黑山岛北庄遗址。至1987年又先后进行四次发掘，共揭露面积2000余平方米，发现原始社会房址90余座，清理墓葬60余座。灰坑140余个。

11月，中国社会科学院考古研究所山东队、滕县博物馆在滕县前掌大遗址钻探试掘年、1987年和1991年又三次发掘。

本年，山东省文物考古研究所发掘临淄齐都公社东古城村齐国墓地。

本年，山东省文物考古研究所在曲阜城北林前村发掘春秋墓葬30余座。

1982年

春，山东省文化局、北京大学历史系考古专业再次发掘沂县土门公社芝芳村旧石器遗址。

5月，济宁地区及嘉祥县文物管理部门发掘嘉祥元代礼部尚书曹元用墓。

5月，兖石线考古工作队在临沂凤凰岭发现细石器文化遗存。此后，山东考古工作者与中国社会科学院考古研究所山东队在临沂、郯城、日照、汶上、兖州等地进行调查，又发现多处细石器遗址。

9月，中国社会科学院考古研究所山东队发掘长岛县砣矶岛大口遗址。

10月，临沂地区文管会、郯城县图书馆发掘郯城黑龙潭细石器遗址。

10月，益都县博物馆在普查中发现尧王山唐代摩崖造像1处。

10月，北京大学历史系考古专业、烟台文管会联合发掘长岛珍珠门遗址。1983年秋第二次发掘，首次发现了晚商早期及周代的土著文化，后被作为“珍珠门文化”的典型遗址。

11月，淄博市博物馆发掘博山区博城大街百货商店工地元末明初玻璃作坊遗址。

11月，兖石线教研工作队发掘临沂凤凰岭东周墓。

1983年

3～4月，山东省文物考古研究所试掘莒县杭头遗址。

4～5月，中国社会科学院考古研究所山东工作队对临沂、临沭、郯城、日照的15处细石器遗址进行调查并加以复查。

9～10月，北京大学考古实习队、烟台地区文管会对乳山县小管村新石器时代遗址进行发掘。

9～11月，昌潍地区艺术馆、昌乐县图书馆、北京大学考古实习队对昌乐县邹家庄遗址进行发掘。

秋，北京大学考古实习队、益都县博物馆对益都县城东郝家庄新石器时代遗址进行发掘。

秋，北京大学考古实习队、烟台地区文管会、烟台市博物馆对烟台市西郊芝水商代遗址进行发掘。

秋，北京大学考古实习队、烟台地区文管会对乳山县黄庄西周遗址进行发掘。

11月，烟台市文管会、烟台市博物馆发掘毓璜顶东坡汉墓。

12月，诸城县博物馆清理院西公村西晋墓。

本年，临沂地区文管会、日照县图书馆在日照县秦家官庄发现旧石器遗存。

1984年

3月，临沂地区文管会、沂水县文管站在沂水县境内调查发现旧石器晚期和细石器遗迹27处，采集标本300余件。

3～6月，山东省文物考古研究所、山东大学历史系考古专业为举办田野考古培训班，在益都县杨家营遗址进行发掘。

3～6月，山东省文物局、山东省文物考古研究所配合山东大学文博干部进修班田野考古实习，发掘青州市何官乡杨家营村凤凰台遗址。

5～7月，山东省文化厅齐鲁石化总公司乙烯工程文物考古队在临淄乙烯厂丙醇工地勘探、发掘。发掘两周墓葬321座。翌年，又在工程生活区发掘1200余座。

9月，由山东省文物考古研究所及市、县文博单位组成的考古队，配合益（都）羊（口）铁路工程建设，在寿光孙家集镇边线王发掘出一座龙山文化城堡遗址。

9月10日，文化部文物局在兖州西吴寺举办的田野考古领队培训班第一期开学。本月至11月，培训班首次发掘西吴寺遗址；翌年3～6月、9～10月又两次进行发掘。

9～11月，济宁市文物管理处对微山县尹洼墓地进行发掘。

9～12月，山东大学历史系考古专业对济南市大辛庄遗址进行发掘。

10月，济南市博物馆对济南市马家庄在基建工程中发现的墓葬进行发掘。

10月，临朐县文化馆发掘寺院村宋代明道寺舍利地宫。

10～11月，中国社会科学院考古研究所山东工作队在郯城县东南黑龙潭南侧发掘。

秋，北京大学考古实习队、菏泽地区文展馆对菏泽县安邱堌堆龙山文化遗址进行发掘。

秋，淄博市博物馆清理淄川区罗村镇南韩村战国墓13座。

秋，北京大学考古实习队对长岛县北庄新石器时代遗址进行第四次发掘。

11月，临沂地区文管会、临沂市博物馆在临沂县梅埠乡李家洞村发现古人类头骨化石残片。这是山东继沂源县发现猿人头盖骨后又一次重要发现。

本年，中国社会科学院考古研究所山东工作队对临沂市青峰岭遗址进行发掘。

本年，山东省文物考古研究所、滕县博物馆于12月～1986年底对薛城遗址进行全面勘探、试掘。

1985年

2月27日，济南齐鲁宾馆工地发现元代壁画墓。清理后原地封存保护。

2～4月，山东省文物考古研究所、枣庄市博物馆清理发掘枣庄市市中区渴口乡砖瓦厂汉墓。

3月～1986年6月，山东省文物考古研究所继续发掘淄博市辛店乙烯生活区内近400座汉墓。

4月，诸城县博物馆清理本县杨家庄子砖瓦厂一座西汉墓。

4月，诸城县博物馆在诸城县城关镇杨家庄子砖瓦厂取土时发现一座大型棺椁墓。

5月，烟台市博物馆、蓬莱县文物管理所对蓬莱县小迟家村墓地进行发掘。

5月，山东省文物考古研究所发掘济阳刘台子西周早期墓。

5月、10～11月、1986年5月，山东省文物考古研究所对广饶县傅家村大汶口文化遗址进行了三次试掘。

春，山东省文物考古研究所配合王沟水库建设进行发掘。

春、秋两季，山东省文物考古研究所对广饶县付家、遗址发掘。

8～12月，山东大学历史系考古专业对邹平县厂宫村遗址进行试掘。

8～12月，山东大学历史系考古专业发掘泗水县尹家城遗址。

8～12月，山东大学历史系考古专业师生发掘宁阳县西太平村唐宋时期瓷窑遗址。

9月20日～11月23日，北京大学考古实习队对昌乐县邹家庄遗址进行第二次发掘。

9月21日～11月23日，北京大学考古实习队对章丘市枣园镇乐盘遗址进行发掘。

10月6日～11月4日，北京大学考古实习队对章丘埠村邢亭山遗址进行发掘。

10～12月，中国社会科学院考古研究所山东工作队在滕县前掌大村北大路两侧选点发掘。

10月～1986年12月，山东省文物考古研究所配合齐鲁乙烯工程，发掘4座战国墓。

11月，清理发掘泰安康家河战国墓一座。

1984～1985年，山东省文物考古研究所对淄博市齐鲁石化乙烯厂东汉砖室墓进行发掘。

本年，山东省文物考古研究所对位于临淄、益都交界的稷山墓地进行发掘。

本年，山东省文物考古研究所在临淄齐鲁石化乙烯厂辛店生活区勘探、发掘。

1986年

3月23日~5月7日，山东大学历史系考古教研室对泗水县尹家城新石器时代至汉代遗址进行第五次发掘。

3月，济宁市文物处、邹县文物保管所调查峄山石刻。

3月，泰安文物考古研究室、莱芜图书馆对莱芜市境内古代铁矿开采、冶炼情况作专题调查，共发现采矿冶炼遗址34处。

3～5月，济南市文物处、平阴县博物馆筹备处发掘平阴县刁山坡镇新屯西汉晚期画像石墓2座。

4月11日，山东省文物考古研究所清理济南市东八里洼居民小区建设中发现北齐壁画墓。

4月16日～5月14日，山东省文物考古研究所、临朐县文化馆文物组联合清理临朐县海浮山北齐崔芬墓。

春，山东省文物考古研究所、广饶县博物馆为配合管道工程，对广饶县五村遗址进行钻探和试掘。

春，山东省文物考古研究所、青州市博物馆全面勘探、抢救发掘苏埠屯遗址“埠岭”一带商、汉代墓葬，其中商代墓6座。

8月，济南市文化局、章丘县博物馆清理章丘刁镇元代壁画墓。

本年，山东省文物考古研究所、滕县博物馆继续对滕县薛国故城进行复探与试掘。

1987年

2月，山东省文物考古研究所勘探试掘邹城苑乡西南庄遗址。

5月10～28日，潍坊市博物馆、昌邑县图书馆清理发掘了昌邑县辛直二村明四川按察司佥事孙昂夫妇及其子孙肯墓。

5月13～20日，曲阜市文管会配合工程发掘坊上村遗址、墓地。

5月，山东省石刻艺术博物馆、微山县文化馆调查微山岛及两城汉画像石遗存。

5月，荣成市文物馆在石岛港斥山调查发现唐代赤山法华院遗址。

6月，山东省文物考古研究所、临朐县文物保护管理所对临朐县西朱封遗址西南一座重椁龙山文化墓葬进行发掘。

9月，山东大学历史系考古专业、枣庄市博物馆调查枣庄中陈郝瓷窑址。

9月，山东大学历史系考古专业对临沂市后明坡遗址进行发掘。

9～11月，山东大学历史系考古专业对莒南县化家村龙山文化遗址进行发掘。

9～11月，山东大学考古专业、枣庄市博物馆对枣庄市中陈郝古瓷窑遗址进行试掘。

9～12月，山东大学考古实习队对邹平县丁公遗址进行发掘。

秋，中国社会科学院考古研究所山东队对滕州前掌大遗址发掘。

11月5日～12月2日，潍坊市博物馆、昌乐县文物管理所对昌乐县朱留镇东圈村2座汉墓进行发掘。

本年，烟台市博物馆、黄县博物馆对黄县东营周家村2座西周墓进行发掘。

1988年

2月，微山县发现西汉空心砖墓群。

3月，在临淄河崖头东周殉马坑防水保护工程中，于马骨下1.5米处发现3座西周早期墓葬。

4～6月、9～11月，为配合济青高速公路工程建设，山东省文化厅济青公路工程考古队对章丘县宁家埠遗址进行发掘。

4～11月，山东省文物考古研究所对淄博市临淄区辛店齐鲁石化研究院内的2座甲字形东周墓进行发掘。

4月～1989年6月，为配合济青公路工程建设，山东省济青公路工程文物考古队对章丘县宁家埠遗址进行发掘。

春，中国社会科学院考古研究所山东工作队对兖州县西桑园北辛文化遗址进行发掘。

8月，济宁市博物馆对济宁师专建筑工地进行发掘。

10～11月，中国社会科学院考古研究所山东工作队、烟台市博物馆对栖霞县北城子遗址进行发掘。

11月中旬，济南柴油机厂工地发现一座砖砌仿木构单室壁画墓。省、市文物管理部门决定就地保护。

11～12月，为配合济青公路工程，山东省文化厅济青公路考古队发掘淄博市临淄区后李官庄遗址时，发现具有独特文化面貌的新石器文化早期遗存——后李文化。

1989年

3～6月，为配合济青公路工程，山东大学历史系考古专业对昌乐县后于留商周及汉代遗址进行发掘。

3～6月、8～12月，为配合济青高速公路建设工程，山东省济青公路工程文物考古队对淄博市临淄区后李新石器时代至宋元遗址进行发掘。

3～12月，山东省文物考古研究所对章丘县龙山镇城子崖古城址进行勘探试掘。

4～5月，中国社会科学院考古研究所山东队对汶上县东贾柏北辛文化遗址进行发掘。

4～6月，山东省文物考古研究所、北京大学考古系联合发掘章丘王推官庄遗址，9～10月、翌年11～12月，又进行两次发掘。

9～12月，山东大学历史系考古实习队对丁公遗址进行了第三次发掘。

9～12月，为配合济青高速公路工程建设，山东省济青公路工程对寿光县纪国故城遗址进行发掘。

10月28日～12月7日，中国社会科学院考古研究所山东工作队对临朐县朱封龙山文化墓葬进行发掘。

10～12月，山东省济青公路工程文物考古队对淄博市临淄区齐都镇赵王战国墓进行发掘。

11月～1990年1月，山东济青公路工程文物考古队对寿光县孙集镇三元孙墓地进行清理发掘。

本年，中国社会科学院考古研究所山东队在汶上县、兖州、宁阳、嘉祥做细石器文化专题调查，发现细石器文化地点40余处。

本年，巨野县文物管理所重新发现大义镇石佛寺北齐造像刊经碑。

本年～1990年，中国社会科学院考古研究所山东工作队对汶上县城关镇东贾柏北辛文化遗址进行发掘。

1990年

1月，聊城地区文化局、茌平县图书馆清理茌平崔庄汉墓群。

2～6月，山东省济青公路文物工程考古队对淄博市后李官庄遗址进行发掘。

3～5月，为配合济青高速公路建设工程，山东济青公路工程文物考古队对寿光县孙集镇三元孙墓地进行发掘。

3～6月，山东大学历史系考古专业对沂源县南麻镇西北姑子坪遗址进行发掘。

4月，为配合济青公路重点建设工程，山东省济青公路工程文物考古队对青州市戴家楼汉墓群进行发掘。

4～5月，为配合济青高速公路建设工程，山东省文物考古研究所对昌乐县朱刘镇后于留遗址进行发掘。

4～6月，为配合205国道郯城段拓宽工程，山东省文物考古研究所、临沂地区文物管理委员会、郯城县文物管理所对郯城县郯国故城遗址进行发掘。

4～11月，为配合济青公路工程建设，山东省文物考古研究所在临淄区齐陵镇淄河店村南发掘了3座甲字形大型墓和一座殉马坑。

5月，为配合济青高速公路工程建设，山东省文物考古研究所对昌乐县城东北的谢家埠遗址进行发掘。

5～6月，济青公路文物考古工作队在临淄区后李遗址大型春秋车马坑。此项发掘被评为1990年度“全国十大考古新发现”之一。

5～6月，济青公路文物考古工作队齐陵镇田齐王陵区19号取土场发现4座大型战国墓葬和1处战国殉马坑。此项发掘被评为1990年度“全国十大考古新发现”之一。

5～6月，为配合济青公路工程，山东省文物考古研究所对章丘县绣惠镇女郎山墓地进行发掘。

5～8月，山东省文物考古研究所在章丘女郎山发掘宋、元、明壁画墓。

6月，山东省文物研究所在章丘绣惠镇女郎山清理战国～汉代墓地。

6月，为配合济青高速公路取土场工程，对潍坊市坊子区郑家集汉代遗址进行发掘。

10～11月，山东省文物考古研究所对章丘县党家乡焦家遗址进行试掘。

10～11月，山东省文物考古研究所对章丘县董东遗址进行发掘。

10～12月，山东省文物考古研究所对章丘县刁镇王官遗址进行发掘。

11～12月，山东省文物考古研究所对章丘县宁家埠乡王推官遗址试掘。发掘面积70余平方米，发现灰坑、窖穴等遗迹，分属岳石、商周文化。

12月，枣庄市博物馆清理小山汉墓群中的3座西汉早期画像石墓。

本年，枣庄市博物馆对枣庄市大洼村西汉画像石墓进行发掘。

1991年

1月，济宁市博物馆在济宁市回民小学发掘一座东汉墓葬。

3～4月，为配合京沪铁路官桥火车站扩建工程，山东省文物考古研究所鲁中南工作队对滕州市薛故城官桥墓地进行钻探发掘。

3～6月，山东省文物考古研究所对章在县城子崖遗址进行发掘。

4月，为配合农田水利基本建设，济宁市文物考古研究室对邹县龙水村前西汉墓进行发掘。

4～6月，中国社会科学院考古研究所山东工作队对滕州市前掌大遗址发掘。

7～8月，山东省文物考古研究所对章丘县西河新石器时代遗址进行发掘。

8～12月，山东大学历史系考古专业对邹平县丁公遗址进行第四次发掘。

9～11月，国家文物局考古领队培训班发掘兖州六里井遗址。

10～11月，为配合公路建设，山东省文物考古研究所对费县翟家村遗址进行发掘。

10～11月，为配合沂蒙公路施工，山东省文物考古研究所对蒙阴县石家水营遗址进行发掘。

10～12月，济南市文化局文物处、章丘县博物馆对章丘县小荆山遗址进行抢救性发掘。

10～12月，中国社会科学院考古研究所山东工作队对枣庄市二疏城遗址进行发掘。

11～12月，为配合曲阜市无线电厂基建工程，济宁市文物考古研究室对曲阜鲁故城址进行发掘。

12月，为配合曲阜调泗河水入明代故城护城河工程，山东省文物考古研究所对曲阜鲁国故城内汉代建筑址进行发掘。

1992年

1月，山东大学考古实习人员在整理邹平县丁公遗址龙山文化城址发掘陶片时发现了一件龙山文化刻字陶片。

3月，山东省文物考古研究所在淄博市临淄区田旺遗址的勘探中发现了一座面积20万平方米的龙山文化城址。

3月，滕州市博物馆在滕州官桥镇轩辕村水利工程中挖掘出商代遗物。

8月，枣庄市峄城区峄城镇中桥村汉代墓地进行发掘。

10月27日～12月20日，中国社会科学院考古研究所山东队发掘日照尧王城龙山文化遗址。

10月，章丘博物馆发掘后寨乡黄土崖村汉墓。

秋，济宁市文物局发掘肖王庄任城王墓。

秋至1993年春，山东省文物考古研究所对临淄、青州的田齐王陵进行大规模调查与勘探。

11月26日～12月18日，山东省文物考古研究所为配合济（南）枣（庄）以路建设，发掘枣庄市山亭区集镇建新遗址。

11月，菏泽地区博物馆和曹县文管所联合发掘曹县东郊明代夫妻合葬墓。

11月，临淄齐故城文物勘探队发掘临淄水泥厂新厂一座汉代墓葬。

11月，泰安市文物局发掘宁阳磁窑郑家庄东汉墓一座。

1993年

1月22日，济南市文化局文物处清理长清五峰山南麓青崖寨山之阳第一代明德阳王（庄王）墓。

2～5月，山东省文物考古研究所对枣庄市山亭区建新遗址进行第二次发掘。

3月，文物部门清理发掘泗水县中册乡王坟村明代墓葬。

3～7月，山东大学历史系考古专业对丁公遗址进行第六次发掘。

4～6月、10～11月，山东省文物考古研究所对章丘城子崖遗址进行勘探试掘。

5～7月，为配合京九铁路工程建设，山东省文物考古研究所对聊城市马庙墓地进行发掘。

5～8月，为配合京九铁路工程建设，山东省文物考古研究所对阳谷县马庄进行发掘。

5～8月，山东省文物考古研究所配合京九铁路工程发掘阳谷县张大庙遗址。

春，济宁市郊区文管所发掘陆桥窑场西汉墓地。

7月，中国社会科学院考古研究所山东队和日照市博物馆第二次发掘尧王城遗址。

7月，新泰抢救发掘北齐义州刺史羊烈墓。

10～12月，山东省文物考古研究所对章丘市刁镇小荆山遗址进行第二次发掘。

10～12月，山东省文物考古研究所对薛国故城进行发掘。

10月～1994年1月，为配合临淄齐陵镇淄河店村用土，山东省文物考古研究所临淄工作队对取土场内的3座甲字形墓葬进行发掘。

11月，安丘博物馆在阁上镇雷家清河村发现北宋年间画像石棺。

11月～1994年5月，山东省文物考古研究所在薛故城小城内复探并发掘。

12月，微山县文管所抢救清理微山岛一座东汉中期画像石墓。

12月，临沂地区文物处、临沂地区博物馆配合临沂工程机械局办公区建设，发掘6座东汉墓。

12月～1994年1月，临沂地区文物事业管理局、临沂市博物馆在临沂工程机械厂施工时清理6座东汉墓。

1994年

3月，临沂地区文物事业管理处、临沭县文物事业管理所对位于临沭县曹庄镇西南岭2座西汉画像石石椁墓进行发掘。

3～10月，汶上县在维修省级文物保护单位宝相寺塔过程中，在塔的底部中央发现地宫并进行清理。

4～5月，烟台市文物管理委员会、海阳县博物馆对海阳县盘石店镇嘴子前春秋墓进行发掘。

4～5月，临沂地区文物处、苍山县文物管理所对苍山横山乡欧屯宝鼓墩西汉墓进行发掘。

5月，山东省文物考古研究所对淄博市临淄区齐陵镇后李官庄遗址2号春秋车马坑进行发掘。

7～8月，山东省文物考古研究所、沂南县文物管理所对沂南县界湖镇北寨汉墓进行发掘。

夏，威海市博物馆为配合威海火车站工程发掘蒿泊镇大王东村西汉墓。

10月，为配合阳谷县景阳岗旅游开发，聊城地区文物管理委员会对开发占地进行全面勘探，发现一座大型龙山文化城址。12月下旬，山东省文物考古研究所、聊城地区文管会对城的大型台址进行试掘。

10～12月，中国社会科学院考古研究所山东工作队对滕州市前掌大遗址进行第五次发掘。

12月，为配合乡村公路建设，山东省文物考古研究所、费县文物管理所对费县汪沟后楼遗址进行勘探发掘。

本年，发掘清理微山县微山岛汉画像石墓4座。

1995年

3～4月，山东省文物考古研究所为配合高速公路建设，对禹城市禹城镇姚高遗址进行发掘。

3～4月，山东省文物考古研究所为配合济德高速公路工程建设，对平原县坊子乡王通遗址进行调查发掘。

3～6月，山东大学历史系考古专业发掘长清五峰山东南仙人台遗址。此项发掘被评为1995年“全国十大考古新发现”之一。

4月，济南燕子山北麓发现明嘉靖年间户部员外郎潘子霓墓。

4～10月，山东省文物考古研究所对临淄永流乡刘家村2座墓葬进行发掘。

春，山东省文物考古研究所、五莲县文管所对五莲县潮河镇丹土遗址进行全面勘探和局部试掘。翌年10～11月再次发掘。

7～8月，山东省文物考古研究所为配合修路对费县方城镇防城遗址进行勘探、发掘。

9月，中国社会科学院考古研究所、胶东半岛北岸贝丘遗址研究小组对胶东半岛北岸贝丘遗址进行复查并对其中蓬莱大仲家、福山邱家庄、牟平蛤堆顶3处进行发掘。

9月，山东省文物考古研究所为配合灵岩寺整体维修保护规划发掘了般舟殿、鲁班洞建筑遗址。

9～12月，中国社会科学院考古研究所山东队对滕州市前掌大商代遗址进行第七次发掘。

10～12月，山东省文物考古研究所对阳谷县张秋镇景阳岗龙山文化城址进行试掘。该项目获1995年“全国十大考古新发现”提名奖。

10～12月，山东省文物考古研究所对滕州市姜屯镇庄里西村遗址进行钻探、发掘。

10月～1996年7月，山东省文物局、山东大学历史系考古专业及长清县文化局发掘长清县归德镇双乳山汉墓。此项发掘获1995年“全国十大考古新发现”之一。

11月11日～12月8日，为配合潍高公路拓宽工程，山东省文物考古研究所对广饶县傅家遗址进行发掘。

11～12月、1996年10～11月，山东省文物考古研究所、东营市历史博物馆为配合潍高公路拓宽工程建设，对位于广饶县城关镇南傅家村遗址进行了抢救性发掘。

12月～1996年1月，山东大学和美国耶鲁大学等单位组成联合考古调查队，对日照两城镇遗址及周围地区考古调查。

本年，章丘市博物馆清理普集镇孟白村战国墓一座，出土文物13件。

本年，安丘市柘山乡东古庙村发现春秋墓一座，出土铜器40余件。

1996年

1～7月，为配合淄博市临淄区行政办公中心的建设，山东省文物考古研究所在临淄齐国故城西南的永流乡相家村墓地附近发掘了6座战国大型墓葬。

4月，新泰禹村镇清理南宋佛塔地宫。

5月，淄博市文物局、淄博市博物馆、桓台县文物管理所组成考古队，对桓台史家遗址进行勘探和抢救性发掘。

5月，淄博市临淄区修建外环路，在南马坊村发现一座战国大墓。

5～6月，山东大学、日照市博物馆、美国耶鲁大学、威斯康辛大学、加州大学和洛杉矶大学组成联合考察团对山东日照两城镇遗址进行全面调查。

5～12月，中国社会科学院考古研究所对位于冠县北馆陶镇的肖城遗址进行钻探发掘。

春，山东省文物考古研究所对阳谷县张秋镇景阳岗龙山文化城址进行第二次发掘。

8月，滕州市博物馆抢救发掘张汪镇夏楼村西晋元康九年墓葬。

10月，青州市博物馆馆址南数十米处，施工中发现龙兴寺遗址佛造像窖藏。该发现被评为1996年“全国十大考古新发现”之一。

10～11月，中国社会科学院考古研究所胶东半岛贝丘遗址研究课题组对胶东半岛南岸进行贝丘遗址的环境考古学调查和发掘工作。

10～11月，为配合金海马集团建设工程，山东省文物考古研究所对章丘市龙山镇孙家遗址进行发掘。

10～11月，山东省文物考古研究所发掘济南轻骑模具厂筹建施工汉代墓葬。

10～12月，山东省文物考古研究所发掘五莲县潮河镇丹土遗址。

1997年

2月，在整修曲阜孔林林道工程中，于万古长春坊西侧发现一座春秋晚期墓葬。

3月至年底，山东省文物考古研究所发掘青州市王府街办事处龙兴寺遗址。

4月，临沂市银雀山路市畜牧局工地发现西汉墓群，银雀山考古队发掘清理其中7座。

5月，为配合京沪高速公路建设，山东省文物考古研究所对临沂市兰山区义堂镇化沂庄遗址进行发掘。

5月，为配合京沪高速公路建设，山东省文物考古研究所、蒙阴县文物管理所对蒙阴县垛庄镇后里遗址进行发掘。

5～7月，为配合潍莱高速公路建设，山东省文物考古研究所对潍坊寒亭区后埠下墓地进行发掘。

5～8月，山东省文物考古研究所为配合潍莱高速公路工程建设，对潍坊市寒亭区朱里镇前埠下遗址进行发掘。

6～7月，山东省文物考古研究所为配合济德高速公路建设，对济南槐荫区段店王府遗址进行发掘。

6～9月，山东省文物考古研究所发掘长清县平安镇小范庄墓地。

6～9月，山东省文物考古研究所发掘济南市历城区张庄墓地。

7月，为配合潍莱高速公路建设，山东省文物考古研究所对潍坊市寒亭区朱里镇会泉庄遗址进行发掘。

8月，阳谷县定水镇吴楼村发现西汉末、东汉初家族墓地，聊城地区文管会随即抢救发掘了一号墓。

8～9月，山东省文物考古研究所配合省道106线扩宽工程，第二次发掘章丘市龙山镇西河遗址。该项目被评为1997年“全国十大考古新发现”之一。

8～12月，为配合临淄区城市建设，山东省文物考古研究所对位于临淄区永流乡徐家村墓地进行勘探发掘。

9月，为济德高速公路取土场工程，山东省文物考古研究所对济南槐荫段店张庄墓地进行发掘。

10月，山东省文物考古研究所发掘定陶官堌堆遗址。

10～11月，中国社会科学院考古研究所山东队对临朐西朱封新石器时代遗址进行钻探并对周围龙山遗址进行实地调查。

12月，邹城市文物管理局对邹城市郭里镇庙东墓葬进行抢救性发掘。

1998年

3月，临沂市金雀山北麓肿瘤医院工地发现旧石器、细石器遗存。

4月，山东省文物考古研究所利用1961、1970年的1:50000航测图对临淄有封土墓葬逐个调查。

4～5月，山东省文物考古研究所对章丘市龙山镇城角头村墓地进行发掘。

5月下旬，烟台市文管会对蓬莱市北沟镇王格庄、港里村遗址进行了抢救清理。

8月28日，青州市博物馆在南大厅及消防通道施工中，又发现龙兴寺遗址五处灰坑。

9～12月，中国社会科学院考古研究所山东工作队对滕州市前掌大遗址进行第八次大规模发掘。

10月20日～11月15日，为配合京沪高速公路建设工程，山东省文物考古研究所、临沂市文化局对苍山县神山镇西道庄遗址进行发掘。

10～11月，为配合京沪高速公路建设工程，山东省文物考古研究所、临沂市文化局对临沂市罗庄区西陆庄遗址进行发掘。

10～11月，为配合东红高速公路建设工程，山东省文物考古研究所对青州市朱良镇东朱鹿村遗址进行发掘。

10～11月，为配合东红高速公路建设工程，山东省文物考古研究所对青州市赵家镇赵家庄遗址进行发掘。

10～11月，为配合京福高速公路建设工程，山东省文物考古研究所、滕州市博物馆对滕州市官桥镇东郑庄墓地进行抢救性发掘。

10～12月，为配合京福高速公路建设工程，山东省文物考古研究所对滕州市官桥镇西公桥遗址进行发掘。

11月，为配合京沪高速公路建设工程，山东省文物考古研究所、临沂市文化局对苍山县邑堂镇大兴屯遗址进行抢救性发掘。

11～12月，为配合京福高速公路建设工程，山东省文物考古研究所、滕州市博物馆对滕州市东沙河镇东小宫墓地进行钻探、发掘。

11～12月，为配合日东高速公路建设工程，山东省文物考古研究所对日照市东港区日照街道办事处小古城遗址进行发掘。

12月，昌乐县村民取土时发现有人骨、陶、石、玉器等遗物，山东省文物考古研究所、昌乐县文物管理所北岩乡袁家庄墓地进行了抢救性发掘。

12月～1999年1月，为配合日东高速公路建设工程，山东省文物考古研究所对沂南县砖埠镇西岳庄遗址进行发掘。

12月～1999年1月，山东省文物考古研究所、昌乐县文物管理所对曲村汉墓进行抢救性发掘。

1999年

3月，山东省文物考古研究所、章丘市博物馆对章丘市刁镇小荆山遗址进行了钻探、发据。

3～4月，为配合日（照）竹（园）高速公路建设工程，山东省文物考古研究所对沂南县砖埠乡西岳庄遗址进行发掘。

3～6月，为配合京福高速公路取土场工程，山东省文物考古研究所对曲阜市郊旧县村东大岭汉代墓地进行了两次钻探和发掘。

4月，为配合日竹高速公路建设工程，山东省文物考古研究所对莒县夏庄镇大略疃遗址进行发掘。

5～6月，为配合北留路建设，山东省文物考古研究所对滕州市东沙河镇岗上遗址进行发掘。

5～6月，为配合京福高速公路取土场工程，山东省文物考古研究所对滕州市龙阳镇顾庙墓地进行勘探和抢救性发掘。

7～8月，为配合京福高速公路建设工程，山东省文物考古研究所对滕州市官桥镇东郑庄墓地进行发掘。

7～8月，济南市考古研究所对章丘市枣园镇洛庄汉墓外围9座陪葬坑进行抢救性调查和清理。

7～9月，为配合京福高速公路建设工程，山东省文物考古研究所对滕州市官桥镇西公桥墓群进行发掘。

8～10月，为配合京福高速公路建设工程，山东省文物考古研究所对滕州市官桥镇东康留遗址进行发掘。

10月，为配合京福高速公路建设工程，山东省文物考古研究所对曲阜市董庄乡董大城遗址进行发掘。

10～11月，山东省文物考古研究所、滕州市博物馆对滕州市西康留遗址进行钻探、试掘。

11～12月，为配合京福高速公路建设工程，山东省文物考古研究所对曲阜市董庄乡坡里遗址进行发掘。

本年，济南市考古研究所、山东大学考古系对平阴县东阿镇西山村墓群进行发掘。

2000年

1月，为配合兖石铁路复线工程，山东省文物考古研究所对泗水尹家城遗址东侧取土场进行了发掘。

2～3月，为配合菏兖日铁路复线工程，山东省文物考古研究所对济宁市任城区安居镇玉皇顶遗址进行了勘探测绘和发掘。

2～3月，为配合兖石铁路复线工程，山东省文物考古研究所、费县文物管理所对费县城关镇左家王庄遗址进行了抢救性发掘。

3～5月、10～12月，山东省文物考古研究所、五莲县博物馆对五莲县丹土遗址进行了勘探和发掘。

4～7月，为配合菏兖、日铁路工程建设，山东省文物考古研究所、曲阜市文物管理委员会对曲阜市柴峪墓地进行全面钻探发掘。

4～8月，为配合曲菏高速公路工程建设，山东省文物考古研究所、济宁市文物局对济宁嘉祥县卧龙山长直墓地进行了发掘。

5～7月，为配合曲菏高速公路建设，山东省文物考古研究所对兖州市泗庄镇徐家营墓地进行抢救性发掘。

5、9～10月，中国社会科学院考古研究所、山东省文物考古研究所、聊城市文物管理委员会对聊城茌平教场铺龙山文化遗址进行了钻探、试掘。

6～7月，为配合滨（州）博（山）高速公路取土场工程，山东省文物考古研究所对淄博市彭家后李文化遗址进行了抢救性发掘。

9～11月，为配合日菏高速公路建设工程，山东省文物考古研究所对曲阜市小雪镇九龙山花山墓地进行发掘。

10～11月，山东省文物考古研究所、枣庄市文物管理办公室、台儿庄区文物管理站对台儿庄区涧头集镇进行了抢救性发掘。

本年，济南市考古研究所继续对章丘市洛庄汉墓陪葬坑和祭祀坑进行发掘。

2001年

2～6月，山东大学为开展沿海遗址环境考古，对寿光市北岭新石器时代遗址和大荒北央商周时期遗址进行试掘。此遗址为出土陶盔形器的典型遗址，时代为商末周初至西周前期，应为生产海盐的淡海聚落。

3月，费县文物管理所对费县薛庄镇城阳遗址进行抢救性发掘。

3～4月，山东大学考古系、淄博市文物局、沂源县文管所对沂源县姑子坪遗址进行了清理发掘。

3月21日～2002年1月10日，山东省文物考古研究所、济南市考古研究所、山东大学考古系、章丘市博物馆对章丘市洛庄汉墓主墓室外围进行了调查与清理。

4月，北京大学和山东省文物考古研究所联合对淄博市临淄区桐林田旺遗址进行调查和测绘。

4～12月，为配合日照东明高速公路建设取土场工程，山东省文物考古研究所、费县文物管理所对费县上冶镇西毕城墓地进行抢救性发掘。

5月，为配合日东高速公路取土场工程建设，山东省文物考古研究所对平邑县城关镇大东阳墓地进行全面勘探和发掘。

5月，为配合日东高速公路工程建设，山东省文物考古研究所、平邑县博物馆对平邑县城关镇扬顶庄墓地进行抢救性发掘。

7月，为配合日东高速公路工程建设，山东省文物考古研究所、费县文管所对费县上冶镇埠后墓地进行了抢救性发掘。

7～9月，为配合327国道扩建工程，对其经过的鲁故城东墙需拓宽部分进行了发掘。

10～12月，山东省文物考古研究所、济南市考古研究所、章丘市博物馆，对山东省重点文物保护单位——龙山东平陵城城内进行普探，并对南北城墙解剖。

10月～2002年1月，山东大学联合芝加哥自然历史博物馆对日照两城镇遗址及其外围地区分别进行发掘和区域系统调查。

11月，为配合胶新铁路工程建设，山东省文物考古研究所对临沂市河东区东张屯遗址进行了发掘。

11月，为配合胶新铁路工程建设，山东省文物考古研究所对五莲县高泽镇西楼墓地进行了抢救性发掘。

11月，为配合滨（州）（淄）博高速公路工程建设，山东省文物考古研究所对淄博市淄川区商家镇大邢村墓地进行抢救性发掘。

11月下旬～12月中旬，为配合胶新铁路工程建设，山东省文物考古研究所对沂南县杨坡镇侯家宅墓地进行了抢救性发掘。

11～12月，为配合胶新铁路工程建设，山东省文物考古研究所对临沂市河东区朱家斜坊遗址进行较大规模考古发掘。

11～12月，为配合胶新铁路工程建设，山东省文物考古研究所、五莲县博物馆对五莲县中至镇董家营村遗址进行发掘。

11～12月，为配合胶州至新沂铁路建设工程，山东省文物考古研究所、诸城市博物馆对诸城市薛家庄新石器时代和汉代遗址进行发掘。

12月，为配合胶新铁路建设，山东省文物考古研究所对临沂市沂南县蒲汪镇董家岭墓地进行了发掘。

12月，为配合胶新铁路建设工程，山东省文物考古研究所对沂南县宋佳哨墓地进行了抢救性发掘。

本年，山东省文物考古研究所对桓台县前埠遗址进行了勘探、试掘。

本年，桓台县文管所对唐山镇进行过局部发掘清理。

2002年

1月10日～27日，为配合胶（州）新（沂）高速铁路建设工程，山东省文物考古研究所、临沂市文物管理委员会、郯城县文物管理所对郯城县大官庄墓地进行发掘。

1月，为配合胶新铁路工程建设，山东省文物考古研究所对临沂市郯城麦城墓地进行发掘。

1月，为配合胶新铁路建设，山东省文物考古研究所、临沂市文物管理委员会、郯城县文物管理所对郯城县大埠遗址进行抢救性发掘。

1～4月，为配合工程建设，山东省文物考古研究所、滕州市博物馆对滕州市庄里西遗址进行钻探发掘。

3月23日～4月12日，为配合同（江）三（亚）高速公路工程建设，山东省文物考古研究所、胶南市博物馆对胶南市铁山镇苗家河东周长城进行调查。

3月24日～4月20日，为配合同三高速公路工程建设，山东省文物考古研究所、青岛市文物处、胶南市博物馆对胶南市河头汉代墓葬进行抢救性发掘。

3月29日～6月3日，为配合同三高速公路建设工程，山东省文物考古研究所对日照市海曲墓地进行抢救性发掘。

3月，为配合烟（台）潍（坊）高速公路建设工程，山东省文物考古研究所、莱州市博物馆对莱州市沟子杨金代墓地进行发掘。

3～4月，烟台市博物馆对龙口市埠下王家遗址进行发掘。

3～4月，为配合木曲路拓宽工程建设并结合四有工作遗留下来的问题，山东省文物考古研究所对薛故城东南进行勘探、试掘。

3～4月，山东省文物考古研究所、青岛市文物局、胶南市博物馆，为配合同三高速公路建设工程，对胶南市河头遗址进行抢救性发掘。

3～4月，为配合206高速公路建设，烟台市文物管理委员会对龙口市楼子庄遗址进行抢救性发掘。

3～5月，为配合烟潍高速公路工程建设，山东省文物考古研究所、平度博物馆对平度逄家庄遗址进行勘探与抢救性发掘。

3～5月，为配合烟潍高速公路工程建设，山东省文物考古研究所、莱州市博物馆对莱州市黑羊山遗址进行发掘。

3～7月，为配合烟潍高速公路黄新段工程建设，山东省文物考古研究所对莱州市朱汉墓地进行抢救性发掘。

4月10～14日，为配合同三高速公路建设工程，山东省文物考古研究所、青岛市文物处、胶南市博物馆对胶南市丁家皂户汉代墓地进行抢救性发掘。

4月14～24日，为配合烟潍高速公路建设工程，烟台市博物馆对龙口市台上李家3座东汉墓进行发掘。

4月15～29日，为配合同三高速公路建设工程，山东省文物考古研究所、胶南市博物馆对纪家店子汉代墓地进行发掘。

4月，为配合同三高速公路建设工程，山东省文物考古研究所、胶州市博物馆对胶州市董城魏晋墓葬进行发掘。

6～7月，山东省文物考古研究所、枣庄市文物管理办公室、枣庄市博物馆对枣庄市山亭区山城办事处东江春秋墓地及城墙进行发掘。

8月，北京大学考古文博学院及环境学院、山东省文物考古研究所等单位对莱州湾及胶东半岛进行了首次盐业考古调查。

9～11月，北京大学考古文博学院、山东省文物考古研究所对淄博桐林遗址进行试掘。

10～12月，为配合日东高速公路费县互通连接线的施工建设，山东省文物考古研究所、费县文物管理所对费县故城遗址试掘。

10～12月，山东省文物考古研究所对博兴县寨卞遗址进行调查勘探。

11月22日～12月16日，山东大学考古系、芝加哥自然历史博物馆对日照地区进行第八次联合调查。

11月，为配合滨博高速公路工程建设，山东省文物考古研究所对淄博市大邢村5座清代墓葬进行发掘。

11～12月，山东省文物考古研究所、济南市考古研究所、章丘市博物馆对章丘市圣井镇危山汉代两个陪葬坑和一座墓葬进行发掘勘探。

12月～2003年2月，为配合济南旧城改造，山东省文物考古研究所、济南市考古研究所对旧军门巷进行发掘。

本年，山东省文物考古研究所对新泰市青云街道办事处周家庄墓地进行勘探发掘。

2003年

3月26日～4月5日，山东省文物考古研究所、济宁市文物局、汶上县博物馆对汶上县义桥乡杨街5座墓葬进行发掘。

3～4月，为配合日东高速公路费县连接线的施工建设，山东省文物考古研究所、费县文物管理所对费县上冶镇毕城村费县故城遗址进行发掘。

3～5月，山东省文物考古研究所对新泰市青云街道办事处周家庄墓地进行勘探发掘。

3～6月，山东大学考古系、山东省文物考古研究所、济南市考古研究所对济南市历城区大辛庄商代遗址进行发掘。

5月初，山东省临沂市在市区王羲之故居公园扩建工程施工中，发现2座较大的砖室墓葬。山东省文物考古研究所和临沂市文化局联合组成考古队进行了抢救发掘。该项发掘被评为2003年度“全国十大考古新发现”之一。

5～7月，山东省文物考古研究所对章丘市危山进行钻探发掘，该项发掘被评为2003年度“全国十大考古新发现”之一。

5～8月，山东省文物考古研究所、枣庄市文物管理办公室、枣庄市博物馆对枣庄市山亭区山城办事处东江春秋墓地及城墙进行发掘。

5～8月，因旧城改造，济南市考古研究所对济南市县西巷宋代佛教地宫和造像窖藏进行抢救性发掘。

6～7月，为配合滨大高速公路建设，山东省文物考古研究所、滨州市文物处对阳信县水落坡乡李屋遗址进行钻探和发掘。

9月，山东省文物考古研究所、曲阜市文物局对防山墓群进行发掘。

11月下旬～2004年1月上旬，为配合章丘电厂施工建设，山东省文物研究所、济南市考古研究所、章丘市博物馆对章丘市龙山镇城角头墓地进行了大规模考古勘探和发掘。

12月，为配合临淄牛山西延路公路建设，山东省文物考古研究所、淄博市文物局、临淄区文化局对淄博市临淄区稷下办事处董褚遗址进行了调查钻探。

2004年

4～5月，为配合胶济铁路电气化改造工程，山东省文物考古研究所对高密市姚哥庄镇乔家屯遗址进行了发掘。

5月，为配合胶济铁路电气化改造工程，山东省文物考古研究所对青岛市胶州东王延庄遗址进行抢救性发掘。

5月，山东省文物考古研究所对济南市长清区孝里镇四街墓葬进行发掘。

5～6月，为配合胶济铁路电气化改造工程，山东省文物考古研究所对淄博市临淄区齐陵镇淄河店墓地进行调查、勘探。

5～7月，山东省文物考古研究所、临沂市文化局、苍山县文物管理所对苍山县兰陵镇金山墓地进行发掘。

春季～秋季，为配合南水北调工程山东寿光双王城水库工程建设，山东省文化厅重点工程考古办公室、潍坊市文化局、寿光市文化局对水库工程范围内及周围进行了考古勘探、钻探和小规模试掘工作。

7月，为配合济青高速铁路电气化改造，山东省文物考古研究所对淄博市临淄区大武墓地进行发掘。

8～10月，山东省文物考古研究所对临朐县石家河乡小时家庄遗址进行发掘。

11～12月，山东大学东方考古研究中心、美国芝加哥自然历史博物馆对日照地区展开为期30天的系统调查。

11～12月，为配合青州旧公路改造工程，山东省文物考古研究所、青州市文物局对青州市东高镇西辛墓地进行抢救性发掘。

2005年

1～3月，为配合南水北调东线工程济平干渠段的建设，山东省文物考古研究所、长清区文物管理所对长清区孝里镇大街村西北、四街村西的部分地区进行发掘。

3月20日～4月19日，为配合济菏高速公路工程，山东省文物考古研究所、济南市文物考古研究所对长清区孝里镇广里店村东墓群进行发掘。

3月20日～4月19日，为配合济菏高速公路建设，山东省文物考古研究所、济南市文物考古研究所、长清区文化局对长清区张营遗址进行发掘。

3～4月，为配合济菏高速公路建设工程，山东省文物考古研究所、平阴县博物馆对平阴县孝直镇张沟村周代墓地与遗址进行发掘。

3～4月，为配合西气东输工程，山东省文物考古研究所、枣庄市文物管理委员会办公室、滕州市博物馆对滕州市羊庄镇孟庄遗址进行发掘。

3～4月，为配合济菏高速公路工程，山东省文物考古研究所对东平县东平镇宿城村汉代东平故城进行勘探发掘。

3～4月，为配合西气东输工程，山东省文物考古研究所对滕州市东郭镇朱洼汉代墓地进行发掘。

4月，为配合济菏高速公路工程，山东省文物考古研究所、平阴县博物馆对平阴县安城乡汉代遗址进行发掘。

5月17～26日，中国社会科学院古脊椎动物与古人类研究所、山东省文物考古研究所、淄博市文物局对沂源县张家坡乡北桃花坪村北扁扁洞遗址进行试掘。

5月，为配合青莱高速公路工程建设，山东省文物考古研究所、淄博市文物局、沂源县文物管理所对沂源县南麻镇南官庄遗址进行发掘。

5月，为配合济菏高速公路工程，山东省文物考古研究所、长清区文物管理所对长清区孝里镇金村汉代墓地进行发掘。

5月下旬~6月下旬，为配合济菏高速公路工程，山东省文物考古研究所、平阴县博物馆对济南市平阴县孝直镇商庄汉代墓地进行发掘。

5~6月，为配合青莱高速公路建设工程，山东省文物考古研究所、青岛市文物局、胶州市博物馆对胶州市里岔镇赵家庄汉代墓地进行发掘。

5~8月，山东省文物考古研究所、青岛市文物局、胶州市博物馆对胶州市里岔镇赵家庄遗址进行抢救性发掘。

6月21日~7月31日，为配合青莱高速公路工程建设，山东省文物考古研究所、淄博市文物局、沂源县文物管理所对沂源县城西北姑子坪遗址进行钻探发掘。

6月24日~7月8日，为配合青莱高速公路建设工程，对沂源县张家坡乡毫坪村遗址进行发掘。

6月，为配合泰安市地质博物馆的建设和岱庙修复工程，山东省文物考古研究所、泰安市博物馆、泰安市考古所对岱庙西华门遗址进行考古清理。

6~8月，为配合南水北调济平干渠工程，山东省文物考古研究所、长清区文物管理所对济南市长清区孝里镇大街村东汉画像石墓进行发掘。

7月上旬~9月下旬，为配合济菏高速公路取土场工程，山东省文物考古研究所、长清区文物管理所对济南市长清区归德镇前夏墓地进行发掘。

7~8月，为配合工程建设，山东省文物考古研究所、青岛市考古所、黄岛区文物管理所对青岛市红石崖南营村遗址进行发掘。

7~11月，为配合蓬莱水城小海清淤工作，山东省文物考古研究所、烟台市博物馆、蓬莱市文物局对发现的古代木船进行清理发掘。

10月28日~12月2日，山东大学东方考古研究中心、美国芝加哥自然历史博物馆对日照市南部东港区涛雒镇，岚山区巨峰镇、虎山镇和汾水镇进行区域调查。

本年，北京大学考古文博学院、山东省文物考古研究所对临淄桐林遗址进行发掘。

2006年

3~6月，山东省文物考古研究所为配合南水北调东线工程，对济宁市任城区长沟镇程子崖遗址进行了调查、勘探和发掘。

4~5月，为配合枣（庄）木（石）高速公路后伏立交建设工程，山东省文物考古研究所、枣庄市博物馆对位于枣庄市山亭区西集镇建新村（现伏里村）遗址进行了发掘。

5~12月，山东省文物考古研究所、汶上县文物局为配合南水北调东线工程的建设，对汶上南旺镇梁庄遗址进行勘探。

6~8月，山东省文物考古研究所、潍坊市博物馆、青州市博物馆对青州市谭坊镇大赵村西北香山之阴汉代陪葬坑进行了抢救性发掘，同时对墓葬及其周围进行了大面积的勘探。

11月，山东省文物考古研究所、滨州市文物处、邹平县博物馆联合对位于邹平东北部开发区电解铝厂大院内的墓地进行调查、勘探和抢救性发掘。

11~12月，为配合山东省胶东地区引黄调水工程的施工建设，山东省文物考古研究所、平度市博物馆，对遗址平度市埠口遗址进行发掘。

11~12月，山东省文物考古研究所对北桃花坪新石器时代早期遗址进行第二次发掘。

11月至~2007年4月，为配合邹平县东北8公里的电解铝厂新建存料场的建筑施工，山东省文物考古研究所、滨州市文物管理处、邹平县博物馆对该场区内发现的墓地进行了抢救性发掘。

2007年

3~4月，山东省文物考古研究所、汶上县文物局对梁庄遗址进行第二次发掘。

4～5月，山东省文物考古研究所、莱州市博物馆对莱州市虎头崖镇后扒埠村南墓地进行了发掘。

4～5月，为配合胶东调水工程，山东省文物考古研究所对莱州市城港街道办事处碾头村墓地进行了抢救性发掘。

4～6月，为配合胶东调水工程，山东省文物考古研究所、莱州市博物馆对莱州市三山岛街道办事处水南村墓地进行了发掘。

4～6月，为配合山东胶东引黄调水工程，山东省文物考古研究所对招远市辛庄镇老店村遗址进行发掘。

4月，为配合胶东调水工程，山东省文物考古研究所对招远市辛庄镇磁口村村北的墓地进行发掘。

5月6～31日，为配合胶济高速公路工程建设，山东省文物考古研究所、昌乐县文物管理所对昌乐县东肖村汉代墓地进行了发掘。

5～6月，为了配合胶济铁路四线工程建设，山东省文物考古研究所对济南市历城区王舍人镇殷陈村遗址进行了发掘。

6～7月、11～12月美国哥伦比亚大学、中国社会科学院考古研究所、山东省文物考古研究所联合进行黄水河流域调查。

7～8月，为配合胶济铁路客运专线工程建设，山东省文物考古研究所、章丘市博物馆对章丘市明水镇杲家坡村南的遗址进行了勘探与发掘。

7～8月，为配合胶济铁路客运专线工程建设，山东省文物考古研究所对淄博市张店区傅家镇傅家遗址进行了发掘。

8～12月，为做好山东京杭运河的保护工作，按照“空间信息技术在大遗址保护中的应用研究（以京杭大运河为例）”课题要求，由山东省文物考古研究所牵头，组织德州、聊城、泰安、济宁、枣庄等五市文化（文物）部门业务骨干，对山东京杭运河进行全线考古调查。

春、冬两季，北京大学中国考古研究中心与山东省文物考古研究所联合启动了鲁北沿海地区先秦时期盐业考古课题研究。对莱州湾沿海地区的昌邑、寒亭、寿光、广饶和黄河三角洲地区的东营、利津、沾化、无棣等县市进行了考古勘查。

10～11月，山东省文物考古研究所和东平县文物管理所对东平物资局院内的汉代墓葬进行了清理发掘。

10～12月，山东省文物考古研究所、临沂市文物管理办公室、莒南县文物管理所联合对莒南县文疃镇东上涧村周代墓葬进行抢救发掘。

11月，山东省文物考古研究所对位于沂源县土门镇黄崖村东的一处洞穴遗址进行了抢救性清理。

11～12月，为配合山东胶东引黄调水工程，山东省文物考古研究所对招远市辛庄镇老店村遗址进行第二次发掘。

本年，山东省文物考古研究所为配合山东省胶东地区引黄调水工程对莱州市城港路街道办事处路宿村遗址进行了发掘。

后　记

为总结改革开放三十年来山东地区考古工作成就，做好博物馆免费向公众开放工作，山东省委宣传部、山东省文化厅联合举办“改革开放三十年山东考古成果展”，同时编写一本反映改革开放以来考古工作成果的图书。

在编委会的统一组织下，参加编写的人员不分昼夜，克服时间紧、任务重等种种困难，经过两个月的艰辛努力，终于完成《辉煌三十年——山东考古成就巡礼》一书。

本书的第一章由王守功执笔；第二章由孙波执笔；第三、第四章由郝导华执笔；第五章由李振光执笔；第六章李繁玲执笔，高继习完成《长清灵岩寺考古发现》的编写；第七章由李繁玲、董博执笔，高继习完成《济南市县西巷佛教遗址》的编写；第八章一、三部分由王守功执笔，第二部分由佟佩华、张振国、吴双成、王泽冰、王元林、丁见祥、佘建利执笔；大事记由罗鹭凌、王守功完成。王站琴同志完成部分线图的上墨，蔡友振完成部分照片的扫描，器物照片大部分由王书德、冀介良、李顺华等同志完成，发掘现场照片多由各工地负责同志提供，在此不一一列举。郑同修同志对本书的编写进行了具体的指导并提供大量图文。

特别感谢科学出版社的编辑同志，他们克服种种困难，在短时间内完成图书的编辑制作，使本书得以按时出版。

编者

2008年5月18日